Primavera 2026—Primavera 2027

INCLUYE ilustraciones y descripciones explícitas de las fases mágicas de la Luna, así como información sobre los presagios astrológicos del año próximo y diversos aspectos del conocimiento oculto que permitirán a todos los lectores mejorar sus vidas al estilo antiguo.

The Witches' Almanac, Ltd.

Publishers Providence, Rhode Island
www.TheWitchesAlmanac.com

Dirija todas sus consultas e información a
THE WITCHES' ALMANAC, LTD.
P.O. Box 25239
Providence, RI 02905-7700

13-ISBN: 978-1-938918-00-1 The Witches' Almanac—Classic Edition
13-ISBN: 978-1-938918-01-8 The Witches' Almanac—Standard Edition
eBook 13-ISBN: 978-1-938918-02-5 The Witches' Almanac—Standard Edition
Español 13-ISBN: 978-1-938918-03-2 The Witches' Almanac—Standard Edition
eBook Español 13-ISBN: 978-1-938918-00-1 The Witches' Almanac—Standard Edition

ISSN: 1522-3184

Primera impresión July 2025

Impreso en EE.UU.

Fundado en 1971 by Elizabeth Pepper

El poder no siempre llega con ruido o fuerza. A veces es silencioso, sutil y transformador. Plutón pasó de Capricornio a Acuario, y ahora nos encontramos en una encrucijada: un cambio de la tradición hacia la innovación, de estructuras rígidas hacia la transformación colectiva. Un momento en el que pasado y futuro se encuentran, desafiándonos a replantear lo que sabemos y cómo vivimos. Las decisiones que tomemos ahora moldearán nuestro porvenir.

Durante años, Plutón en Capricornio descubrió grietas en nuestras instituciones: gobierno, finanzas y tradición. No solo derribó sistemas obsoletos; reveló fallas ocultas. Vimos luchas de poder, crisis financieras y debates sobre la autoridad. Ese fue el trabajo de Plutón: obligarnos a enfrentar la realidad y no aferrarnos a la ilusión. Ahora, con Plutón en Acuario, la meta es transformar, no destruir. Acuario trae innovación, comunidad y rebeldía. Nuevas formas de pensar, de conectar y de construir un futuro para todos. Es un reto a mantener la mente abierta y visualizar posibilidades inéditas.

Este tránsito no siempre será cómodo. El cambio rara vez lo es. Pero es una oportunidad para dejar atrás viejos patrones y avanzar hacia algo más visionario. Avances tecnológicos, cambios en las estructuras sociales y cuestionamientos a creencias arraigadas. No es solo progreso, sino progreso con propósito. Debemos acoger ideas nuevas sin olvidar las lecciones pasadas, física y espiritualmente.

Como Brujos, sabemos que el poder no reside únicamente en momentos dramáticos, sino en las decisiones calladas y deliberadas que tomamos. Es cuestión de estar conscientes, fieles a nuestros valores, y comprometidos con un futuro que equilibre lo viejo y lo nuevo. Plutón en Acuario nos recuerda que el cambio real nace en el interior, de adaptarnos, y de abrazar lo desconocido. Nuestra magia está en crecer sin perder la raíz de lo que somos.

El mundo se transforma. Mantenga firme su enfoque, pero sin perder la curiosidad. Encienda una vela no solo por lo que fue, sino por lo que puede ser. Esté atento a los susurros y prepárese para ir con la marea, moldeando el futuro sin temerle. El poder de cambiar está en nuestras manos; siempre lo ha estado.

Festivos

Primavera 2026 to Primavera 2027

20 de marzo de 2025 . . . . Equinoccio de primavera
1 de Abril . . . . All Fools' Day
1 de Abril . . . . Noche de Walpurgis
1 de Mayo . . . . Buenfuego
1 de Mayo . . . . Día de Vesak
1 de Mayo . . . . Día del Loto Blanco
29 de Mayo . . . . Día de la Manzana de Roble
5 de Junio . . . . Noche de los Vigilantes
20 de Junio . . . . Solsticio de Verano
24 de Junio . . . . Medio Verano
23 de Julio . . . . Año Nuevo del Antiguo Egipto
31 de Julio . . . . Víspera de Lugnasad
1 de Agosto . . . . Día de Lammas
13 de Agosto . . . . Día de Diana
17 de Agosto . . . . Día del Gato Negro
14 de Septiembre . . . . Ganesh Chaturthi
22 de Septiembre . . . . Equinoccio de otoño
31 de Octubre . . . . Víspera de Samhain
1 de Noviembre . . . . Día de Todos los Santos
16 Noviembre . . . . Noche de Hécate
6 de Deciembre . . . . Noche de las Reinas Hadas
17 de Deciembre . . . . Saturnalia
21 de Deciembre . . . . Solsticio de Invierno
9 de Enero de 2026 . . . . Fiesta de Janus
1 de Febrero . . . . Víspera de Imbolc
2 de Febrero . . . . Fiesta de la Candelaria
15 de Febrero . . . . Fiestas Lupercalia
17 de Febrero . . . . Año Nuevo Chino
1 de Marzo . . . . Matronalia
19 de Marzo . . . . Día de Minerva's

Astróloga . . . . Dikki-Jo Mullen
Climatólogo . . . . Tom C. Lang
Arte y diseño de portada . Kathryn Sky-Peck
Ventas . . . . Roy SINGLETON
Contabilidad . . . . D. Lamoureux
Corrector de estilo . . . . José Justiniani

ANDREW THEITIC
Editor ejecutivo

GWION VRAN
Director artístico

MAB BORDEN
Redactora

ÍNDICE

Índice

Aquelarre de Brujas

¡Con qué silencio el pato violeta
Se rindió a la noche sin fin!
Los robles, los pinos, la casa vecina
Desaparecieron de mi jardín.
Una sombra turbia los cubría,
Sombría, densa, fiel,
Y mantenía el valle rústico
Bajo un hechizo rúnico cruel.
Por el cielo oscuro llegó el lamento
De un somorgujo en la laguna brumosa,
Mientras un aura de hondo misterio
Me envolvía de forma sigilosa.
Yo solo, de pie en la tiniebla,
Sin un rayo de luna al pasar,
Y el ulular de un gran búho cornudo
Retumbaba en el aire otoñal.
La belleza inquietante del crepúsculo
Me atrajo hasta este lugar,
Los robles, los pinos, eran amigos
Y la cabaña vecina, un hogar.
¡Oh, embrujo engañoso que me trajo a esta hondonada
Y me retuvo en el círculo de esta magia encantada!
¡Oh, hechizo embriagador! Me dejé encantar
Y allí permanecí…
Hasta que la oscuridad me vino a encerrar!

–GLADYS BIRONG

Ayer, Hoy y Mañana

por Timi Chasen

EN LA SUPERFICIE The Los centinelas de piedra de Rapa Nui—conocidos comúnmente como las cabezas de la Isla de Pascua—han mirado hacia el interior desde sus ventosas atalayas durante siglos. Pero en años recientes, excavaciones han revelado lo que los susurros del pasado quizás siempre supieron: estas cabezas son solo las coronas visibles de estatuas completas, cuyos cuerpos yacen enterrados en suelo volcánico. Gigantes dormidos en la tierra.

Cómo llegaron a hundirse sigue siendo un enigma. Su escala sugiere un pueblo de asombrosa inventiva, aunque la isla nunca contó con los recursos ni la población de un imperio. Al igual que las maravillas de basalto de Nan Madol o los recintos sepultados de Göbekli Tepe, estas construcciones imponentes desafían toda explicación sencilla.

Algunos pensadores esotéricos sugieren que estos sitios no son simples monumentos, sino nodos de memoria geocéntrica—puntos rituales donde se cruzan el poder de la tierra y el ritmo celestial. Su entierro, intencional o no, pudo haber sido un acto para sellar antiguos conocimientos, preservados no solo en piedra, sino también en silencio. Algunos proponen una catástrofe prehistórica, un bombardeo celestial que alteró para siempre el rostro del planeta. Si es así, lo que hoy llamamos mito podría ser memoria: una era olvidada de constructores y vigilantes, sepultada bajo el velo del tiempo. Los gigantes de piedra enterrados quizás aún remuevan la mente de quienes recuerdan cómo escuchar.

POR AQUÍ SE BAJA Mucho antes del auge de la Roma papal, la colina que hoy llamamos el Vaticano llevaba el nombre de una antigua diosa etrusca: Vatika. Guardiana del umbral entre la vida y la muerte, Vatika presidía los campos de entierro y los misterios ocultos del inframundo. La colina fue una vez una necrópolis—una ciudad de los muertos—nombrada en su honor. De Vatika derivó Vaticanus y, con el tiempo, el nombre del centro global del catolicismo.

Era una diosa de los umbrales: el nacimiento, la muerte y todo lo que habita entre ambos. Su nombre también se relaciona con la palabra latina vagina, no en sentido vulgar, sino como un portal sagrado—el pasaje de la vida hacia y desde este mundo. En algunas representaciones, un símbolo asociado a ella—frecuentemente interpretado como la vesica piscis—adorna su frente, en alusión a lo femenino sagrado, la fertilidad y el poder generativo de lo invisible. Su presencia no era meramente simbólica; se la invocaba en ritos de transición, especialmente para guiar almas entre mundos y proteger a las mujeres embarazadas, asegurando el paso seguro de la vida al llegar o partir.

Cuando el emperador Constantino construyó la basílica sobre la colina vaticana, lo hizo sobre los huesos de los muertos olvidados y bajo la sombra de Vatika. Lo que alguna vez fue el dominio de una diosa se convirtió en el asiento del nuevo dios de un imperio. Sin embargo, su legado persiste, oculto a plena vista—en el nombre, en la colina, y en el susurro de la tierra bajo la piedra. Incluso hoy, bajo el mármol y la grandeza, el espíritu del umbral permanece

SUENA BIEN En el cambiante panorama de la brujería moderna, el antiguo arte de la sanación con sonido ha cobrado nueva vida gracias a la práctica inmersiva de los baños sonoros en espacios específicos. Estos rituales contemporáneos fusionan técnicas tradicionales de meditación con las firmas acústicas únicas de entornos naturales y urbanos, generando experiencias auditivas profundas que resuenan intensamente en quienes las practican.

Imagina un encuentro al borde de un bosque espeso, donde los participantes se recuestan sobre la Tierra mientras los sonidos de hojas agitadas y cantos lejanos de aves se entrelazan con las vibraciones armónicas de cuencos y campanillas. Cada nota se elige con precisión para armonizar con el entorno, generando una conexión profunda entre el individuo y el paisaje viviente. Esta fusión de ambiente natural y paisajes sonoros intencionales ayuda a arraigar a los presentes, alineando su energía personal con los ritmos del lugar.

En entornos urbanos, las Brujas han adaptado esta práctica a azoteas, edificios abandonados e incluso túneles del metro—cualquier lugar donde la acústica se manifieste. Hoy, muchas incorporan grabaciones de campo, sintetizadores portátiles y bucles de audio para superponer cantos sagrados con ruido ambiental, creando un espacio sónico liminal entre mundos. La tecnología, en este contexto, se vuelve aliada del Arte, ampliando el alcance de las herramientas tradicionales y abriendo nuevas vías para la magia vivencial.

El resurgimiento de estas prácticas refleja un movimiento más amplio en la comunidad mágica hacia la integración de experiencias sensoriales con el trabajo espiritual. Al sintonizarse con las resonancias específicas de un sitio, Brujas y Paganos redescubren el poder del sonido como canal de transformación y sanación. Estos viajes sonoros no solo facilitan la introspección personal, sino que también generan un campo energético colectivo, eco de la antigua comprensión

de que la vibración y la intención están en el corazón de la práctica mágica.

A medida que las fronteras entre lo antiguo y lo moderno se difuminan, la inclusión de baños sonoros específicos por lugar en la brujería contemporánea ejemplifica la adaptabilidad constante del Arte. Es un recordatorio de que la magia no es estática, sino una práctica viva que respira y evoluciona en sintonía con el mundo que la rodea.

NUEVAS DIRECCIONES Nuestra comprensión de la dirección está moldeada por la Tierra—su horizonte, sus polos, su Sol y su Luna. Pero si algún día los Paganos se encontraran entre las estrellas, en lugares sin verdadero Este ni Oeste, esas creencias tan arraigadas tendrían que transformarse. Los puntos cardinales, tan esenciales para los rituales y la cosmovisión, ya no estarían ligados al amanecer ni al campo magnético. La dirección sería relacional—el Este podría ser simplemente el lado derecho desde donde se comienza. Arriba y abajo seguirían importando, pero solo en relación con el cuerpo o la nave. El centro sagrado cobraría más relevancia, anclando el ritual en la orientación personal más que en la posición planetaria. Sin la presencia visible del Sol o la Luna, símbolos del Dios y la Diosa podrían evolucionar—asumiendo formas de estrellas lejanas, pulsares o incluso fuerzas abstractas de luz y oscuridad. Con el tiempo, podrían imaginarse panteones enteros a partir de fenómenos estelares—deidades de nebulosas, de rotación, de aliento gravitacional.

En este nuevo paradigma, la cosmología pagana podría volverse más estelar, incluso matemática, basada en vectores y movimiento más que en tierra firme. No sería una pérdida, sino una profunda reinvención—una forma de arraigar la magia incluso en lo inarraigable. Y en ese movimiento, surge un misterio más hondo: la dirección no como geografía, sino como elección—una brújula interior sintonizada con la vastedad del devenir.

www.TheWitchesAlmanac.com

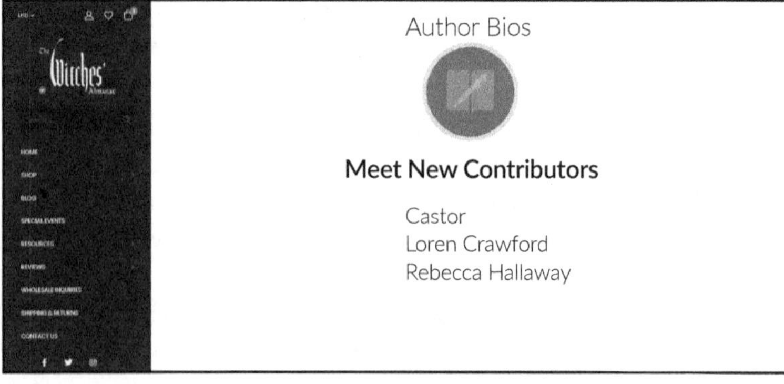

Visítenos en el sitio web de The Witches' Almanac

Noticias del Almanaque de las Brujas

Buenas nuevas del equipo

En un mundo sacudido por el caos y la incertidumbre, en The Witches' Almanac seguimos adelante, sostenidos por el propósito e impulsados por la esperanza. A lo largo del planeta, vibraba una energía inquieta—mezcla de miedo, resistencia y férrea voluntad. Frente a ese telón cambiante, asumimos el reto de tejer un volumen donde brille la bondad y prevalezca el poder perdurable de la magia. Nos remangamos y acudimos a las corrientes profundas del encantamiento, invocando la sabiduría de Thoth, la inspiración de Saraswati y el fuego creativo de Brigid. Sus bendiciones nos ayudaron a reunir pensamientos diversos en un tomo de luz y espíritu. En tiempos así, la creación misma se vuelve un acto sagrado—y por los Dioses, ¡lo hemos conjurado una vez más!

Este año, The Witches' Almanac se enfocó en trasladarse a un centro logístico más eficiente y centralizado—una tarea en apariencia mundana, pero vital para la magia detrás del Almanaque. Nuestro gran archivo de publicaciones, antes disperso en múltiples ubicaciones, tuvo que ser reinventariado y consolidado. Se capacitó al nuevo personal y los del equipo de oficina sortearon la curva de aprendizaje de un sistema completamente nuevo. Fieles a su estilo, los gremlins hicieron de las suyas, pero dirigimos nuestras varitas hacia ellos y vencimos. El resultado: un proceso de distribución más rápido, confiable y encantado—que entrega nuestros títulos con más agilidad que nunca, como llevados por sílfides.

La Edición Espanola Num. 3 de El Almanaque de las Brujas da la bienvenida a nuevas voces emocionantes junto a otras ya conocidas. Nos complace presentar a Castor, Loren Crawford y Rebecca Hallaway, quienes aportan una visión única y sabiduría mágica. También regresan para enriquecer esta edición colaboradores queridos como Barbara Stacy, Ifadoyin Sangomuyiwa, Dikki-Jo Mullen, Mab Borden y Devon Strong. No se pierdan el *Calendario de Pared 2026 de The Witches' Almanac,* que presenta la magia mitológica de los planetas, lleno de imágenes evocadoras y explicaciones profundas.

Este año, también nos despedimos de Casey . Casey fue esencial en la magia tras bastidores, coordinando la distribución entre almacenes y manteniendo nuestra presencia en línea. En sus últimos meses, acompañó la compleja transición hacia nuestro nuevo sistema. Su alma amable, mente aguda y presencia constante se extrañarán profundamente. Al decir adiós, damos una cálida bienvenida a Michelle MaBelle, una verdadera fuerza de la naturaleza. Con décadas de experiencia en el Arte y como expropietaria de tienda, Michelle aporta sabiduría, pasión y un toque hábil al área de ventas.

Como siempre, The Witches' Almanac vibra con entusiasmo por el año que comienza. David Conway ha revisitado *Magic: An Occult Primer*, ampliando teoría y práctica para una nueva generación. Mientras tanto, el querido *Celtic Tree Magic* ha sido cuidadosamente revisado y ampliado, listo para encontrar su lugar en muchas bibliotecas nuevas.

La demonización del Otro

De los demonios a la disidencia

Dicotomía y alteridad

LOS HUMANOS, por instinto de supervivencia y por tendencias competitivas, han buscado simplificar y polarizar el mundo entre lo que es reconocible, conocido o aceptable, y aquello que representa una amenaza potencial o establecida para su persona o sus sistemas de creencias.

Organizar la complejidad y los fenómenos intrincados de un mundo diverso y en gran parte desconocido se convierte en un modo de categorizar lo aceptable, identificando elementos que establecen una identidad común, inclusión y sensación de seguridad.

En cambio, lo desconocido—o lo que anticipa cambios o amenazas—se impregna de una cualidad de monstrum: el otro por excelencia, que existe tanto en el plano físico como en un sentido liminal, al evadir una categorización cómoda mediante su desafío a una visión dicotómica o sistemática del mundo.

Pero ¿quién—o qué—es definidamente o indiscutiblemente otro?

Son los procesos distintivos de la mente humana los que permitieron millones de años de supervivencia y que aún regulan los patrones que distinguen amenaza de seguridad. Aquellos que vivían en lugares remotos—fuera de la protección y uniformidad de las ciudades y pueblos—o que sostenían ideas contrarias a las convenciones o normas de su época eran vistos con recelo o burla—y a menudo considerados una amenaza, o incluso algo antinatural.

A medida que los humanos se aventuraban más allá de los límites de lo inmediatamente reconocible, lo desconocido dejó de ser solo aquello diferente o contrario al pensamiento aceptado, y comenzó a impregnarse de una dosis de perversidad o monstruosidad según lo que se consideraba el orden natural del mundo. Encuentros con pueblos desconocidos, criaturas fantásticas o la observación de aparentes eventos celestes catastróficos despertaron la imaginación temprana y reforzaron el concepto de alteridad como manifestación de lo sobrenatural.

La experiencia y perspectiva humanas dieron origen a una visión dicotómica del mundo, aun cuando la polaridad conlleva inevitablemente sesgos culturales, alienación y censura. Con frecuencia, como muestran los registros históricos—de forma inconsistente o poco confiable—esto dio lugar al desplazamiento o la eliminación de grupos marginados, así como de tradiciones e ideologías ancestrales.

En tales casos, el conocimiento transmitido por generaciones como arte curativo puede ser percibido por otros como una habilidad extraordinaria o una maldición sospechosa. Relacionarse con los ancestros y venerarlos podría interpretarse como el acto de una persona poseída o extraviada que intenta pactar con el Diablo. En ambos casos, las interpretaciones opuestas se basan en los comportamientos normativos propios de cada individuo.

Lo desconocido o lo que no se ajusta a la norma—bajo la apariencia del otro o del forastero—es, indudablemente, subjetivo. El otro es por tanto mutable y polémico: desafía y a menudo trasciende las percepciones humanas, no solo a través de fronteras geográficas, sino también como un fenómeno temporal. Como expresión artística, la alteridad se evoca mediante la fusión entre experiencia e imaginación, y se representa en la literatura y el arte tanto como una expresión individual del autor o artista como un espejo de las perspectivas sociales dominantes de su época.

De demonios a disidencia: la alteridad en el arte

El arte es revelador y evocador, no solo como estética, sino como una posible ventana a las ideas y normas que imperan en un momento histórico determinado. Al examinar obras artísticas, se puede rastrear la evolución de valores y normas sociales, y comprender mejor cómo surgen, se vuelven temas dominantes y siguen transformándose. Al igual que el lenguaje, estas ideas suelen contrastar con sus interpretaciones originales. A diferencia del proceso de desenterrar reliquias del pasado—con líneas temporales y orígenes ambiguos, y la necesidad de extrapolar significados desde fragmentos incompletos—el arte ofrece una visión más completa de los procesos universales del pensamiento presentes en cada obra.

Las siguientes obras abarcan un amplio marco temporal y, tomadas como ejemplos, pueden considerarse evocadoras del concepto de alteridad que surge en momentos clave de la historia europea. Esta cronología asume el punto de vista del Pagano como forastero social y religioso, y traza la evolución del otro monstruoso, la contemplación de la disidencia y la objeción, así como la consideración de lo queer como desviación de la normalidad y de los límites conductuales impuestos y regulados socialmente. Dentro de todo ello se encuentra el descubrimiento de que la alteridad implica abrazar aquello que desafía las convenciones dominantes —es un estado mental y existencial que permite buscar y acoger nuevos paradigmas, y nos invita a explorar posibilidades más allá de estructuras obsoletas que ya no nos sirven.

Paganus

El término Pagano evoca imágenes de sacrificios paganos o de bárbaros provenientes de rincones menos civilizados del mundo. Aunque existe amplio debate sobre su significado contextualizado, se plantea que Pagano simplemente alude a quien está fuera, a quien no pertenece. Pero ¿quién exactamente no pertenece? ¿Y esto refleja un desprecio hacia quienes caen en esa categoría?

Dos teorías principales alimentan la discusión sobre el origen y sentido del término. La primera sugiere su uso para diferenciar entre un civil y un soldado, siendo este último denominado milites Christi (Soldados de Cristo). La segunda plantea que paganus servía para identificar a un individuo del campo frente a quienes vivían en zonas más pobladas. Alan Cameron, en The Last Pagans of Rome, sostiene que paganus se utilizó cada vez más para señalar a un forastero—alguien que no pertenece a un grupo específico o que, de algún modo, difiere de la mayoría.

Un sacrificio pagano. c.1645-50.
Giovanni Benedetto Castiglione.

La pintura barroca de Castiglione *Un sacrificio pagano* ofrece una visión de la alteridad. Dirigida originalmente a las clases altas de la Roma del siglo XVII, su temática pagana sugiere una diferenciación selectiva entre grupos sociales y, aparentemente, entre ideologías religiosas, donde el forastero conserva la tradición frente a miembros más civilizados y "realizados" de la sociedad romana. Al estar basada en una interpretación histórica concebida siglos después del evento imaginado, el otro representado puede no tener una identidad específica ni una duración definida, dependiendo de ideas profundamente arraigadas sobre quién o qué pertenece.

Sparagmos

Influenciada por *Las Bacantes de Eurípides*, esta imagen del mural en Pompeya representa el desmembramiento del rey griego Penteo a manos de las Bacantes, tras ser descubierto escondido luego de intentar confrontar y detener las actividades del dios Dionisio. La narrativa sugiere una dicotomía entre ambos personajes, tanto en presencia física como en carácter, mientras el escenario y las circunstancias de su encuentro culminan en la caída final de Penteo.

El tema central de la dicotomía se manifiesta en el conflicto social entre el rey y sus súbditos, en contraste con el culto de Dionisio, en el que las clases dominadas y quienes carecen de privilegios rinden honor al dios que les concede libertades no convencionales a través de sus ritos.

También existen contrastes en la caracterización de Dionisio, un dios—extranjero, asociado tanto a ritos oscuros y nocturnos como a prácticas extranjeras diurnas y luminosas—que al principio es considerado indigno de confianza por no poder ser encasillado fácilmente en un solo aspecto. Sus motivaciones se perc-

Penteo y las Bacantes
Mural de Pompeya

La toma de Arkona, el último bastión de los eslavos paganos.
c. 1890, Laurits Tuxen

iben como ambiguas. Como otro premeditado, desafía la categorización clara, lo que lleva a Penteo a condenarlo incluso antes de conocerlo.

A medida que se desarrolla el encuentro entre Penteo, Dionisio y sus seguidores, se observa una inversión notable de circunstancias y destino, en la que lo normativo se vuelve otro y el otro emerge como protagonista del restablecimiento del orden. Penteo se considera puro y racional, pero al final se ve corrompido por sus propias emociones y circunstancias, mientras que Dionisio, acusado de corrupción, demuestra inevitablemente ser una deidad poderosa. Al ordenar el sparagmos (desmembramiento), el dios alcanza un punto de equilibrio: se restablece la armonía mediante la reconciliación que la comunidad logra a través de la muerte del rey tirano.

Disidente

La Edad Media fue testigo de la expansión del cristianismo y de la conversión forzada a la fe católica romana en todos los rincones de Europa. La tribu eslava de los Rani habitaba la isla de Rügen, en el suroeste del mar Báltico, así como áreas cercanas del noreste de Alemania. Firmemente opuestos a la conversión cristiana, mantuvieron un bastión y un floreciente centro pagano en el cabo Arkona, en Rügen, incluso cuando otros centros paganos en Europa caían ante las fuerzas cristianas y eran convertidos por la fuerza.

Tras una primera invasión y derrota a manos de los daneses en 1136, los Rani accedieron a adoptar la fe cristiana—pero regresaron a sus prácticas paganas poco después de que los daneses se marcharan. En 1169, Arkona fue el último bastión de la fe pagana (eslava) en ser convertido por la fuerza al catolicismo romano, tras un ataque prolongado por parte de cristianos daneses bajo el mando del rey Valdemar I. Los Rani se convirtieron en vasallos de Dinamarca, y lo que quedaba del paganismo, la mitología y el folclore eslavos se perdió en la historia.

La obra victoriana *La toma del cabo Arkona*, de Laurits Tuxen, retrata ese momento decisivo en la historia pagana en 1169, cuando el ejército del rey danés Valdemar I y el obispo Absolon derriban la estatua del dios eslavo Svantevit en el templo de Arkona, mientras los Rani vencidos observan.

La historia de los Rani y de Arkona revela mucho sobre el concepto del otro. Persistiendo en tiempos de agitación y a menudo frente a fuerzas abrumadoras y posiciones dominantes, el otro desafía la norma, recurre al ingenio y resiste la conversión. La alteridad también habla de pertenencia y resiliencia, incluso mil años después, cuando quienes tienen herencia eslava intentan recuperar y conmemorar aspectos de su fe y su historia pagana a través de Rodnoveria—la nueva fe nativa eslava.

Monstrum

Un monstruo solo nace en una encrucijada metafórica, como encarnación de un momento cultural específico—de un tiempo, una emoción y un lugar—el cuerpo monstruoso es cultura pura.

–Jeffrey Jerome Cohen

La palabra *monstrum* proviene del latín y significa presagio funesto o aquello que inspira temor, pero también asombro—es eso que revela y advierte.

El otro como monstruo es aquello que desafía toda definición o expli-

Danza circular de los diablillos.1651. David Ryckaert III.

cación; se sitúa fuera de la experiencia humana normal o previsible, y por ello se considera algo que no puede—o no debería—existir.

Monstrum no es solo lo grotesco o lo sobrenatural, sino que, en contexto cultural, representa aquello que te invita a cruzar la frontera entre lo mundano o tangible y lo psicológico o sobrenatural para comprender no solo qué define lo monstruoso en sí, sino por qué debe ser considerado como tal.

La pintura del siglo XVII Danza circular de los diablos, de David Ryckaert, refleja la fascinación por lo sobrenatural que era común en el periodo moderno temprano—una época marcada por profundas convulsiones políticas, religiosas y sociales en Europa. El arte de ese periodo solía explorar lo oscuro, lo extraño y lo fantástico, incluyendo representaciones de la brujería y de criaturas de otros mundos. Esta obra atemporal de Ryckaert ilustra cómo el arte puede encarnar el temor y la fascinación universales de la humanidad ante lo desconocido, fusionando atributos dispares como el humor y el horror.

Aquí, el otro asume proporciones monstruosas—desafía la nomenclatura estándar y despierta la curiosidad humana al mantener la ilusión de lo sobrenatural mientras transgrede lo cotidiano. Le plantea al espectador: "¿a qué mundo pertenece esto?".

Como otros, estas criaturas fantásticas retratadas como diablos o duendecillos participan en una danza macabra de aspecto humano. Por su propia naturaleza, no pertenecen del todo ni a un mundo ni al otro. Y al no pertenecer a ninguno, se desplazan entre ambos con aparente indiferencia o—quizás—con un abierto desafío a la realidad mundane de la humanidad.

Queer como... "Queer"

> *Por definición [contemporánea], queer es todo aquello que se opone a lo normal, lo legítimo, lo dominante.*
>
> *–David Halperin*

Se cree que el término queer entró en uso en inglés a inicios del siglo XVI para describir aquello que es extraño, inusual, peculiar o excéntrico. Si bien lo peculiar o extraño puede evocar una separación de la identidad o un alejamiento de lo mundano, la abstracción de lo familiar y reconocible también puede alterar la percepción. La aparición o combinación de elementos identificables en formas inesperadas o extrañas transforma lo conocido en otro, al mostrar lo cotidiano como algo surreal, o como una transformación inesperada en forma o estructura.

Rodolfo II, emperador del Sacro Imperio Romano Germánico en el siglo XVI, reunió en su corte de Praga a un selecto grupo de artistas, científicos, alquimistas y filósofos que compartían su interés por las ciencias ocultas. Entre ellos se encontraba el pintor manierista milanés Giuseppe Arcimboldo, quien fue comisionado para retratar al monarca como Vertumno, el dios romano de las estaciones cambiantes y el crecimiento vegetal. En dicha pintura, Rodolfo II es representado como una cornucopia, con sus rasgos formados por una abundancia de plantas, frutas y flores de todas las estaciones.

Vertumnus. c.1590.
Guiseppe Arcimboldo

Las interpretaciones de la obra de Arcimboldo son múltiples y sugieren ambiciones políticas, donde el poder de Rodolfo II como emperador del Sacro Imperio Romano se extiende a la propia Naturaleza, al ser representado como Vertumno. El dios de las estaciones podía cambiar de forma a voluntad, y este atributo se alinea con la idea de una permanencia subyacente en el mandato del emperador—una "metamorfosis del poder sobre el mundo en manos de un soberano", como lo expresó el historiador del arte Thomas DaCosta Kaufmann.

La obra también transmite un sentido de lo oculto—la interacción entre la humanidad que surge de la Naturaleza y retorna a ella—donde el emperador no se considera separado ni independiente de lo que está arriba ni de lo que está abajo.

La peculiaridad y rareza del arte de Arcimboldo—y en especial las primeras impresiones de Vertumno como scherzo (humorístico)—ejemplifican la fascinación renacentista por lo extraño, lo inesperado—lo queer. Esa alteridad era una invitación a fascinar, provocar, desafiar la mente y las convenciones sociales. El emperador del Sacro Imperio, ataviado con frutas y vegetales decadentes como Vertumno, ofrece una caracterización queer al desafiar las ideas tradicionales del retrato y usar esa distorsión como recurso para establecer una interpretación única de su papel imperial.

En conclusión: "como es arriba, es abajo"

Desde una perspectiva mágica, ¿cómo permite la comprensión de la historia y la expresión artística abrazar un sentido de alteridad? Identificarse como otro no es proclamar una desviación de la norma o de lo mundano, sino aceptar los principios de la diversidad, el cambio y la evolución tal como existen en el mundo natural. La alteridad reconoce y facilita una relación con la intención y práctica mágicas, así como con la comunión con los Dioses—para quienes la buscan—como agentes de esas fuerzas creativas.

Lo que impregnas en tu sentido del ser, en la práctica de las Artes Mágicas o como Pagano no es una afirmación de tu separación ni un reconocimiento de la dicotomía, sino una participación en una danza sagrada, cíclica y eterna, y una unión con el Gran Misterio.

—LOREN CRAWFORD

EL PODER MÍSTICO DE UNA GOTA DE AGUA

Un viaje a través de la magia, la brujería y el paganismo

EN LOS REINOS de la magia, la brujería y las tradiciones paganas, una gota de agua trasciende su forma física para convertirse en un vehículo de transformación, un símbolo de vida y una herramienta mágica de gran poder. Aunque aparentemente ordinaria, una sola gota encierra un profundo significado espiritual, elemental y metafísico, lo que la convierte en un Elemento vital dentro de muchas prácticas sagradas.

Gotas de Agua y el Elemento Agua

Dentro del marco de la brujería y el paganismo, el Agua es uno de los cuatro Elementos fundamentales, junto con la Tierra, el Aire y el Fuego. Representa las emociones, la intuición, la sanación y la purificación. Una sola gota actúa como una encarnación concentrada de estas cualidades, recordándonos la dualidad del agua: lo bastante suave como para nutrir la vida, pero lo bastante poderosa como para esculpir valles y modelar paisajes.

En los rituales, una gota de agua suele simbolizar la unión del vasto océano con el alma individual. Los practicantes utilizan gotas para purificar espacios, objetos o a sí mismos, invocando la energía purificadora del Agua. Esto convierte a cada gota en un punto focal para la transformación y la sanación emocional.

Hidromancia con gotas de agua

Hidromancia, el antiguo arte adivinatorio que utiliza visiones a través de un médium, encuentra una aplicación singular en el uso de gotas de agua. Aunque los cuencos con agua son herramientas tradicionales, una sola gota puede actuar como un espejo microcósmico que refleja verdades ocultas. Al contemplarla, el practicante puede entrar en un estado meditativo y buscar visiones o guía del Mundo Espiritual.

Amplificadores de intención

El agua es conocida por su capacidad para retener memoria y energía, lo que convierte a las gotas en poderosos amplificadores de intención dentro de la práctica mágica. Cargada con energías específicas, oraciones o afirmaciones, una gota se convierte en un vehículo de transformación. Por ejemplo, una gota impregnada de energía sanadora puede usarse para ungir el cuerpo o mezclarse en una poción destinada a restaurar el equilibrio físico o emocional. Del mismo modo, gotas cargadas con bendiciones protectoras pueden formar un escudo energético alrededor de una persona o un espacio.

Cuando se infunden con deseos o anhelos, una sola gota en un cuerpo de agua natural lleva esas intenciones al mundo, alineando los propósitos personales con el flujo de la naturaleza. Si no puedes acceder a ese cuerpo de agua, puedes sentarte en contemplación silenciosa, sosteniendo la gota en tus manos y visualizando cómo la depositas en él. Una fotografía o un mapa del lugar también pueden ser de ayuda.

Gotas de rocío y magia lunar

El rocío, conocido a menudo como "las lágrimas matinales de la Diosa", es profundamente venerado en la brujería por su potencia mágica. Recolectado al amanecer, el rocío simboliza la renovación, la pureza y las bendiciones divinas. Cuando se recoge durante fases lunares específicas—especialmente durante la Luna creciente o llena—se cree que transporta energía lunar, lo que lo hace ideal para hechizos centrados en la intuición, la fertilidad, la transformación y la claridad emocional.

El rocío se utiliza frecuentemente para elaborar elixires encantados, ungir herramientas sagradas o realizar hechizos de belleza. Muchos practicantes creen que sus propiedades místicas potencian tanto el resplandor interior como el exterior, brindando una conexión tangible con el poder suave de la Luna y lo divino femenino.

Gotas de lluvia: dones de lo divino

En las tradiciones paganas, las gotas de lluvia se consideran regalos sagrados de los cielos, a menudo interpretados como bendiciones de deidades acuáticas como Poseidón, Yemayá, Afrodita o Tetis. La energía de la lluvia varía según la naturaleza de la tormenta, y el agua recogida durante ciertos fenómenos meteorológicos posee propiedades únicas.

La lluvia suave favorece la renovación emocional y espiritual, ayudando a limpiar la negatividad y las cargas. La lluvia de tormenta, impregnada con la fuerza bruta del temporal, contiene un poder ideal para hechizos que requieran fuerza, valor o transformación rápida. Cada gota recolectada se convierte en una herramienta mágica, lista para canalizar la energía de la tormenta dentro de las prácticas rituales

Lo efímero de una gota de agua refleja los ciclos de vida, muerte y renacimiento en el Paganismo.

La lluvia suave facilita la renovación emocional y espiritual, limpiando la negatividad y las cargas.

Símbolo de impermanencia y ciclos sagrados

La naturaleza efímera de una gota de agua refleja los ciclos de nacimiento, muerte y renacimiento celebrados en el Paganismo. Al aferrarse a una hoja o evaporarse en el aire, una gota nos recuerda la belleza fugaz de la vida y su interconexión.

Uso de gotas de agua en rituales

Incorporar gotas de agua en los rituales permite combinar simplicidad y profundidad. Una sola gota puede limpiar, cargar o conectar. Para la limpieza, algunos practicantes mojan los dedos en una gota y trazan símbolos protectores sobre su piel o sobre herramientas rituales. También pueden colocar gotas sobre cristales o talismanes para cargarlos con energías específicas. En ofrendas a deidades acuáticas, una gota combinada con hierbas o flores apropiadas se convierte en un obsequio sagrado, fortaleciendo el vínculo entre el practicante y lo divino.

La magia oculta en el microcosmos natural

Vista bajo el microscopio, una gota de agua revela un mundo repleto de vida microscópica y estructuras complejas. Esta riqueza oculta resuena con el principio mágico de "como es arriba, es abajo", destacando que existen mundos infinitos incluso dentro de los elementos más pequeños de la naturaleza. Al reconocer esto, los practicantes pueden ver en una gota de agua un puente entre los reinos visibles e invisibles, profundizando su conexión con su poder sagrado.

Conclusión: un don Sagrado

A single water droplet holds immense Una sola gota de agua encierra un inmenso potencial espiritual y mágico, recordándonos que incluso los aspectos más pequeños de la naturaleza son portadores de una energía profunda. Ya sea en rituales, hechizos o meditación, sus propiedades despiertan asombro, inspiran transformación y fomentan el crecimiento espiritual. Para brujas, paganos y practicantes mágicos, esta humilde perla de humedad es un tesoro que ofrece infinitas posibilidades para alinearse con la naturaleza, lo divino y los misterios de la existencia.

Del diario de una bruja dudosa

¿Acabo de hacer qué?

AQUÍ ESTOY, sentada en el porche con el móvil en la mano. Acabo de googlear "cofradías". ¿¿QUÉ es esto?? ¡Tanta información! ¿Quién lo diría? Rápido, aún puedes, sal de aquí. ¿Son cofradía, bruja y magia palabras que monitoree la policía, el gobierno o, peor aún, "la" iglesia? Basta, ¡qué tontería! No soy una amenaza (cosa que hemos dicho todos los seres vivos desde que hay vida). No soy peligrosa. Quizás un poco excéntrica, pero definitivamente no peligrosa. ¿Será que estoy viendo muchas películas de terror? Sé valiente, vuelve a conectarte. Llevas mucho tiempo queriendo hacer esto.

Guau, mira todos estos recursos: cofradías, brujas, grupos esotéricos, aquelarres, tiendas. ¿Por dónde empiezo? Haré algunos clics. No contactaré a nadie. Nadie va a saberlo. Nadie creería que estoy pensando en hacerme bruja. Mi vida algo conservadora, profesional, tranquila y predecible (o, más bien, aburrida) es una gran fachada. Vamos, haz clic en algo. Espera… si hago clic, ¿"ellos" sabrán que miré? ¿Quiénes son "ellos", de todos modos? Entonces me van a mandar algo o, peor, me van a contactar. ¿En serio? Qué absurdo… ¿¡no es eso lo que quieres!? Diálogos internos locos. Además, ¿quién eres para opinar? He estado leyendo y estudiando este tema desde primaria; es mucho tiempo poniendo mi alma en juego. ¿En cuántos más problemas podría meterme si doy el siguiente paso? No pasa nada si doy una miradita, ¿no? ¿Con qué cofradía empiezo? ¿Qué pregunto? ¿Qué estoy buscando? Preguntas tan sencillas como trascendentales.

¿Qué les digo que estoy buscando? **Se busca:** *un grupo agradable de personas que me enseñen magia, me digan que nací para esto, y mimen a mi perro, que es muy mono*. Es importante conocer sus prioridades. Cuántos grupos diferentes. ¿Cómo sabré cuál es el adecuado para

mí? ¿Y si me uno a uno y luego... es demasiado tarde? Mmm, definitivamente necesito investigar un poco más.

Hay otros factores realmente importantes que debo tener en cuenta. Sé que tengo algunos **NO** rotundos.

1. Nada de andar desnudos por el bosque—o mejor, nada de andar desnudos para nada. Hay partes de este cuerpo que jamás han visto la luz del día, mucho menos la luz de luna en un bosque embrujado.
2. Nada satánico, doloroso, excesivamente vergonzoso o aterrador (bueno, tal vez un poco aterrador, me encantan los fantasmas).
3. Nada de iniciaciones peligrosas, brebajes raros, llamar a alguien Su Majestad, mudarme a un rincón remoto del planeta, ni hacer sacrificios en vivo. Aunque bueno… esto del sacrificio, hay un par de sujetos que… **¡¡¡ABSOLUTAMENTE NO!!!** (por ahora).
4. Y por último, nada que me ponga en malos términos con los Dioses de nadie. Mejor mantenerse neutral hasta haber investigado a fondo.

Esto está resultando ser mucho más investigación y reflexión de lo que esperaba. Creo que solo necesito enviar algunos correos GENERALES pidiendo información mientras sigo investigando —suspiro con escalofríos bajándome por la espalda—siento que necesito expresar el miedo que siento ahora. Ajá, este parece prometedor. Me gusta la palabra tradicional. Yo soy tradicional. Soy la que guarda todo porque tiene una historia… o podría tenerla. Me encantan las cosas antiguas y estudiar historia.

Soy muy sentimental y siempre celebro las fiestas de todo el mundo. Para remate, aún no me convenzo de que las computadoras y la tecnología sean una buena idea.

¡Por todos los dioses! (mejor no especificar…) Le acabo de dar a **enviar**. ¿Qué pasa si de verdad me responden? ¿Y si me quieren hacer preguntas? ¿Y si no sé las respuestas?

¡M#%rd@, les di mi nombre real!

¿Dije demasiado… o muy poco?

¡Ya sé! Puedo mandar otro correo diciendo: "¡OH, no quise enviar esto!"

¿Crees que eso va a colar?

Bueno, capaz nunca responden. Nadie responde correos ya.

Oh no… ahora lo eché a perder. Tal vez si intento borrar el correo antes de que realmente se envíe…

¿A quién quiero engañar? Apenas puedo ENVIAR un correo. Vaya momento para ser tecnológicamente incapacitada. Supongo que solo queda esperar y ver.

Espera ¿Quién escribe a esta hora?

RESPONDIERON…

LÎCWÎGELUNG

Ritos de exorcismo del siglo X en los Leechbooks anglosajones

LA VENERACIÓN ode los muertos es común a todas las culturas. Su importancia para comprender las percepciones del Otro Mundo no debe subestimarse. Son muchos los estudiosos que sostienen que, en la Antigüedad, un culto ancestral doméstico formaba la base de la experiencia religiosa, especialmente entre los pueblos germánicos y nórdicos. La presencia e influencia de los muertos era tal que tanto la fortuna como la desgracia se atribuían a su contento o resentimiento, respectivamente—siendo este último causado incluso por un simple descuido. La antigua actividad cultual centrada en los sepulcros de los muertos, así como la incorporación de la Lîcwîgelung (nigromancia o magia negra), sugiere una continua reverencia hacia los espíritus y héroes ancestrales. Como guardianes tribales, estos habitantes del Otro Mundo eran invocados para interceder, mediar en favor de sus descendientes vivos y expulsar la enfermedad.

A pesar de los diversos Penitenciales y Confesionales que prohibían estrictamente todo acto de hechicería mediante los muertos, la acumulación de encantamientos registrada en los Leechbooks da testimonio de la persistencia de estas prácticas curativas. La Lîcwîgelung figura prominentemente entre ellas, a pesar de su condena. Según la tradición y costumbres populares anglosajonas, se consideraba esencial consultar a los muertos para todos los aspectos de la vida. Además, se creía que los muertos tenían la capacidad de manipular el Wyrd (destino), lo cual era un recurso invaluable para prosperar, obtener ventajas o vengarse. Las oraciones y conjuros dirigidos a los muertos solían implicar el outsitting: una vigilia prolongada que duraba varias horas sobre o dentro del túmulo o tumba del cadáver consultado. Esta práctica continuó incluso después de la conversión al cristianismo.

Se cree que los conjuros y encantamientos Valgaldr imitaban los poderosos hechizos que usó Oðinn para obligar a las Völur a revelarle los engranajes del destino. Saxo Gramaticus relata el caso de un hombre llamado Hadingus que invocó el conocimiento de un espíritu funerario para obtener información sobre su propio destino. Como se creía que los muertos influían en los destinos de los vivos, los amuletos de protección más poderosos se confeccionaban con huesos y restos momificados o disecados de cadáveres.

Los muertos desempeñaban un papel vital en la salud de los vivos. Tocar la mano o la ropa de un cadáver permitía transferirle una enfermedad. También podía lograrse simplemente al pasar por encima de un cuerpo recién enterrado. Las mujeres embarazadas que sufrían abortos espontáneos recurrentes a veces pasaban sobre la tumba de un difunto reciente con la intención de liberar al demonio no deseado que causaba la pérdida, "enterrándolo". Numerosos conjuros anglosajones se dedicaban a exorcismos de espíritus de enfermedad. Algunos transferían la dolencia a espíritus animistas de la Tierra, árboles hendidos o piedras con orificios. Esto hacía que la enfermedad o la mala suerte pasaran a la siguiente persona que tocara ese objeto, pese a las prohibiciones oficiales contra este tipo de prácticas, consideradas pactos con el Diablo, como recoge el Penitencial de Egberto. Los conjuros más antiguos recurrían al agua corriente. Los herbolarios sajones reflejan la creencia popular en la santidad de estas aguas: debían recogerse de un arroyo durante una estación santa, antes del amanecer y en completo silencio.

La mala suerte, la enfermedad, la muerte y otras calamidades eran causadas por espíritus invisibles que atacaban a los débiles. La invasión de malefica que provocaba enfermedad se conocía como "disparo élfico", un estado que abarcaba desde simples dolores hasta infecciones, epilepsia o pérdida del embarazo. Erupciones, inflamaciones, dolores articulares, histeria y melancolía eran vistos como posesiones por espíritus malignos.

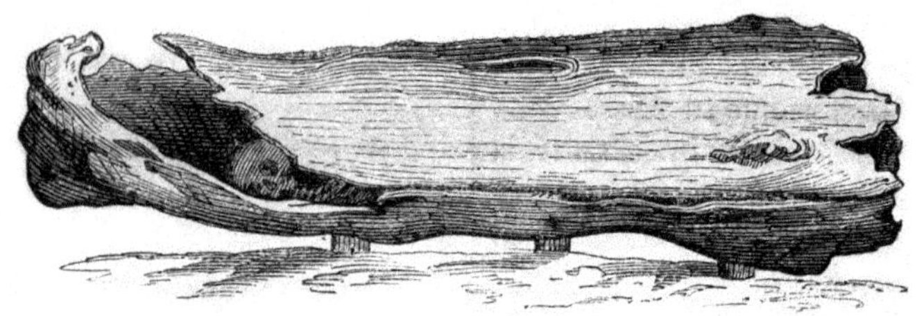

Imperceptibles a los sentidos humanos, estos seres atacaban a voluntad. La magia era el único recurso. El Lîcwîgelung solía practicarse en cementerios, y el contacto con los muertos otorgaba poder. El disparo élfico solo podía ser expulsado mediante conjuros o transposición, empleando hierbas y palabras de poder: exorcismo. Los hechiceros fineses desterraban espíritus a elementos hostiles; los anglosajones, a montañas lejanas

Afecciones cutáneas como forúnculos, llagas infectadas o heridas se frotaban con un paño que luego se colocaba en ataúdes o tumbas. Se pedía al difunto que tomara sobre sí la dolencia del vivo en nombre de Dios. Invocar un nombre en un conjuro es literalmente dotarlo de poder mágico: sin nombre, no hay poder. Es evidente cómo estas creencias—y los temores a la posesión maligna o al ataque de espectros y criaturas del Otro Mundo—evolucionaron en conceptos de maldición, posesión y, finalmente, en ritos de exorcismo. El exorcismo es el acto de expulsar o ahuyentar demonios o espíritus malignos de personas, lugares u objetos que se cree están poseídos. Esta creencia requiere ritos de expulsión—el exorcismo—ya sea mediante Cristo entre los cristianos o mediante los espíritus ancestrales entre los paganos. Arraigado en la superstición, el exorcismo evolucionó como un acto estrictamente religioso, aunque a veces se le asoció con la brujería. El procedimiento consiste en una orden solemne dirigida al demonio en nombre de un Dios o poder superior al que ese demonio está sometido.

Como "licencia de salida", muchos conjuros del Leechbook sajón del siglo X fueron adoptados en ritos de exorcismo—uno incluso prescribe un ungüento para impedir que los espíritus vaguen de noche. La idea de que la enfermedad es causada por demonios invisibles encuentra su expresión más concisa en las primeras palabras del siguiente conjuro: "Para un hombre enfermo por un espíritu, cuando un demonio posee a un hombre o lo consume por dentro con enfermedad". A diferencia de los espíritus del mal con nombres propios en la magia clásica u oriental, los demonios de enfermedad en los conjuros anglosajones permanecen casi siempre sin nombre. Se les denomina simplemente elfos, enanos, visitantes nocturnos, espectros repugnantes, brujas poderosas, demonios y súcubos. Solo unos pocos conjuros cristianos emplean el término diabolus. Existen varios conjuros contra la pesadilla nocturna. Los exorcismos se realizaban mediante procedimientos rigurosos que comenzaban con halagos o súplicas, y escalaban a amenazas, órdenes, purgas e incluso violencia física, como golpizas, pinchazos, sangrías y azotes.

Los Leechbooks están llenos de conjuros contra la invasión o el contagio. Algunos implicaban sangrías, de ahí que al médico se le llamara leech (sanguijuela). El remedio requería que el médico extrajera algo de sangre, y con ella, el espíritu de la enfermedad. Luego la sangre se frotaba sobre una vara de avellano, roble o saúco en la que se había inscrito el nombre del paciente. La sangre recogida de este modo se arrojaba a un arroyo o río para neutralizar al demonio maligno que la poseía. Los rituales para recolectar y preparar hierbas curativas o agua bendita se desarrollaban según las supersticiones que dictaban su uso.

Tanto la mandrágora como la vincapervinca eran altamente valoradas; se creía que poseían un poder misterioso capaz de combatir el insomnio, la demencia y la locura—todos signos evidentes de posesión demoníaca. Eleanour Sinclair Rohde afirma en The Old English Herbals que al final de la entrada sobre la mandrágora en el Herbarium de Apuleyo aparece esta receta: "Para la insensatez, es decir, la enfermedad del demonio o posesión demoníaca, toma del cuerpo de esta misma planta mandrágora el peso de tres monedas, adminístralo en agua caliente según le convenga; pronto sanará." Sobre la vincapervinca dice de forma similar: "Esta planta es de gran utilidad para muchos fines, especialmente contra la enfermedad del demonio y posesiones demoníacas".

La artemisa es una hierba poderosa que aleja enfermedades y protege contra el Mal de Ojo. Las hierbas que crecían en cementerios eran consideradas especialmente eficaces contra infecciones y ataques espirituales. Muchas se usaban en ritos de exorcismo. Afirmando tener el poder de expulsar demonios, varias pociones y decocciones de hierbas aparecen en los Leechbooks como "bebidas vomitivas" (spew drinks). En un ejemplo, altramuces, hierba del obispo y beleño se machacaban y se dejaban reposar en cerveza y agua bendita. Otro remedio llamado "Bebida para un espíritu" indicaba que debía tomarse en una campana de iglesia. Misas, salmos y bendiciones solían recitarse sobre la poción antes de administrarla.

La betónica es mencionada para el trato de visiones y sueños nocturnos provocados por la pesadilla. Los ataques de elf-shot no se limitaban a

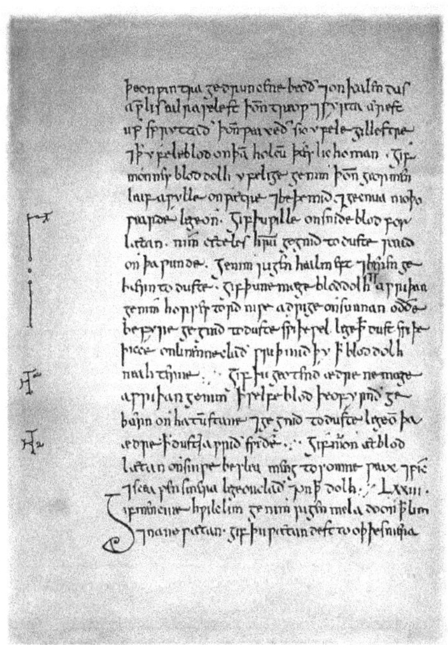

los humanos, sino que también afectaban al ganado y a los animales de tiro. Las curas eran similares a las aplicadas a las personas, y algunas incluían clavos de bronce y otros amuletos protectores.

Entre los libros médicos consultados durante el periodo altomedieval figuran el Lacnunga, el Herbario de Apuleyo, el Libro de Bald y el Peri Didaxeon. El antiguo término inglés *læce* (médico) designaba a un sanador con dotes de encantador, similar a un chamán tribal. Los anglosajones tomaban prestado de diversas fuentes: griega, irlandesa, hebrea y, sobre todo, latina. Así, muchas fórmulas de conjuros parecen deber su eficacia a la mística de una lengua extranjera. Las oraciones latinas rústicas contra la posesión demoníaca eran muy comunes. El carácter mágico del texto radica en que las palabras se han vuelto ininteligibles. La magia opera según la ley de la similitud, una asociación metafísica independiente del sistema de creencias. Ya fuera pagano o cristiano, todo se basaba en la fe en los poderes curativos atribuidos tanto a los objetos usados en los conjuros como a las palabras de poder. Los conjuros con palabras incomprensibles seguían instrucciones específicas, muchas veces con repeticiones en múltiplos de tres. Eran secretos, custodiados por el chamán, sacerdote o hechicero que los componía. Su potencia aumentaba al ser cantados—de ahí la importancia del canto mágico o galdr. Irónicamente, fue solo tras la conversión al cristianismo que los pueblos germánicos creyeron que todos los conjuros y runas, escritas o cantadas, provenían de Woden, Galdrs Fadir—el padre de los conjuros. Muchos conjuros anglosajones son cristianos o están cristianizados. Pocos son netamente paganos, ya que rara vez se invoca a deidades específicas. A veces se menciona al Sol o la Luna. El cristianismo también transformó especialmente a los elfos y enanos en demonios.

El Leechbook de Bald ofrece varios remedios que ilustran métodos curativos. Beber hierbas mezcladas con agua bendita era una técnica de exorcismo: "Contra el poseído por un demonio: poner en agua bendita y en cerveza bishopwort, agrimonia acuática, agrimonia, alexandre y dormidera;

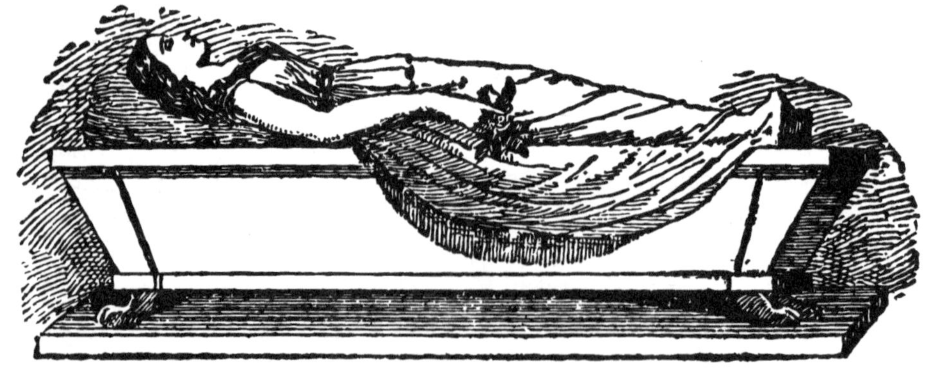

dárselo a beber." Algunos métodos eran bastante brutales, y expulsar al espíritu implicaba a veces una paliza: "Si un hombre está loco [poseído por un espíritu maligno], toma la piel de una tortuga, haz un látigo con ella y azótalo. Pronto estará bien." Los eméticos eran considerados menos violentos. "Contra un elfo o una posesión desconocida, frota mirra en vino junto con la misma cantidad de incienso blanco, y ralla un poco de piedra ágata en el vino. Bébelo después de ayunar una noche, durante tres, nueve o doce mañanas." Esto probablemente inducía el vómito.

La creencia de que la enfermedad es causada por posesión demoníaca se remonta a la Antigüedad; no era algo nuevo. El exorcismo expulsa del cuerpo a los intrusos demoníacos o nocivos. Los remedios variaban e incluían invocaciones, hierbas, ungüentos, humo y respiración forzada (insufflatio). Imponer las manos sobre el paciente o hacer la señal de la cruz eran elementos típicos de un conjuro. Los ungüentos, hechos con hierbas en manteca, servían para proteger contra brujas o malos espíritus, lo que tal vez añade una dimensión al uso de los "ungüentos de vuelo". Se trazaban cruces en distintas partes del cuerpo—frente, extremidades, lengua, pecho y brazo—para expulsar a los demonios. Es importante destacar la universalidad del símbolo de la cruz en estos conjuros. La cruz existía desde mucho antes como símbolo de buen augurio, bendición, prosperidad y protección. En la tradición germánica, la cruz tenía forma estilizada con cuatro brazos iguales, ya fuera como fylfot o esvástica. También se usaba el humo para ahuyentar espíritus malignos donde se sospechaba posesión. Esto puede reflejar la influencia del uso litúrgico cristiano del incienso—sobre todo al acompañarlo con genuflexiones y cruces—aunque expulsar espíritus con humo no es exclusivo del mundo cristiano.

Para el siglo XII, los conjuros en latín que mencionaban a los apóstoles, la Trinidad o los santos se volvieron muy populares en los exorcismos. Estas autoridades eclesiásticas reemplazaron todas las apelaciones paganas. Los sustitutos incluían distintas variantes de Dios o Cristo, como Deus, Emanuel o Adonai, además de los nombres de santos, apóstoles, evangelistas, María y, a veces, incluso los patriarcas bíblicos. Un recurso anglosajón del Leechbook de Bald para evitar las consecuencias del veneno volador—es decir, enfermedades infecciosas—indica que el sanador o encantador debe conseguir una vara de roble o saúco y proceder de la siguiente manera: "Contra el veneno volador. Haz cuatro incisiones en cuatro partes del cuerpo con una vara de roble. Sumerge la vara en la sangre, deséchala y canta esto tres veces: ✠ Matheus me ducat ✠ Marcus me conservet ✠ Lucas me liberei ✠ lohannes me adiuvet semper. Amén".

Nótese la similitud con el conjuro anterior que involucraba sangría y una vara de avellano: el demonio aquí se extrae y se dispersa por medio de la eficacia de la abjuración en nombre de los apóstoles, en lugar de los antiguos espíritus paganos de los manantiales y cursos de agua.

—SHANI OATES

LA CORNA NOBLE

Simbolismo, magia y significado místico

LA CORONA NOBLE, con su forma regia y su historia cargada de significado, posee una profunda relevancia simbólica, mágica y oculta a través de culturas y siglos. Más allá de su función visible como emblema de rango y autoridad, la corona representa poder divino, alineación espiritual, soberanía y sabiduría esotérica. Sus materiales, diseño y usos rituales la impregnan de múltiples capas de sentido, simbolizando la soberanía, la armonía cósmica y una conexión evidente con planos superiores de existencia.

Materiales y poder simbólico

Los materiales empleados en la elaboración de coronas se eligen no solo por su rareza y belleza, sino también por sus propiedades metafísicas, aportando cada uno a su poder y simbolismo.

El oro, a menudo el metal principal, es venerado en la alquimia y la magia como el metal del Sol. Simboliza la iluminación, la energía divina, la perfección y la incorruptibilidad. En la práctica mágica, el oro se alinea con las energías solares, otorgando vitalidad e iluminación a quien lo lleva. Las coronas destinadas a sumos sacerdotes idealmente se forjan en oro, aunque el latón o el bronce pueden utilizarse como sustitutos prácticos.

La plata, metal asociado a la Luna, suele complementar al oro. Su vínculo con la intuición, la pureza y la reflexión la convierte en la preferida para las coronas lunares de las Sumas Sacerdotisas. La plata equilibra la naturaleza ígnea del oro con una energía fría y receptiva, conectando la corona con los reinos místicos de la transformación y el inconsciente.

Las piedras preciosas incrustadas en las coronas amplifican aún más su significado mágico. Los diamantes representan claridad, invencibilidad y ascensión espiritual; los zafiros simbolizan verdad, sabiduría y favor divino; las esmeraldas encarnan fertilidad, equilibrio y vida eterna, reflejando la prosperidad del dominio del gobernante; los rubíes evocan pasión, poder y protección, actuando como defensa ante fuerzas negativas; y las amatistas, conocidas por su percepción espiritual, brindan protección contra la intoxicación física y espiritual, además de aportar claridad mental, una cualidad esencial del liderazgo.

Las perlas, con su origen oceánico, simbolizan la pureza y el conocimiento oculto obtenido a través de la introspección. Su conexión con lo divino femenino resalta la sabiduría emocional. Por otro lado, el forro de terciopelo o seda de la corona representa refinamiento y transformación, y suele provenir de animales o plantas del territorio del soberano, intensificando la resonancia espiritual de la tierra. Asimismo, quien la lleve debe incorporar un objeto material que tenga un significado único y personal—haciendo de la corona una extensión de su propio ser.

El Significado Oculto y Mágico de la Corona

La corona trasciende el simbolismo político y actúa como un canal de autoridad espiritual y cósmica. En las tradiciones esotéricas, la cabeza representa la mente, el espíritu y la conexión con lo divino. Colocar una corona sobre ella es un acto sagrado que alinea a quien la porta con las fuerzas celestiales y activa la conciencia superior. Por supuesto, es importante colocar la corona por primera vez en un momento propicio para los comienzos.

Históricamente, las coronas han sido consideradas signos del favor divino. En las sociedades antiguas, los gobernantes eran vistos como intermediarios entre los dioses y la humanidad. La corona, semejante a un halo, refuerza esa conexión al servir como canal de energía espiritual. Rituales como coronar al portador durante su Retorno Solar o en el tránsito del Sol hacia Aries intensifican esta alineación.

Desde lo esotérico, la corona resuena con el Chakra Sahasrara, situado en la parte superior de la cabeza. Este chakra simboliza la iluminación espiritual y la unidad cósmica. Llevar una corona activa este centro energético, elevando la consciencia, la sabiduría y la conexión con las verdades universales. Místicamente, la corona también representa el dominio del yo inferior y la alineación con el yo superior, integrando espíritu, mente y cuerpo.

El diseño circular de las coronas simboliza la eternidad, la plenitud y la naturaleza cíclica de la vida. A menudo adornadas con motivos que evocan rayos solares o configuraciones estela-res, las coronas asocian a quien las lleva con el poder celestial, como puente entre el reino terrenal y cósmico.

Uso Histórico de la Corona en Rituales y Poder

Históricamente, la corona ha jugado papeles importantes en rituales y como símbolos de autoridad divina. En el antiguo Egipto, la corona del faraón—la pschent—simbolizaba la unidad del Alto y Bajo Egipto y confería al gobernante un estatus casi divino. Materiales como el lapislázuli se incorporaban a las coronas egipcias para conectar al portador con los cielos.

En la Europa medieval, las coronas se santificaban en las coronaciones y se volvían objetos sagrados que representaban la unción divina. Coronarse simbolizaba la transferencia de atributos divinos, alineando al monarca con la deidad. El halo—corona espiritual—reflejaba esta energía celestial.

En órdenes místicas y sociedades secretas, las coronas eran objetos rituales que simbolizaban iniciación espiritual y dominio sobre las fuerzas elementales. A menudo marcaban un paso hacia estados superiores de consciencia y autoridad dentro de la jerarquía esotérica.

Poder atribuido a las Coronas

Las propiedades místicas de la corona van más allá del simbolismo, otorgando poderes tangibles y espirituales. Actúa como un escudo protector, capaz de repeler fuerzas negativas y maldiciones. Su conexión con el favor divino la convierte en una barrera poderosa contra adversarios espirituales. Como manifestación de autoridad, la corona representa dominio sobre el caos y maestría sobre el miedo y la duda.

Las tradiciones esotéricas sostienen que las coronas amplifican la percepción psíquica, facilitando la conexión con planos superiores o seres celestiales. En los rituales, coronarse simboliza una transformación, un momento de muerte y renacimiento simbólicos. La corona marca la culminación de la evolución espiritual, mental y emocional del portador.

Uso Mágico y Oculto de las Coronas en la Actualidad

En las prácticas mágicas modernas, las coronas conservan su significado místico. Se usan durante rituales ceremoniales como símbolo de empoderamiento y conexión con planos superiores. Hay quienes visualizan una corona astral sobre su cabeza para activar el Chakra Corona y atraer sabiduría divina.

Honrar la Corona como Herramienta Mística

La corona noble, que trasciende el tiempo y las culturas, sigue siendo un poderoso símbolo de iluminación, protección y conexión divina. Nos recuerda el potencial sagrado presente en cada persona: la capacidad de superar limitaciones, alinearse con las fuerzas cósmicas y alcanzar la maestría espiritual. Para quienes buscan en el presente, la corona ofrece un camino de transformación, funcionando tanto como herramienta mágica como símbolo aspiracional de la armonía entre el ser y el universo.

Dionysius y Pan

Espíritus afines de la naturaleza y el éxtasis salvaje

Canta, Musa, a Pan, señor de lo silvestre,
Dios de pies de cabra y del redil pastoril,
que recorre los montes con eco estridente,
amante de ninfas y del frío perfil.

Goza entre riscos y umbrías serenas,
con barba espesa y piernas saltarinas.
Baila dichoso por laderas llenas,
y sopla la flauta con notas divinas.

¡Salve, gran Pan, espíritu del río y la pradera!
Tu nombre entono en mi rústica quimera.

EN EL EXUBERANTE tapiz de la mitología griega, Dionisio y Pan destacan como dos deidades enigmáticas cuyos ámbitos de influencia se entrelazan de formas fascinantes y profundamente significativas. Dionisio, el dios del vino, el desenfreno y el éxtasis divino, y Pan, el dios de pies de cabra asociado con la naturaleza salvaje, la música y la pasión indómita, representan dos caras de la liberación y la conexión con las fuerzas primordiales de la vida. Verlos juntos a través de un lente pagano es comprender la dinámica sagrada entre lo silvestre, la alegría y la trascendencia espiritual.

Dionisio: El libertador y dios del éxtasis

Dionisio, llamado Bacchus en la tradición romana, encarna el espíritu de la liberación extática. Es un dios que sirve de

puente entre lo mortal y lo divino a través del poder embriagador del vino, el teatro y la celebración ritual. Sus ritos, conocidos como los Misterios Dionisíacos, permitían a los iniciados despojarse de las normas sociales y experimentar una verdad más profunda y unificadora. Los viñedos y la hiedra que le son sagrados reflejan la dualidad entre el cultivo y el crecimiento salvaje—equilibrio entre orden y caos.

Como dios, Dionisio es una figura paradójica. Es portador de alegría y maestro del frenesí. Sus seguidoras, las Ménades, danzaban en un abandono extático, a menudo representadas empuñando tirsos—bastones envueltos en hiedra y coronados con piñas—mientras se comunicaban con lo divino. Pero su éxtasis no era un mero jolgorio embriagado, sino un acto sagrado de liberación de lo mundano para hallar la esencia divina interior.

Pan: Guardián de lo salvaje y espíritu de la libertad lujuriosa

Pan, ligado a las montañas y bosques de Arcadia, representa el espíritu crudo e indómito de la naturaleza. Con patas y cuernos de cabra, su deidad encarna una fuerza liminal y primitiva que es a la vez juguetona y temible. Como dios de los pastores, los rebaños y la música silvestre, su flauta, la siringa, convoca tanto el placer como el pánico (este último derivado de su nombre).

El dominio de Pan es lo salvaje—esos espacios intactos y sin restricciones donde reinan el instinto y la libertad. Es un dios de la fertilidad, una figura de lujuria y vitalidad cuyas uniones con ninfas y dríades simbolizan el poder generativo del mundo natural. Su presencia evoca una conexión con los ritmos de la Tierra y un recordatorio de las raíces animales de la humanidad.

Paralelismos e intersecciones: Dionisio y Pan como libertadores gemelos

Dionisio y Pan comparten profundas similitudes como deidades de la liberación. Ambos inspiran al ser humano a trascender lo ordinario, empujándolo a romper los límites de la civilización y reconectarse con su ser más instintivo. Mientras Dionisio lo hace mediante el vino y el ritual extático, Pan lo logra a través de la experiencia sin filtros de la belleza y el terror de la naturaleza.

Su asociación con la música refuerza aún más su parentesco. La siringa de Pan y las celebraciones con lira de Dionisio transportan a estados alterados del ser. La música, en sus mitos, no es mero entretenimiento, sino una herramienta sagrada para la comunión con las fuerzas divinas de la vida.

Otra intersección está en su vínculo con lo liminal. Ambos dioses habitan en los márgenes—Dionisio como figura que transita entre lo mortal y lo divino, y Pan como guardián de lo salvaje, en la frontera entre la civilización y lo desconocido. En esos espacios, su poder es más intenso, invitando a sus devotos a explorar y abrazar lo desconocido.

Una perspectiva pagana: Honrar la dualidad de la naturaleza y el espíritu

Desde una visión pagana, Dionisio y Pan juntos representan la danza de los opuestos: la celebración cultivada y la pasión desenfrenada, el éxtasis divino y la sensualidad terrenal. Al honrar a ambos, los practicantes reconocen la totalidad de la existencia. Sus energías nos recuerdan que el crecimiento espiritual a menudo requiere salir de la seguridad de la rutina, abrazar lo extático y lo salvaje, y celebrar la vida en sus formas más plenas y desinhibidas.

Los rituales que invocan a ambas deidades pueden mezclar elementos del misterio dionisíaco con las energías indómitas de Pan. Un bosque bajo las estrellas puede convertirse en un espacio sagrado donde fluye el vino, retumban los tambores y se disuelven las barreras entre lo humano y lo divino. A través de esta unión, los participantes pueden tocar el corazón primordial de la vida, experimentando lo divino no como un ideal lejano, sino como una realidad inmediata y visceral.

Conclusión: Ecos eternos de lo divino salvaje

Dionisio y Pan perduran como símbolos eternos de libertad y éxtasis en el imaginario pagano. Sus mitos nos recuerdan que la alegría, la naturaleza indómita y la trascendencia espiritual son facetas interconectadas de la experiencia humana. Al celebrar sus energías, nos abrimos al poder transformador de lo divino salvaje, hallando armonía entre lo cultivado y lo indómito dentro de nosotros y en el mundo que nos rodea.

—AMELIA INGRAM

Atuendo Mágico: Celebrando el Día de Graduación

VESTIRSE: rel ritual de crear una imagen, una identidad, elegir prendas cómodas —o al menos apropiadas para recibir un nuevo día— evoca una magia única. Incluso para un día común de trabajo o escuela genera un impulso, un aura. Pero supongamos que el día marca una ocasión memorable, como una boda, un recital, un discurso público, un baile de graduación u otro evento anticipado. Ponerse la toga y el birrete suele ocupar un lugar destacado entre esos eventos realmente significativos, ritos de paso que ocurren una o dos veces en la vida. Años de anticipación, esperando recibir un diploma, quizás estrechar la mano de un director o decano, cruzar un escenario y ser recompensado con "todos los derechos y privilegios inherentes" pueden quedar grabados para siempre en la memoria. En medio del dramatismo del momento, probablemente pocos graduados se pregunten por qué llevar una túnica larga con un sombrero extraño forma parte del proceso de terminar la escuela. La respuesta es, en realidad, muy larga, compleja e intrigante.

Los orígenes del birrete y la toga de graduación actuales están ligados a la vida residencial en las universidades europeas durante los siglos XII y XIII.

Estas instituciones fueron fundadas por el clero, que estableció el uso de togas negras o marrones con capucha. Estas vestimentas simbolizaban el estatus religioso de los estudiantes y servían para distinguirlos de los laicos, es decir, de la gente común en la calle. La expresión "town and gown" (pueblo y toga) surgió como una distinción literal entre educados y no educados, entre la élite y la gente del común. En la Edad Media, la formación académica solía estar ligada a la toma de órdenes religiosas, al menos menores. Las túnicas voluminosas también cumplían una función práctica: protegían del frío a los estudiantes que pasaban horas sentados en edificios sin calefacción y llenos de corrientes de aire. Los primeros sombreros se asemejaban a capuchas y también servían como bolsas de limosnas que se colgaban al cuello o al hombro. Con el tiempo, esas capuchas se transformaron en gorros redondeados con borlas, y luego en los birretes cuadrados y planos con flecos que hoy coronan las cabezas de los graduados.

A finales del siglo XIX se estableció un Código Intercolegial de Atuendo Académico. Una versión de 1895 en Estados Unidos estipulaba que todas las togas debían ser negras. Algunos detalles específicos indicaban el grado académico alcanzado: las mangas puntiagudas correspondían a los títulos de licenciatura; las mangas largas y cerradas, a los de maestría; y las mangas redondeadas y abiertas, a los doctorados. Para finales del siglo XX, algunas instituciones optaron por usar togas con los colores de la escuela. Otros elementos, como franjas en las mangas, cintas en el cuello o insignias, empezaron a emplearse para denotar logros académicos o pertenencia a programas de estudio específicos. Hoy en día, incluso se ven togas diminutas—usualmente blancas y coronadas con minibirretes—en ceremonias de graduación de preescolar, para niños que están a punto de comenzar el jardín o la primaria.

Originalmente, la tradición del birrete y la toga no se limitaba al día de la graduación. Instituciones como la Universidad de Columbia, en Nueva York, establecieron hasta bien entrado el siglo XIX que tanto el profesorado como el alumnado debían llevar birrete y toga como parte del uniforme diario. Quienes incumplían las normas podían ser sancionados con la prohibición de usar dicha indumentaria durante una semana o más. Faltas más graves podían implicar que se les retirara el atuendo académico durante periodos prolongados.

Las profundas raíces históricas del birrete y la toga han evolucionado a lo largo de los siglos. Estas prendas simbolizan afirmaciones poderosas sobre el privilegio y la intención: representan la búsqueda del conocimiento y la conquista de logros.

–ESTHER NEUMEIER

Un extracto de

TAROT

Espejo del AlmaA

de Gerd Ziegler

Un manual para el Tarot Thoth

PRÓLOGO

Mi relación con *Tarot: Espejo del Alma es* bastante personal. Mi búsqueda espiritual comenzó a principios de los años noventa. Tenía veintitantos años y empezaba a sentir curiosidad por la vida, la muerte, el amor y el Universo. Me acerqué al tarot, y *Tarot: Espejo del Alma* fue una de mis primeras incursiones en el tema.

El libro fue el compañero perfecto para lo que entonces me parecía intimidante: el Tarot Thoth. Es sumamente accesible para quien comienza, ya que ofrece palabras clave para cada carta, una breve y comprensible descripción, e incluye una sección final con Indicaciones, Preguntas, una Sugerencia y una Afirmación. Esta fórmula sencilla permite "entrar" en las cartas y, de hecho, vivirlas, experimentarlas y sentirlas a un nivel profundo del alma. Ese es uno de los significados originales del "trabajo de sendero" o *Pathworking*. Resulta especialmente útil para quienes se están familiarizando con el Tarot Thoth a través de extracciones diarias de una sola carta. Las cartas tienen una manera asombrosa de revelar más información e ideas a medida que se sigue trabajando con ellas, y *Tarot: Espejo del Alma* es el vehículo ideal para emprender ese viaje de toda una vida.

Siempre he creído que nos apoyamos sobre los hombros de quienes vinieron antes que nosotros. Esta baraja siempre se ha conocido como el Tarot Crowley-Thoth, pero ¿quién fue la mujer detrás de la creación de esta obra maestra única, influyente y duradera? Lady Frieda Harris, como se la conoce, merece desde hace tiempo el reconocimiento por su papel fundamental en la creación de estas cartas.

Marguerite Frieda Harris nació el 13 de agosto de 1877 en Londres. Más adelante contrajo matrimonio con Sir Percy Harris, miembro del Parlamento británico por el Partido Liberal y baronet, por lo que su título correcto es Frieda, Lady Harris, o más precisamente, Lady Harris.

Aleister Crowley y Lady Harris fueron presentados inicialmente en una cena en 1937 por Clifford Bax. En mayo de 1938, Lady Harris se unió oficialmente tanto a la O.T.O. como a la A∴A∴, eligiendo el lema Soror TzBA, que en hebreo significa "Hueste" y cuyo valor numérico es 93. Posteriormente se convirtió en estudiante, colaboradora, mecenas, artista, ejecutora y, hacia el final de su vida, cuidadora de Crowley, además de una de las albaceas de su testamento. Para 1947, el año de la muerte de Crowley, quedaban muy pocas personas con las que no se hubiera enemistado.

Fue Lady Harris quien propuso colaborar en la creación de una baraja de tarot basada en las atribuciones de la Golden Dawn. En 1938, al estallar la Segunda Guerra Mundial, Crowley encargó a Lady Harris la tarea de pintar las setenta y ocho cartas. Poco después de comenzar esta monumental empresa, ambos se dieron cuenta de que las descripciones tradicionales de las cartas resultaban insuficientes. Lady Harris sugirió que Crowley aprovechara todo su conocimiento y experiencia de vida para diseñarlas. Esa propuesta, unida al genio creativo de Lady Harris, dio vida al Tarot Thoth.

Tenía aproximadamente sesenta años al comenzar el proyecto. ¡Ese dato por sí solo debería ser una fuente de inspiración para todos! El proyecto iba a durar seis meses, pero debido a que ambos eran perfeccionistas por naturaleza y a las dificultades provocadas por la guerra, acabó tardando cinco años en completarse. Parte de la demora se debió a que su comunicación consistía principalmente en correspondencia física, y a que Lady Harris tuvo que pintar hasta ocho versiones diferentes de ciertas cartas debido a las exigencias minuciosas de Crowley. Más adelante, Crowley escribiría sobre el Tarot Thoth: "Es la reivindicación de la obra de mi vida durante los últimos 44 años; y será la Brújula del Poder del buen navío Magia durante los próximos 2.000 años".

Lady Harris ya estaba interesada en numerosos temas esotéricos antes de comenzar el Tarot Thoth. Sentía afinidad por la Ciencia Cristiana de Mary Baker Eddy, la antroposofía, la co-masonería, el misticismo hindú y el legado de Rudolf Steiner. Estudió geometría sintética proyectiva, y utilizó esta técnica en la ejecución de los diseños del Tarot Thoth.

Como parte de su pertenencia a la co-masonería, Lady Harris diseñó tres tracing boards o "tableros de rastreo" basados en los diseños originales. Estos tableros son ilustraciones que representan los distintos emblemas y símbolos de la masonería. Los tres que ella creó corresponden a los grados Primero, Segundo y Tercero, y se distinguen por su estilo moderno, así como por el uso de una simetría audaz y enérgica en su elaboración.

Lady Harris colaboró con Crowley en varias otras obras, aportando su arte a diversos proyectos. Entre ellos se encuentra la imagen del Árbol de la Vida que aparece en la sobrecubierta de Little Essays Toward Truth, el retrato de Crowley para la sobrecubierta de Olla: An Anthology of Sixty Years of Song y, tras la muerte de Crowley, la portada y frontispicio del programa fúnebre titulado "The Last Ritual." Finalmente, en 1962, también creó la portada para Liber Aleph:

The Book of Wisdom and Folly. Existen además varios bocetos conmovedores que muestran cómo se veía La Gran Bestia en su lecho de muerte.

The Book of Thoth se publicó en 1944 en una edición limitada de doscientas copias, pero ni Crowley ni Lady Harris vivieron para ver su amado mazo impreso. El mazo fue finalmente producido a todo color en 1969 por Grady Louis McMurtry en colaboración con Samuel Weiser. Lady Harris dejó en herencia las pinturas originales del Tarot Thoth a Gerald Yorke, otro cercano colaborador y albacea de Crowley, quien a su vez las entregó al Warburg Institute de Londres, donde permanecen hasta el día de hoy.

Como se mencionó antes, Crowley solía enemistarse con la mayoría de sus colaboradores, así que el testimonio sincero que dejó sobre Lady Harris al inicio de The Book of Thoth dice mucho sobre la estima que le tenía:

> *Dedicó su genio a la Obra. Con una rapidez increíble captó el ritmo, y con una paciencia inagotable se sometió a las correcciones del fanático capataz que ella misma había invocado, ¡pintando a menudo la misma carta hasta ocho veces hasta que estuviera a la altura de su vara de medir de Acero de Vanadio! Que el apasionado "amor bajo voluntad" que ha depositado en este Tesoro de Verdad y Belleza fluya desde el Esplendor y la Fuerza de su obra para iluminar al mundo; que este Tarot sirva como carta de navegación para los valientes navegantes del Nuevo Aeón, guiándolos a través del gran Mar de la Comprensión hasta la Ciudad de las Pirámides.*

El tarot nos ayuda a acceder a lo espiritual y a manifestarlo en nuestra vida cotidiana. El templo —que construimos en el plano físico— es un reflejo (espejo) del que edificamos dentro de nosotros mismos. Buscar lo Divino, la Fuente Cósmica, el Todo, es en verdad asomarse al Espejo del Alma. Este texto clásico ha resistido la prueba del tiempo y es una fuente de consulta invaluable tanto para quienes se inician como para estudiantes experimentados del tarot.

DIANE CHAMPIGNY
PriestessThea-Soror Shahin

PREFACIO

Así como usamos un espejo para observar nuestro exterior, podemos usar las imágenes del Tarot para acercarnos a nuestra realidad interior. ¡Una expedición aventurera! Las imágenes del Tarot son un reflejo de las imágenes de nuestra alma. Cuanto más tiempo miramos hacia adentro, más descubrimos sobre nosotros mismos y nuestras vidas.

Un espejo refleja la realidad visible sin juzgarla. Muestra lo bello y lo feo, lo agradable y lo desagradable. No puede hacer otra cosa. Podemos apartarlo o romperlo si no nos gusta nuestro reflejo, pero eso no cambiará nuestra apariencia.

Las imágenes del Tarot describen estados espirituales. Al usar las cartas, vemos nuestra realidad interior desde nuevas perspectivas. Las imágenes no son "positivas" ni "negativas", no están "a favor" ni "en contra" nuestra. Simplemente ofrecen señales y pistas. Podemos examinarlas, eligiendo descartarlas o considerarlas, ignorarlas o utilizarlas.

Muchas personas temen confrontar su realidad interior; podrían encontrar aspectos feos o desagradables de sí mismas. Pretenden conocerse, a menudo creyendo que en verdad lo hacen. Gastan enormes cantidades de energía en mantener una fachada ilusoria; cuanto más ilusoria es, con más desesperación la defienden y mayor es el miedo que subyace. Sin embargo, cada acción defensiva, cada negación, revela —en lugar de ocultar— la inseguridad que está en el fondo. El miedo, la mente cerrada, la represión, la rigidez y la sensación de aislamiento son el resultado, y la verdadera realidad interior permanece desconocida.

Sorprendentemente, aprendemos a aceptarnos y amarnos solo cuando dejamos de intentar ocultar—y ocultarnos de—nuestra realidad interior. Solo podemos compartir con los demás aquellas partes de nosotros que hemos descubierto y aceptado, y solo podemos cambiar aquellos aspectos desagradables de nuestra persona que hemos examinado a fondo y reconocido como necesitados de transformación.

La autoexploración puede ser arriesgada en ocasiones. Las nuevas perspectivas conquistadas pueden trastocar viejos hábitos y actitudes, e incluso sacudir los cimientos de nuestros sistemas de creencias (véase La Torre). Sin embargo, este es un paso esencial en todo proceso de transformación.

Las "recompensas" de tal proceso de depuración interna son inmensas. Cada vez que revelamos y soltamos una de nuestras ilusiones, nos acercamos un paso más a nuestro verdadero yo, ilimitado y duradero. Aquello que soltamos y perdemos en este proceso nunca nos perteneció realmente; lo que se destruye nunca estuvo arraigado en nuestro ser más profundo.

Al soltar, llegas al lugar de quietud dentro de ti donde tú y el silencio son uno; llegas a casa, y tú y tu hogar son uno.

Este libro ofrece sugerencias para jugar con el Tarot Crowley-Thoth y profundizar en su comprensión. Te ayudará en tu trabajo con las cartas, guiando a veces tu exploración interior, y otras, señalando el camino en situaciones cotidianas y procesos difíciles de toma de decisiones.

El Tarot significa, ante todo, subjetividad, y mantener una disposición vital para ser tocados. Las imágenes del Tarot, como espejos de nuestros propios impulsos inconscientes, los desbloquean y los hacen accesibles a nuestra mente consciente. Y al aprender a interpretar los mensajes de las cartas—como interpretaríamos un sueño confuso—podemos descubrir nuevos reinos interiores y vislumbrar los misterios del Universo en su orden cósmico, que todo lo abarca.

GERD ZIEGLER

Waakirchen, Germany, August 1984

Zolling, Germany, July 1985

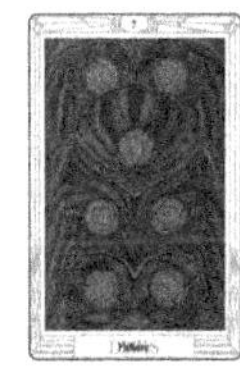

EL LOCO

Palabras clave: *apertura, confianza; disposición a correr riesgos; valentía para mantenerte firme; libertad, independencia; creatividad; gran potencial; posibilidad de dar un salto cuántico; escuchar la voz del corazón.*

El Loco (The Fool) está representado por el dios de la primavera, Dionisio. El color verde nos recuerda la poderosa fuerza creativa de la primavera. El cocodrilo (el antiguo dios egipcio de la creatividad) también representa los mayores poderes creadores.

El largo cordón umbilical, conexión con la unidad cósmica, envuelve a El Loco en cuatro espirales. La posibilidad de renacimiento se ofrece en los cuatro planos de la existencia humana: espiritual, intelectual, emocional y físico. El requisito es tu disposición al cambio en todas las áreas; tu responsabilidad hacia el autodesarrollo.

Las cuatro espirales se describen de la siguiente manera:

La primera espiral rodea el corazón con forma de corazón. Representa el renacimiento emocional: el reconocimiento, la percepción y la aceptación de las verdaderas necesidades emocionales.

La segunda espiral contiene tres símbolos. La paloma representa la vulnerabilidad y la sensibilidad como requisitos para el amor propio y hacia los demás. También se necesita la capacidad de poner límites y decir "no" en relaciones poco claras. La mariposa significa transformación (la oruga se convierte en mariposa). Las serpientes entrelazadas (Caduceo) son símbolo del compromiso con la sanación y la salud.

En la tercera espiral yacen dos niños desnudos entrelazados. Su presencia introduce el ámbito de las relaciones. La calidad de tus vínculos con la familia, amistades, socios y lazos emocionales profundos debe ser reexaminada y reevaluada. ¿A quiénes quieres realmente a tu alrededor?

La cuarta espiral está ocupada por el tigre y el cocodrilo. El cocodrilo impulsa el desarrollo de habilidades creativas en el trabajo y la vocación. La rosa que lleva simboliza el despliegue del poder creativo.

Sus poderosas mandíbulas representan resistencia, liderazgo y la capacidad de trabajar de forma independiente y autosuficiente. Es posible romper con antiguos condicionamientos obsoletos.

El tigre simboliza el miedo (ver Princesa de Bastos). Dionisio es mordido una y otra vez por este tigre, pero su mirada permanece al frente. No presta atención al miedo, por lo tanto, este ha perdido poder sobre él. El tigre no puede hacerle daño. Su fe inquebrantable en la existencia le permite reconocer el miedo sin convertirse en su víctima. Está liberado, abierto a experiencias místicas cumbre y a la interacción con otros. Se liberan fuerzas básicas y dinámicas que impulsan hacia adelante. El proceso creativo que se despliega ya no puede ser contenido.

El Loco sostiene una copa con base de cristal en su mano derecha y una antorcha encendida en la izquierda. Estos son símbolos alquímicos (ver la carta XIV: El Arte). Representan el encuentro de fuerzas opuestas que genera la energía necesaria para la transformación, el salto cuántico.

Las uvas, símbolo de fertilidad, están listas para la cosecha. Las manchas blancas sobre el fondo dorado indican el Otoño (época de recolección); hojas que caen, desprendimiento, entrega, rendición. Las monedas a la derecha, grabadas con símbolos astrológicos, reflejan la abundancia desbordante en todos los planos que llega cuando se permite a la energía creativa desplegarse libremente.

Los cuernos que lleva Dionisio simbolizan la percepción expandida. El arcoíris que rodea su cabeza representa totalidad, Unidad, el puente entre cielo y tierra, interior y exterior. Entre sus piernas hay un racimo de flores que representa el proceso de transformación. En la parte inferior, el aspecto activo (las tres flores a la izquierda simbolizan cuerpo, mente y espíritu) se une al aspecto pasivo: receptividad, disposición a aprender. Las flores simples que se encuentran abajo, al unirse, dan origen a la flor de muchos pétalos en la parte superior.

El sol simboliza los poderes creativos y transformadores que se liberan al fundirse la energía sexual básica.

Indicaciones: Estás listo para un nuevo comienzo, quizás incluso un salto cuántico. Entrégate, atrévete a saltar, incluso si el miedo intenta frenarte. Confía en la voz que surge desde tu corazón.

Preguntas: ¿Cuál es tu "tigre del miedo"? ¿Cómo imaginas ese salto valiente hacia lo nuevo? ¿Cómo se ve? ¿Hacia dónde te llama tu corazón?

Sugerencia: Extrae otras cartas para estas preguntas si las respuestas no te resultan claras.

Afirmación: Ahora sigo a mi corazón. Estoy abierto y listo para ir a donde sea que me lleve.

Gerd Ziegler *(8 de febrero, 1951) es un terapeuta especializado en terapia humanista y espiritual. Estudió psicología, ciencias políticas, teatro y estudios religiosos en la Freie Universität Berlin. Trabajó con grupos de encuentro, gestalt, psicodrama, trabajo corporal neorreichiano y meditación. Estudió en el Boyesen Institute de Londres entre 1976 y 1978. En 1979, su camino lo llevó a la India, donde pasó dos años estudiando y viviendo en el Shree Rajneesh Ashram y la Rajneesh International University.*

JARDINERÍA LUNAR

SEGÚN LA FASE

Sembrar, trasplantar, brotar e injerta *Arar, cultivar, desmalezar y cosechar*

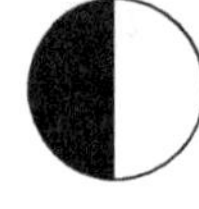
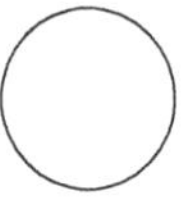

NUEVA	Cuarto Menguante	LLENA	Cuarto Creciente	NUEVA
Siembre sobre el suelo con semillas externas, plantas anuales.	Siembre sobre el suelo con semillas interiores.	Siembre tubérculos, bulbos, bienales, plantas perennes.		No siembre.

SEGÚN EL LUGAR EN EL ZODÍACO

En general, plante y trasplante los cultivos que crecen por encima del suelo cuando la Luna esté en un signo acuático: Cáncer, Escorpio o Piscis. Plante y trasplante cultivos de raíz cuando la Luna esté en Tauro o Capricornio; el otro signo de tierra, Virgo, favorece la descomposición. Los signos aéreos, Géminis, Libra y Acuario, son buenos para algunos cultivos y otros no. Los signos de fuego, Aries, Leo y Sagitario, son estériles para la mayoría de cosechas; es mejor utilizarlos para desmalezar, combatir plaga y cultivar la tierra.

♈

Aries: *estéril, caluroso y seco.* Favorable para plantar y trasplantar remolachas, cebollas y ajos, pero desfavorable para todos los demás cultivos. Bueno para desmalezar y controlar las plagas, para enlatar y conservar, y para todas las actividades que impliquen fuego.

♉

Tauro: *productivo, frío y seco.* Fértil, el mejor para plantar cultivos de raíces y también muy favorable para todos los trasplantes, ya que favorece el crecimiento de las raíces. Bueno para plantar cultivos que crecen por encima del suelo y para hacer conservas y enlatados. Pode en este signo para favorecer el crecimiento de las raíces.

♊

Géminis: *estéril, caluroso y húmedo.* El mejor signo para plantar judías, que darán más frutos. Desfavorable para otros cultivos. Bueno para la cosecha y para recolectar hierbas.

♋

Cáncer: *productivo, frío y húmedo.* El mejor para plantar cultivos que crecen encima del suelo y de raíces. Cave los lechos del jardín con la Luna en este signo, y todo florecerá. Pode en este signo para favorecer el crecimiento.

♌

Leo: *estéril, caluroso y seco.* No se debe plantar ni trasplantar nada mientras la Luna esté en León. Favorable para desmalezar y controlar las plagas, para labrar y cultivar la tierra y para hacer conservas y enlatados.

♍

Virgo: *estéril, frío y seco.* Bueno para la siembra de pastos y cereales, pero desfavorable para otros cultivos.

Desfavorable para enlatar y conservar, pero favorable para desmalezar, controlar las plagas, labrar y cultivar. Haga abono cuando la Luna esté en la Virgen y madurará más rápido.

♎

Libra: *productivo, cálido y húmedo.* El mejor signo para plantar flores y enredaderas y favorable para cultivos que crecen sobre el suelo. Pode en este signo para favorecer la floración.

♏

Escorpio: *productivo, frío y húmedo.* Muy favorable para plantar y trasplantar cultivos que dan por encima del suelo, y favorable para plantar y trasplantar cultivos de raíces. Plante árboles frutales cuando la Luna esté en este signo y pódelos para favorecer el crecimiento.

♐

Sagitario: *estéril, caluroso y seco.* Favorable para plantar cebollas, ajos y pepinos, pero desfavorable para todos los demás cultivos, y especialmente desfavorable para el trasplante. Favorable para enlatar y conservar, para labrar y cultivar la tierra, y para podar para desalentar el crecimiento.

♑

Capricornio: *productivo, frío y seco.* Muy favorable para plantar y trasplantar cultivos de raíces, favorable para las flores, las vides y todos los cultivos que crecen por encima del suelo. Plante árboles, arbustos y vides. También árboles y vides para fortalecer sus ramas.

♒

Acuario: *estéril, caluroso y húmedo.* Favorable para desmalezar y controlar las plagas, labrar y cultivar la tierra, cosechar cultivos y recolectar hierbas. Relativamente favorable para plantar cultivos que crecen sobre el suelo, pero sólo en tiempo seco o las semillas tenderán a pudrirse.

♓

Piscis: *productivo, frío y húmedo.* Muy favorable para la siembra y el trasplante de cultivos que crecen por encima del suelo y favorable para las flores y todos los cultivos de raíces salvo las patatas. Pode cuando la Luna esté en los Peces para favorecer el crecimiento. Plante árboles, arbustos y vides en este signo.

Consulte nuestras páginas sobre el calendario lunar para conocer la fase y el lugar en el círculo zodiacal. La Luna permanece en un signo durante unos dos días y medio. Coordine su jornada con el día siguiente a la entrada de la Luna en el signo zodiacal. Recomendamos elegir días de fase y signos favorables. Por ejemplo, plante semillas cuando la Luna esté en fase creciente en un signo productivo adecuado, y desmalece las malas hierbas rebeldes en cuarto menguante de un signo estéril.

El Calendario LUNAR

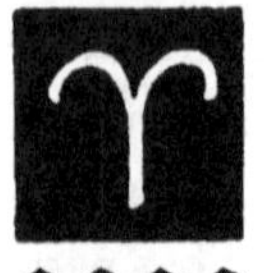

se divide en signos zodiacales en lugar del calendario gregoriano, que es más conocido.

2026 2027

Tenga en cuenta que los nuevos proyectos deben iniciarse cuando la Luna está creciente (de oscura a llena). Cuando la Luna está menguante (de llena a oscura), es un momento para almacenar energía, y la persona sabia espera.

Recuerde que las Lunas se enumeran por día de entrada en cada signo. Los cuartos están, pero las horas de salida y puesta varían, por lo que se aconseja consultar el periódico local, la biblioteca o el planetario.

El lugar de la Luna está calculado para la hora del Este.

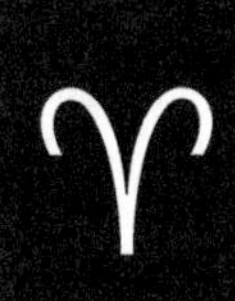

aries

20 Marzo – 19Abril 2026

Signo cardinal de fuego △ Regido por Marte ♂

D	L	M	Mi	J	V	S
	Marte ***Impulso, Valor, iniciación*** La voluntad pura y la acción decidida configuran el dominio del antiguo Dios Marte, patrono de los guerreros. En el mito, no es solo portador de batalla, sino guardián de límites, encarnación de la pasión y chispa que impulsa la creación. Su presencia enciende valor y el instinto de moverse, iniciar y quebrar la inercia. Asociado con ↓				Mar 20 Equinoccio Primaveral 5:01 AM Aries	21 Levántese temprano Tauro
22	23 Géminis	24 *Demuestre intenciones firmes*	25 ◐ Cáncer	26 *Tome la iniciativa*	27	28 Leo
29 *Eleve su confianzae*	30 Virgo	31	Abril 1 ○ Libra	2 **Menguante** *Día de los Inocentes*	3 Escorpio	4 *Relaje el miedo*
5	6 *Reconózcase* Sagitario	7	8 *Comparta su progreso* Capricornio	9	10 ◑	11 *Use hilo negro* Acuario
12	13 *Tome un baño ritual* Piscis	14	15 *Queme una carta* Aries	16	17 ● Tauro	18 **Creciente**
19 *Reflexioneal amanecer* Géminis	la sangre y la fuerza palpitante de la vida, Marte rige la agresión sagrada necesaria para plasmar la intención. En magia, se le invoca para fortaleza y forjar el propio camino con claridad firme. Aunque a menudo ligado al conflicto, su esencia más honda radica en el poder de actuar. UCon Aries, Marte alza la llama, instándonos a actuar y tomar nuestro sitio en el cosmos. El movimiento se torna magia y la acción justa enciende la transformación en la fragua del fuego incansable de Marte.					

Espino

Uath

EL ESPINO es un árbol pequeño que rara vez supera los 4,5 metros de altura. Sus largas espinas lo protegen de las tormentas y de los animales que pastan, dando refugio a árboles jóvenes como el roble o el fresno, que crecen bajo su sombra y eventualmente lo reemplazan. También da protección espinosa a aves y animales silvestres que se alimentan de sus bayas escarlata en otoño.

Aunque prospera en la mayoría de los suelos, el espino prefiere terrenos húmedos y arenosos para germinar, y suele ser sembrado por las aves. Su corteza, de un gris parduzco oscuro, se agrieta con la edad formando patrones cuadrados al azar. Sus flores, en racimos de blanco o rosa pálido, desprenden un aroma fuerte y singular.

El espino está profundamente vinculado al festival celta de la víspera de mayo—"May" es otro de sus nombres. "Espino blanco", se le dice en Bretaña, donde el árbol señala lugares de encuentro de las hadas. En Irlanda, los espinos sagrados custodian pozos de los deseos, y sus ramas a menudo están adornadas con retazos de tela que simbolizan peticiones. La diosa romana Cardea, consorte de Jano, usaba una rama de espino como emblema de protección: "su poder es abrir lo que está cerrado y cerrar lo que está abierto".

Los árboles espinosos son considerados encantados según la leyenda, y el espino en particular ha cautivado la imaginación de Europa occidental desde los primeros registros. En algunas tradiciones se creía que protegía contra los rayos; en otras, que poseía poderes purificadores. En la antigua Irlanda se le asociaba con la castidad. En Grecia, las novias llevaban coronas de flores de espino en mayo, pero en Roma tanto el mes como la flor eran considerados presagios desfavorables para el matrimonio, sobre todo si se llevaban al hogar. Para los turcos, el espino simbolizaba el deseo erótico.

—ELIZABETH PEPPER

tauro

20 Abril – 20 Mayo 2026

Signo fijo de Tierra 🜃 Regido por Venus ♀

D	L	M	Mi	J	V	S
	Abril **20**	**21** Cáncer	**22** *Toque tambor*	**23**	**24** Leo	**25**
26 *Mantenga el balance* Virgo	**27**	**28** Libra	**29** *Goce con el diablo*	**30** Noche de Walpurgis	May **1** Escorpio	**2** **Menguante** Beltane ⇦ Dia de Vesak
3 *Levante fuego santo* Sagitario	**4**	**5** *Ate el conjuro* Capricornio	**6**	**7** *Atienda la flor*	**8** Día del Loto Blanco Acuario	**9**
10 *Riegue los brotes* Piscis	**11**	**12**	**13** *Siga firme* Aries	**14**	**15** *Cocine para quien ama* Tauro	**16**
17 **Creciente** Géminis	**18** *Ayude a un sapo*	**19** Cáncer	**20**			

Ceres ***Fertilidad, sustento, sabiduría estacional*** Guardiana de la abundancia terrestre, la antigua madre del grano Ceres vela por el alimento, la cosecha y el pulso sagrado del retorno estacional. Nos enseña a honrar lo que sostiene cuerpo y alma. Su mito, donde su hija Perséfone es llevada al Inframundo, revela el vínculo alquímico entre pérdida y restauración. En magia, Ceres rige la abundancia, los ritos agrícolas y las bendiciones de alimento. Es la Tierra cultivada—proveedora, sanadora y portadora del grano sagrado. Tauro, arraigado y sensual, armoniza con las raíces físicas de Ceres. Juntos recuerdan que cuidar es poder y alimentar un acto sagrado. Ceres nos llama al ritmo, la simplicidad y la reverencia hallada en la tierra, el aliento y el ritual. Cuidar, nutrir, descansar—actos sagrados. En su ciclo yace el misterio del retorno y en sus brazos recordamos cómo pertenecer.

Citas Notables

agua

La memoria de la vida llegó a esta Tierra transportada por el alma del agua.

Masaru Emoto

El alma es como el agua: viene del Cielo, fluye hacia la Tierra, y vuelve a elevarse al cielo.

Paracelsus

En una gota de agua se encuentran todos los secretos de todos los océanos.

Kahlil Gibran

Un lago transporta a rincones del sentimiento que de otra manera serían impenetrables.

William Wordsworth

Vacía tu mente, sé sin forma, como el agua.

Bruce Lee

El agua en la que nada el místico es la misma en la que se ahoga el loco.

Joseph Campbell

El agua es lo más suave, pero puede penetrar montañas y tierra. Esto demuestra claramente el principio de la suavidad venciendo a la dureza.

Laozi

El alma del hombre es como el agua: del cielo viene, al cielo se eleva, y luego, al regresar a la Tierra, debe ir y venir eternamente.

Johann Wolfgang von Goethe

Usted es como el agua. Va a todas partes y lo llena todo. Pero cuando enfrenta resistencia, no se quiebra—fluye a su alrededor, la desgasta.

Thich Nhat Hanh

El sonido del agua vale más que todas las palabras de los poetas.

Octavio Paz

El silencio es tan profundo como la eternidad, el habla tan superficial como el tiempo. Pero el agua pertenece a ambos.

Thomas Carlyle

Géminis

21 Mayo – 20 Junio, 2026

Signo mutable de aire △ Regido por Mercurio ☿

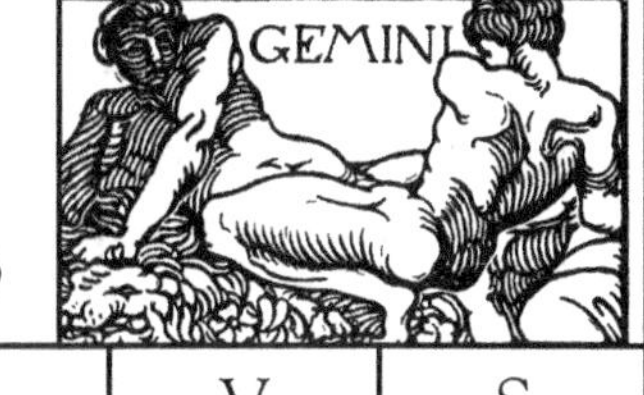

D	L	M	Mi	J	V	S
Mercurio ***Pensamiento, movimiento, comunicación*** Gran conector de mentes, reinos y sentidos, Mercurio teje el tejido del pensamiento y la palabra en poderosos conjuros de devenir. Como embaucador y guía, rige no solo habla y mente, sino la magia de transformar a través del lenguaje. En el mito, Mercurio conduce almas entre reinos—deidad liminal de invención ↓				May **21** Leo	**22** *Mira desde arriba*	**23** ◑ Virgo
24 *Cante notas doradas*	**25** Libra	**26**	**27** *Hable con abejas*	**28** *perfecto Confianza perfecta* Escorpio	**29** Día de la manzana de roble	**30** Sagitario
31 ○	Jun **1** **Menguante** *Esté listo*	**2** Capricornio	**3** *Hable con las estrellas*	**4** Acuario	**5** Noche de los Vigilantes	**6**
7 Piscis	**8** ◐	**9** Aries	**10** *Flauta con hadas*	**11** Tauro	**12**	**13** *Silencie la mente* Géminis
14 ●	**15** **Creciente** *Auto reflexión* Cáncer	**16**	**17** Leo	**18** *Pase uvas*	**19** Virgo	**20** Solsticio de verano 10:42 PM

, astucia, fulgor súbito— es la chispa del ingenio, la voz que entreteje sentido, los pies que cruzan senderos en espíritu y carne. En magia, Mercurio apoya comunicación, adivinación, rapidez y sagacidad. Gobierna el comercio y el intercambio— relatos, contratos, intención. Géminis refleja su ágil energía—dual, brillante, curiosa. Juntos bailan en la paradoja, enseñando humor y perspectiva. Toda palabra es un conjuro. Mercurio nos recuerda: piense con agudeza, hable con sabiduría, muévase como el viento.

NOMBRES DE LA LUNA LLENA

Los estudiantes de literatura oculta pronto aprenden la importancia de los nombres. De Ra a Rumpelstiltskin, los nombres poseen un poder inusual.

La tradición de nombrar las lunas llenas se registró en una edición inglesa de *Shepherd's Calendar*, publicada en la primera década del siglo XVI.

Aries—Semilla. Época de siembra y símbolo del inicio del año.

Tauro—Liebre. Animal sagrado asociado en leyendas romanas con la primavera y la fertilidad.

Géminis—Díada. Palabra latina para "pareja" que alude a las estrellas gemelas Cástor y Pólux.

Cáncer—Prado. A finales de junio y durante julio, los prados (meads) se segaban para heno.

Leo—Hierba. Cuando el Sol estaba en Leo, se recolectaban hierbas (worts, del anglosajón wyrt, planta) para secar y guardar.

Virgo—Cebada. Perséfone, diosa virgen del renacer, porta un haz de cebada como símbolo de la cosecha.

Libra—Sangre. Marca la estación en que se sacrificaban animales domésticos para las provisiones de invierno.

Escorpio—Nieve. Anuncia la estación oscura, cuando el Sol está más bajo y cae la primera nieve.

Sagitario—Roble. Árbol sagrado de druidas y del dios romano Júpiter, noble por resistir los embates invernales.

Capricornio—Lobo. Este temible animal nocturno representa la "noche" del año. En Inglaterra eran raros después del siglo XII.

Acuario—Tormenta. Se dice que la tormenta arrecia más antes de acabar, y el año suele seguir ese patrón.

Piscis—Casto. Antiguo término para puro que refleja la costumbre de recibir el año nuevo con el alma limpia.

La Luna Llena de Libra a veces se llamaba Luna del Vino, cuando la cosecha de uva prometía un gran vino.

Los primeros colonos de América siguieron nombrando las lunas llenas, con clara influencia de las tribus nativas y sus tradiciones.

AMERICANO	**Colonial**	**Native**
Aries / Abril	Rosa, Hierba, Huevo	Hierba Verde
Tauro / Mayo	Flor, Siembra	Muda
Géminis / Junio	Rosa, Fresa	Rosa, Engordar
Cáncer / Julio	Ciervo, Trueno	Trueno
Leo / Agosto	Esturión, Grano	Cerezas Maduran
Virgo / Septiembre	Cosecha, Fruta	Caza
Libra / Octubre	Del Cazador	Hoja que Cae
Escorpio / Noviembre	Castor, Helado	Enfado
Sagitario / Diciembre Cap-	Frío, Noche Larga	Noche Larga
ricornio / Enero	Lobo, Tras Yule	Nieve
Acuario / Febrero	Nieve, Hambre	Hambre
Piscis/ Marzo	Gusano, Savia, Cuervo	Cuervo, Ojo Adolorido

– Elizabeth Pepper
Moon Lore

cáncer

2 Junio – 22 Julio, 2026

Signo cardinal de agua ▽ Regido por la luna ☽

D	L	M	Mi	J	V	S
Jun **21**	**22** Libra	**23**	**24** Fiestas Juninas Escorpio	**25** *Duplica*	**26**	**27** *Resista la injusticia* Sagitario
28	**29** Capricornio	**30** **Menguante**	Jul **1**	**2** Acuario	**3** *Contemple la marea*	**4** Pisces
5	**6** *Reinan sueños lúcidos* Aries	**7**	**8** *Contemple el ojo*	**9** Taurus	**10**	**11** *Scry al enemigo* Géminis
12	**13** *Encarne al narval* Cáncer	**14**	**15** **Creciente** Leo	**16** *Recoja piedras de agua*	**17** Virgo	**18** *Hable en acertijos*
19 *Conjure un escudo* Libra	**20**	**21** Scorpio	**22** *Huela toronjil*			

Luna ***Emoción, memoria, reflexión*** Radiante y cambiante, la Luna refleja los ritmos ocultos de mareas, vientres, sueños y emoción. Rige el instinto y las corrientes invisibles que moldean la vida. En todas las culturas se honra como Diosa, protectora y tejedora de ciclos— vigilando nacimiento y muerte, flujo y reflujo, sombra y luz. Su influjo gobierna no solo los mares, sino las mareas internas de intuición, anhelo y saber profundo. En magia, se le invoca para trabajos oníricos, adivinación, fertilidad y desarrollo psíquico. Sus fases brindan un mapa de devenir y liberación. Aliada con Cáncer, su gobierno es nutricia, lunar y sagradamente femenino. La Luna enseña que sentir es saber, la suavidad es fuerza y lo invisible es sagrado. Es ritmo en la oscuridad, aliento en la quietud, espejo plateado del alma.

Altar Lukumí de los Orishas

La Habana, Cuba

♌

leo

23 Julio – 22 Agosto, 2026

Signo fijo de fuego △ Regido por el sol ☉

D	L	M	Mi	J	V	S
	Sol ***Vitalidad, iluminación, ser divino*** En el centro de nuestro escenario celeste arde el Sol, irradiando poder, gozo y presencia constante. Es la chispa divina hecha visible, el fuego en el corazón de todo devenir. En el mito, el Sol es carro de los Dioses, ojo dorado de la verdad, ↓			Jul **23** Año Nuevo Antiguo Egipto	**24** Sagitario	**25** *Cree un legado*
26 Capricornio	**27** *Calme el fuego*	**28**	**29** ○ Acuario	**30** **Menguante**	**31** Víspera de Lughnassad Piscis	Ago **1** Lammas
2	**3** *Despierte su confianza* Aries	**4**	**5** ◑ Tauro	**6**	**7** *Prepare los limones* Géminis	**8**
9 *Nade con amigos* Cáncer	**10**	**11** Eclipse total de Sol ⇨ Leo	**12** ●	**13** **Creciente** Día de Diana Virgo	**14**	**15** *Encuentre su centro* Libra
16	**17** Día del Gato Negro	**18** Escorpio	**19** ◐	**20** *Sea espontáneo* Sagitario	**21** *Deje brillar su luz*	**22**

soberano que manda el día. Gobierna identidad, valor, creatividad y la voluntad de expresar plenamente el ser. En magia, el Sol se invoca para vitalidad, éxito, fortaleza e iluminación del propósito. Su energía disipa la ilusión y carga el espíritu con calor y claridad. Unido a Leo, el Sol se vuelve corona de fuego que recuerda guiar desde el corazón y brillar sin vergüenza. Fortalece la fuerza vital, despierta la osadía y restaura la confianza. El Sol enseña que la verdadera soberanía nace adentro—y que la luz más intensa surge de la devoción, no del dominio. Honrar al Sol es honrar la sagrada alegría de sentirse pleno, gloriosamente vivo.

Magia de Cocina

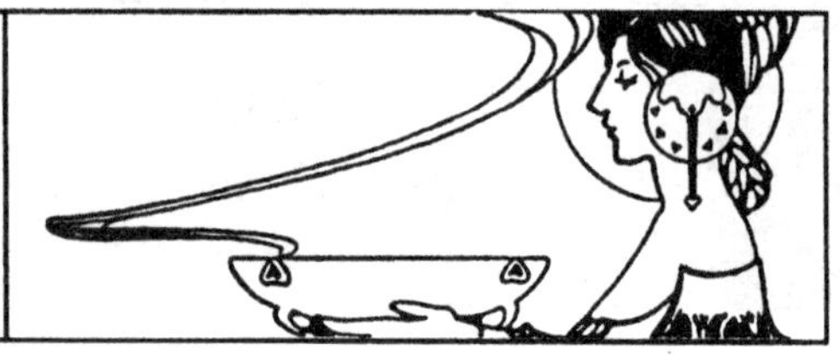

Pastelillos de miel de flor de mayo

BELTANE LLEGA wcon flores radiantes y el chisporroteo de la llama sagrada. Este Sabbat, cargado de antiguas costumbres, celebra el giro de la Rueda hacia el Verano. En el viejo calendario celta, marcaba la temporada en que el ganado era llevado a los pastos abiertos, bendecido al pasar entre fuegos gemelos. Los hogares se adornaban con espino, y los amantes se internaban en los bosques para dar la bienvenida a la fertilidad, la alegría y la promesa de nueva vida. En esta noche liminal, cuando los velos se adelgazan, los espíritus y las hadas caminan libremente, y a menudo se dejan ofrendas de comida y bebida bajo los árboles o en los umbrales para ganarse su favor.

Entre las delicias de la mesa de Beltane se encuentran los dulces herbales y los pastelillos con miel—sencillos, fragantes y llenos de significado. Estos pastelillos de miel de flor de mayo son ideales para compartir junto a una hoguera, guardar en una cesta de picnic o dejar como obsequio para visitantes invisibles que puedan cruzarse en su camino en una noche de primavera.

Cómo preparar pastelillos de miel de flor de mayo

1½ tazas de harina de trigo (todo uso)
½ cdta de bicarbonato de sodio
½ cdta de bicarbonato de sodio
½ cdta de sal
1 cdta de flores comestibles secas (como manzanilla, lavanda o rosa)
1 cdta de tomillo fresco picado o toronjil (melisa)
⅓ taza de miel
½ taza de mantequilla sin sal, a temperatura ambiente
¼ taza de azúcar morena
1 huevo grande
1 cdta de extracto de vainilla
¼ taza de leche

Precaliente el horno a 175 °C (350 °F). Cubra una bandeja para hornear con papel pergamino.

En un tazón, mezcle la harina, el polvo de hornear, el bicarbonato y la sal. Incorpore suavemente las hierbas y flores.

En otro tazón, bata la mantequilla, la miel y el azúcar morena hasta que esté cremoso y aireado. Agregue el huevo y la vainilla hasta lograr una mezcla uniforme. Incorpore los ingredientes secos poco a poco, alternando con la leche, hasta formar una masa suave.

Forme porciones con una cucharada y colóquelas en la bandeja, dejando espacio entre cada una. Presione ligeramente para aplanarlas. Hornee de 10 a 12 minutos, hasta que los bordes estén dorados.

Deje enfriar por completo sobre una rejilla. Estos pastelillos delicados llevan la dulzura de la estación—ideales como ofrenda en Beltane o para disfrutar en un campo en flor.

–DEVON STRONG

virgo

23 Agosto – 22 Septiembre, 2026

Signo mutable de Tierra 🜃 Regido por Mercurio ☿

D	L	M	Mi	J	V	S
Ago **23** Capricornio	**24**	**25** *Visión con precisión* Acuario	**26**	**27**	**28** Piscis	**29** Eclipse Lunar parcial ⇦
30 **Menguante** Aries	**31** *Siga un hilo astral*	Sep **1** Tauro	**2**	**3** *Disfrute cosechando* Géminis	**4**	**5** Cáncer
6	**7** Leo	**8** *Abra la puerta*	**9** Virgo	**10**	**11** **Creciente** *Agradezca*	**12** *Organice y despeje* Libra
13 Ganesh Chaturthi ⇨	**14** *Beba té de menta* Escorpio	**15**	**16** Sagitario	**17** *Regrese al inicio*	**18**	**19** Capricornio
20 *Prepare el altar*	**21** *Reúnase ante la ruda* Acuario	**22** Equinoccio de Otoño 2:19 PM				

Vesta ***Devoción, orden sagrado, llama interior*** Guardiana del fuego interno de Roma y de la santidad del templo, fue venerada no por el espectáculo, sino por la quietud, la pureza y el cuidado constante. Vesta representa el enfoque, la claridad y el arte de mantener lo esencial. En magia, rige el espacio ritual, la consagración y el hilo invisible que une intención con resultado. Enseña la gracia de atender—ya sea llama, hogar o espíritu— con paciencia y precisión. Virgo, ligado hondamente a la sanación y al orden holístico, resuena con el arquetipo de Vesta. Juntos expresan una devoción no solo a hacer, sino a hacer bien, a encarnar el servicio como acto espiritual. Vesta en Virgo es la sacerdotisa del umbral, la sanadora que santifica con la acción y la guardiana del ritmo en un mundo caótico. Recuerda que la verdadera santidad no es estruendosa: es deliberada, intencional y eterna.

La hormiga y la paloma

Una hormiga fue al río para calmar su sed, pero la corriente la arrastró y estuvo a punto de ahogarse. Una paloma, que estaba posada en un árbol junto al agua, arrancó una hoja y la dejó caer cerca. La hormiga se subió a la hoja y logró llegar a salvo a la orilla. Poco después, un cazador de aves se acercó y colocó varas con pegamento bajo el árbol, intentando atrapar a la paloma. La hormiga, al notar sus intenciones, lo picó en el pie. El cazador, adolorido, soltó las varas, y el ruido hizo que la paloma saliera volando.

Moraleja: Un favor bien hecho merece otro en recompensa.

Ilustración de
Percy James Billinghurst

♎ libra

23 Septiembre – 22 Octubre, 2026

Signo cardinal de aire 🜁 Regido por Venus ♀

D	L	M	Mi	J	V	S
Venus ***Amor, belleza, armonía*** De espuma marina y luz estelar surge Venus, Diosa del amor cuya gracia moldea tanto la pasión como la paz. Gobierna las artes de la unión, la estética y el valor. Nacida de océano y espíritu, se mueve con atracción irresistible, ↓			Sep **23**	**24** *Nutra sus relaciones* Pisces	**25**	**26** Aries
27 **Menguante** *Contemple la belleza*	**28** Tauro	**29** *Rétese a sí mismo*	**30** Géminis	Oct **1**	**2** *Valore la amistad*	**3** Cáncer
4 *Viva y deje vivir*	**5** Leo	**6**	**7** *Sopese los detalles* Virgo	**8**	**9** *Confíe en quien ama* Libra	**10**
11 **Creciente** Escorpio	**12** *Mírese por dentro*	**13**	**14** Sagitario	**15** *Actúe con gracia*	**16** Capricornio	**17** *Sea justo*
18	**19** Acuario	**20**	**21** *Escuche música* Piscis	**22**		

llevando todo hacia equilibrio, encanto y hermosura. Rige no solo el amor romántico, sino principios de seducción, sensualidad y armonías universales. En magia, Venus se invoca para encanto, elegancia, seducción y sanación del corazón. Inspira a artistas, amantes y pacificadores. Sus dones se extienden a actos de devoción—adornar altares, forjar belleza con intención, nutrir lo sagrado mediante refinamiento. Libra, como su espejo aéreo, refleja la equidad de su mirada y la sutil justicia en su toque. Venus enseña que amar es reconocer la divinidad en el otro—y que al honrar la belleza, se vuelve portal. Lo que apreciamos define lo que somos—la ternura es fuerza.

Las Figuras Geománticas: Rubeus

LA GEOMANCIA ES UN SISTEMA ANTIGUO de adivinación que utiliza dieciséis símbolos, las figuras geománticas. Fácil de aprender y utilizar, fue uno de los métodos de adivinación más populares en la Edad Media y el Renacimiento. Siguió utilizándose entre la astucia rural durante muchos siglos después, y ahora está experimentando un renacimiento propio a medida que los adivinos descubren sus posibilidades.

Las figuras geománticas están formadas por puntos simples y dobles. Cada figura tiene un nombre y un significado adivinatorio. También se asignan a los cuatro elementos, los doce signos del Zodiaco, los siete planetas y los nodos de la Luna. Los puntos que componen las figuras tienen sus significados internos: las cuatro líneas de puntos representan el Fuego, el Aire, el Agua y la Tierra, y muestran que los Elementos están presentes en forma activa (un punto) o latente (dos puntos).

La octava de las figuras geománticas es Rubeus, que significa Rojo. Sí, también es el primer nombre de Hagrid, el personaje de las novelas de Harry Potter, y si piensa en él, ya sabe más sobre esta figura de lo que cree. Rubeus pertenece al elemento Agua, al signo zodiacal Escorpio y al planeta Marte (o, según algunas fuentes, al planeta enano Plutón). El patrón de puntos que forma esta figura se asemeja a una copa vaciada y volcada hacia abajo.

Leídos como símbolos de los Elementos, los puntos de Rubeus revelan mucho sobre su naturaleza. En esta figura, los elementos de Fuego, Agua y Tierra están en estado latente, y solo el Aire se manifiesta de forma activa. La energía inquieta, turbulenta y agitada del Aire impregna esta figura, aunque dicha turbulencia suele expresarse en el ámbito emocional—de ahí su asociación con el Agua.

En adivinación, Rubeus representa la pasión, la fiereza y la violencia. Es favorable en situaciones que exigen lanzarse de lleno al torbellino de la experiencia, pero desfavorable cuando se requiere una mente clara y decisiones serenas. También puede ser una advertencia: quizá se está engañando a sí mismo, o alguien más intenta engañarlo.

–JOHN MICHAEL GREER

♏

escorpio

23 Octubre – 21 Noviembre, 2026

Signo fijo de agua ▽ Regido por Pluto ♇

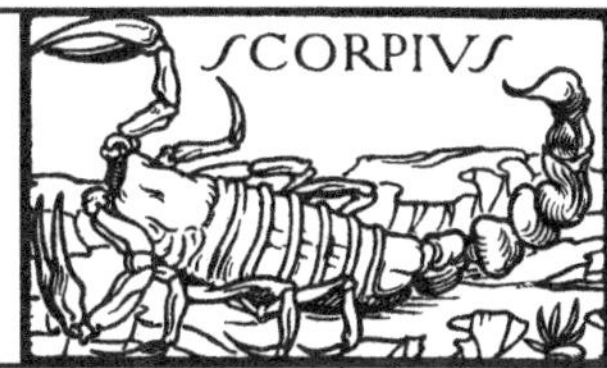

D	L	M	Mi	J	V	S
	Plutón ***Poder, transformación, iniciación*** Bajo la superficie yace el reino de Plutón— donde los finales se profundizan, los secretos supuran y la transformación se forja en fuego. Señor del Inframundo, reina en silencio y hondura— donde los finales engendran comienzos y la verdad aguarda bajo la ilusión. Su mítico rapto de Perséfone no es simple conquista, ↓				Oct **23** *Encante un ungüento*	**24** Aries
25	**26** ○ Tauro	**27** **Menguante**	**28** *Guarde sus secretos* Géminis	**29**	**30** *Use polvo de hueso* Cáncer	**31** Víspera de Samhain
Nov **1** ◑ Leo	**2** Día de Todos los Santos ⇦	**3** Virgo	**4**	**5** *Esparza las cenizas* Libra	**6**	**7** *Múevase al silencio*
8 *Guíe el viento* Escorpio	**9** ●	**10** **Creciente** Sagitario	**11** *Silencio*	**12**	**13** *Rediima la sombra* Capricornio	**14**
15 Acuario	**16** Noche de Hécate	**17** ◐	**18** *Lance los huesos* Piscis	**19**	**20** Aries	**21**

sino catalizador que arrastra a ella y al mundo a un ritmo más hondo de devenir. Plutón rige lo oculto, lo tabú y ciclos de muerte-renacimiento. En magia se invoca para destierros, ritos ancestrales, trabajos de muerte e integración de la sombra. Señor de umbrales, donde el alma suelta lo que no cruza el fuego. Gobierna obsesión, deshilar kármico e impulsos primarios que inquietan y despiertan. Escorpio, intenso e íntimo, refleja este proceso alquímico. Juntos transmutan dolor en poder, heridas en sabiduría. Plutón recuerda: la transformación duele; lo que muere en la oscuridad puede alzarse.

AÑO DEL CABALLO DE FUEGO

17 de febrero de 2026 – 5 de febrero de 2027

Este es el más antiguo de los zodíacos del mundo. Sigue un ciclo de doce años. El calendario lunar (chino) está presente en todo el Oriente y lo sigue un mayor número de personas que cualquier otro. Se observa en China, Japón, Corea, Vietnam, Camboya y países vecinos. La leyenda dice que Buda invitó a todos los animales a su fiesta de cumpleaños. Los doce que acudieron fueron recompensados con un año, con la promesa de que habitarían en el corazón mismo del año y también en los corazones de quienes nacieran bajo su signo. El Caballo es el séptimo de los doce animales que Buda premió con el resguardo de un año. Cinco Elementos (Fuego, Agua, Metal, Tierra y Madera) distinguen a los animales. Cada sesenta años se repite el patrón de combinaciones entre elementos y animales.

Del 17 de febrero de 2026 al 5 de febrero de 2027 se celebra el Año del Caballo de Fuego Rojo. Voluntarioso y aventurero, el Caballo de Fuego sacude la cabeza con determinación. Busca experiencias nuevas y desafiantes, así como fuentes de inspiración. Las técnicas innovadoras, la estrategia, el coraje y el uso del factor sorpresa conducen al triunfo. Recuerde la leyenda del Caballo de Troya. El Caballo de Fuego valora y cultiva el espíritu libre. Avanza con constancia por el camino elegido, sin ceder. El éxito lo espera al final del trayecto. No olvide, sin embargo, conceder suficiente libertad a los demás. Apoye a quienes persiguen metas e ideales distintos a los suyos para hacer de este un año propicio.

Quienes nacen en un Año del Caballo son apasionados en el amor, entusiastas, independientes, optimistas y bastante fuertes—tanto física como intelectualmente. Sin embargo, pueden mostrar cierto egoísmo y tener un temperamento irritable.

Puede encontrar más información sobre el Caballo de Fuego en nuestro sitio web: TheWitchesAlmanac.com/pages/almanac-extras

Años del Caballo

1942, 1954, 1966, 1978, 1990, 2002, 2014, 2026, 2038

Ilustración de Ogmios MacMerlin

sagitario

22 Noviembre – 21 Diciembre, 2026

Signo mutable de fuego △ Regido por Júpiter ♃

D	L	M	Mi	J	V	S
Nov **22** Tauro	**23** *Báñese bajo la Luna*	**24** ○ Géminis	**25** **Menguante**	**26** Cáncer	**27** *Baile para liberarse*	**28** Leo
29	**30** Virgo	Dic **1** ◐	**2**	**3** *Viaje lejos* Libra	**4**	**5** *Duerma profundo* Escorpio
6	**7** *Camine a medianoche* Escorpio	**8** ●	**9** **Creciente** *Aprenda algo nuevo*	**10** Capricornio	**11** *Haga un regalo*	**12** Acuario
13	**14** *Contemple en reflexión cósmica*	**15** Piscis	**16** Víspera de Reina de las Hadas	**17** ◑ Aries	**18** Saturnalia ⇦	**19** *Rompa las reglas*
20 *Encienda el tronco* Tauro						

Júpiter ***Expansión, sabiduría, revelación*** Señor del trueno y el cielo, Júpiter abre puertas a la vastedad—espiritual, intelectual y física. En el mito, es benévolo y fiero: rey de los Dioses, guardián de la ley y portador de bendición. Su dominio abarca expansión, justicia, filosofía y el camino elevado del crecimiento. En magia, Júpiter rige la buena fortuna, el tiempo sagrado, la elevación y la amplia perspectiva. Se le invoca para bendición espiritual, abundancia, favor legal y viajes con sentido. Sagitario porta su llama a lo desconocido, buscando la verdad no como destino, sino como horizonte. La flecha del arquero se tensa hacia los ideales, guiada por fe y fuego. Júpiter enseña que la sabiduría crece con valor y que creer es una elección hecha sagrada por la experiencia. Su presencia despierta sueños audaces, convicciones hondas y apetito por los misterios de la vida. Caminar con Júpiter es no solo aceptar la grandeza como derecho, sino ganarla al buscar, arriesgar y confiar en que el universo responde a la visión.

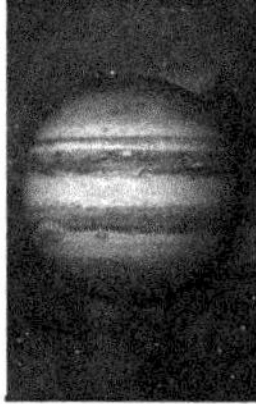

Solo hace falta un fanático para que comience la persecución.

Maxine Sanders

capricornio

22 Diciembre 2026 – 19 Enero, 2027

Signo cardinal de tierra 🜃 Regido por Saturn ♄

D	L	M	Mi	J	V	S
	Dic **21** Solsticio de Invierno 10:03 AM	**22** *Enfóquese en el ahora* Géminis	**23**	**24** **Menguante** Cáncer	**25**	**26** *Busque sabiduría ancestral* Leo
27	**28** *Alíneese con sus metas* Virgo	**29**	**30** Libra	**31** *Ahorre dinero*	Ene **1** *Honre su palabra* Escorpio	**2**
3	**4** Sagitario	**5**	**6** *Hable con propósito* Capricornio	**7**	**8** **Creciente** *Vaya más allá*	**9** Festividad de Jano Acuario
10 *Festividad de Jano*	**11** Piscis	**12** *Afine sus metas*	**13**	**14** *Abrace el caos* Aries	**15**	**16** Tauro
17	**18** Géminis	**19**				

Saturno ***Estructura, resistencia, tiempo*** Por la ley, el límite y el trabajo sagrado, Saturno enseña lo que perdura, se gana y es real. Gran maestro de la disciplina, rige el tiempo, la responsabilidad y la arquitectura del logro. En el mito, Saturno devora a sus hijos, pero también gobierna edades doradas—donde reinan orden, paz y propósito. En magia, se le invoca para protección, límites, ajuste kármico y fortaleza de la voluntad. Su influjo es sombrío pero poderoso, exigiendo claridad de intención y hondura de compromiso. Capricornio refleja esa ambición con firmeza y altos estándares, ascendiendo hacia una cumbre no de comodidad, sino de maestría. El camino de Saturno no es veloz, pero sí profundo. Guía a edificar lo que perdura, soportar las pruebas y honrar el esfuerzo que la labor sagrada requiere. Suyas son las lecciones que forjan excelencia. Trabajar con Saturno es aceptar el reto del verdadero crecimiento—y dar forma al tiempo mismo como vaso que encierra sentido.

Puerta torii sintoísta del santuario de Itsukushima

Mar Interior de Seto, Japón

acuario

20 Enero – 18 Febrero, 2027

Signo fijo de Aire △ Regido por Urano ♅

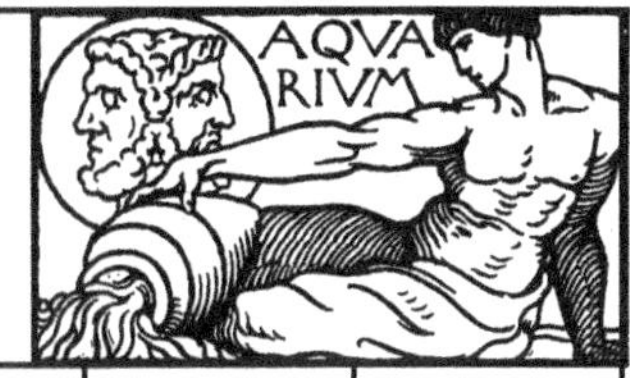

D	L	M	Mi	J	V	S
Urano ***Cambio, revelación, visión superior*** Eléctrica e implacable, la fuerza de Urano rompe la convención y despierta la conciencia a lo no visto. En el mito, es la bóveda generadora de estrellas, padre de Titanes y primer impacto de la creación. Urano rige ↓			Ene **20** *Haga conexiones* Cáncer	**21**	**22** ○ Leo	**23** **Menguante**
24 Virgo	**25**	**26** *Libérese* Libra	**27**	**28** Escorpio	**29** ◑	**30**
31 *Honre la luz* Sagitario	Feb **1** Víspera de Oimelc	**2** Candelaria Capricornio	**3**	**4** *Expanda el campo*	**5** *Año Nuevo Chino* ⇨ Acuario	**6** ●
7 **Creciente** Eclipse Solar Parcial ⇦	**8** Piscis	**9** *Abrace lo inesperado*	**10** Aries	**11** *Cree un talismán*	**12** Tauro	**13**
14 ◐ Géminis	**15** Lupercalia *Rememore*	**16**	**17** *Espere un turno nocturno* Cáncer	**18**		

revolución, invención y el despertar de la luz súbita que rompe estructuras y revela la verdad. En magia, enciende la intuición, destierra la conformidad e invita lo inesperado. Su energía, errática y visionaria, abre espacio a la innovación. Acuario canaliza esta fuerza hacia evolución colectiva y reinvención. Urano gobierna revelaciones, genio indómito y valor para vivir auténticamente. Nos invita más allá de lo familiar, hacia lo nunca visto. Sus lecciones golpean como rayo—cegadoras, eléctricas, clarificantes. Unido a Urano, desafiamos patrones, cuestionamos sistemas y abrazamos el porvenir. Enseña que la libertad es originalidad sagrada, divina.

Un relato tradicional de la antigua Florida

EN LAS ENREDADAS y salobres aguas de los Everglades, los pescadores de cangrejo de piedra cuentan historias sobre una misteriosa sirena que solo aparece en las mañanas con neblina. Dicen que es el espíritu de Coralyn, una joven que solía trabajar con su padre, también pescador de cangrejo de piedra. Coralyn amaba el pantano. Respetaba su poder y belleza, aprendía sus secretos y escuchaba los susurros de los manglares. Pero una noche, una tormenta feroz azotó la zona, y su bote nunca volvió a verse. Su padre la buscó hasta el último día de su vida, dejando ofrendas de pinzas de cangrejo frescas en la orilla, con la esperanza de que el espíritu de su hija encontrara paz.

Ahora, en ciertas mañanas brumosas, algunos aseguran haberla visto—tiene el torso de una mujer hermosa y una cola suave y grisácea, parecida a la de un manatí, que se confunde con las aguas turbias. Nada con gracia entre los manglares, y dicen que su cabello oscuro está enredado con algas y conchas, mientras que sus ojos son tan verdes como el propio pantano.

Algunos pescadores aseguran que el espíritu de Coralyn es vengativo: canta melodías inquietantes para atraer a los incautos hacia lo más profundo de los manglares, donde se pierden y jamás regresan. Se dice que esas almas desafortunadas desaparecen en el pantano, arrastradas a las profundidades por el llamado de la sirena. Pero otros creen que es una guardiana de los Everglades, presente para proteger las aguas de quienes las irrespetan. Los pescadores que trabajan de forma sostenible—llevándose solo lo necesario y dejando ofrendas—afirman haberla visto nadando cerca de sus botes, bendiciéndolos con abundantes capturas y travesías seguras.

Los más ancianos comparten una advertencia para quienes se adentran en los manglares al amanecer: si escucha un canto, preste atención. Si la canción es suave y dulce, significa que está a salvo y que ella simplemente lo observa. Pero si la melodía se torna triste y lastimera, es señal de que debe abandonar las aguas de inmediato, pues la sirena de los manglares busca a quienes toman más de lo que dan, y no tiene piedad con los codiciosos.

—MARINA BRYONY

piscis

19 Febrero – 20 Marzo, 2027

Signo mutable de Agua ▽ Regido por Neptuno ♆

D	L	M	Mi	J	V	S
	Neptuno ***Misticismo, ilusión, unión divina*** Entre bruma y música, Neptuno habla no con palabras, sino con símbolos, sueños y mareas de emoción. Dios del mar, rige los vastos reinos sin forma del espíritu, la imaginación y el anhelo. En el mito, agita océano y alma, disolviendo límites y despertando el deseo de unirse a lo divino. Neptuno rige la intuición, el ↓				Feb **19** *Toque la fuerza* Leo	**20**
21 Eclipse Lunar Parcial ⇦	**22** **Menguante** Virgo ⇦	**23** Libra	**24**	**25** *Reina la iniciación* Escorpio	**26**	**27** Sagitario
28	Mar **1** Matronalia	**2** *Canalice emociones fuertes* Capricornio	**3**	**4** *Visión divina* Acuario	**5**	**6** *Báñese en lavanda*
7 *Sueñe despierto* Piscis	**8**	**9** **Creciente** Aries	**10** *Mantenga la mente abierta*	**11** Tauro	**12** *Tenga amor propio*	**13**
14 Géminis	**15**	**16** *Juegue en la lluvia* Cáncer	**17**	**18** Leo	**19** Día de Minerva	**20** *Venere al búho*

misticismo, la ilusión y el flujo sutil entre mundos. En magia, se le invoca para sueños, visiones, encantos, música y estados de trance. Su energía suaviza la razón y abre el corazón a la verdad simbólica. Piscis refleja la hondura y compasión de Neptuno, ofreciendo sensibilidad, entrega y sabiduría espiritual. Pero Neptuno también advierte contra el escapismo, la falsa luz y la pérdida del ser en la fantasía. Enseña que la verdad no siempre es clara—pero siempre se siente. Unido a Neptuno, escuchamos lo que susurra, confiamos en lo que sentimos y creamos desde la marea del alma. Su don no es certeza, sino comunión.

El Collar de los Dioses

El torques como símbolo de estatus e imagen de culto

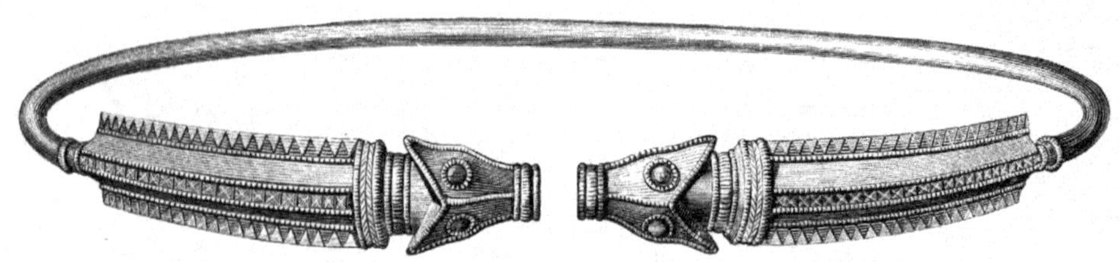

DE PIE en el Museo Capitolino de Roma, la estatua exquisita parece a punto de respirar: el pathos y la claridad con que representa el sufrimiento de los enemigos de Roma la vuelven innegablemente enigmática. La identificación como enemigo de Roma es tan evidente que no hace falta leer la etiqueta: El Galo Moribundo, copia romana de un original griego del siglo II. La prueba está en la única joya del guerrero—el torques—tan revelador de su celticidad como su cabello desordenado y su bigote.

Del latín torquere (torcer o doblar), el torques es un anillo decorativo para el cuello que usaban frecuentemente los galos, britanos y otros pueblos celtas de la antigüedad. Se fabricaban en oro o bronce, y podían lucir curvas elegantemente simples o espirales y torsiones elaboradas, con terminales decorados en relieve o acabados en discos, cuentas o cabezas de animales. A diferencia de los collares en forma de luna creciente (lunulae) comunes en la Irlanda de la Edad del Bronce, que se abrían en la parte posterior del cuello, el torques se usaba con la abertura al frente.

Sin embargo, los torques no son ni exclusivamente ni originalmente celtas. Los antiguos tracios, que habitaron la región balcánica del sudeste de Europa desde principios de la Edad del Bronce hasta convertirse en provincia romana en el siglo I d. C., eran célebres por su trabajo en metal y fabricaban y portaban torques. También aparecen en yacimientos arqueológicos de la Persia aqueménida, que floreció entre 550 y 330 a. C. Se han hallado torques en Susa, y una figurilla de carro del tesoro de Oxus muestra tanto al conductor como al pasajero llevando torques. Aunque el sitio podría ser persa, el carro presenta la imagen del dios egipcio Bes.

En las estepas de lo que hoy es Ucrania y el sur de Rusia, hombres y mujeres escitas usaron torques como símbolo de estatus aristocrático entre los siglos VIII y III a. C., y algunas tumbas han revelado collares pectorales similares a las lunulae irlandesas. Ninguna de estas culturas era particularmente aislada, por lo que es probable que el torques, tanto como estilo como símbolo de estatus, circulara a través del comercio, la migración y la conquista. Sin embargo, es en el mundo celta donde su presencia resulta más destacada, desde la Edad del Bronce hasta el periodo romano.

En los inicios de la Edad del Hierro, las mujeres galas usaban torques y eran enterradas con ellos, aunque a partir del siglo III a. C. pasaron a ser, principalmente (aunque no exclusivamente), una prenda masculina. En la sociedad celta, las joyas eran marcadores de estatus. Usado por dioses y monarcas, el torques indicaba rango, especialmente si era de oro. Sin embargo, al menos desde la época romana, su uso se extendió más allá de las élites gobernantes; era algo más parecido a un bolso Birkin que a una corona. En periodos posteriores, los torques comenzaron a fabricarse con pesos estandarizados, lo que sugiere que funcionaban como riqueza portátil.

Al igual que otras posesiones valiosas, como monedas o escudos de bronce, los torques eran a veces ofrecidos a los dioses o enterrados como ofrendas votivas. Aunque algunos de estos entierros fuera de tumbas pudieron tener un fin práctico—esconder los objetos durante tiempos de guerra—el daño ritual que presentan muchos ejemplares indica un propósito claramente devocional. Por ejemplo, un torques del siglo I o II a. C. fue roto en dos antes de ser enterrado junto a un tesoro de varios cientos de monedas en Tayac, Burdeos. Algunos ejemplares extremadamente pesados no eran usables, lo que sugiere que fueron ofrecidos como ofrenda o usados para adornar estatuas de culto. El Gran Torques de Snettisham, del siglo I a. C., fue elaborado con 64 hilos de aleación de oro trenzados como cuerdas, rematado con terminales huecos moldeados con relieves y grabados, y pesa un kilogramo completo.

Cuando tenían un tamaño apto para el uso cotidiano, los torques eran especialmente apreciados por los guerreros. El historiador griego Polibio relata que los guerreros galos que invadieron Roma

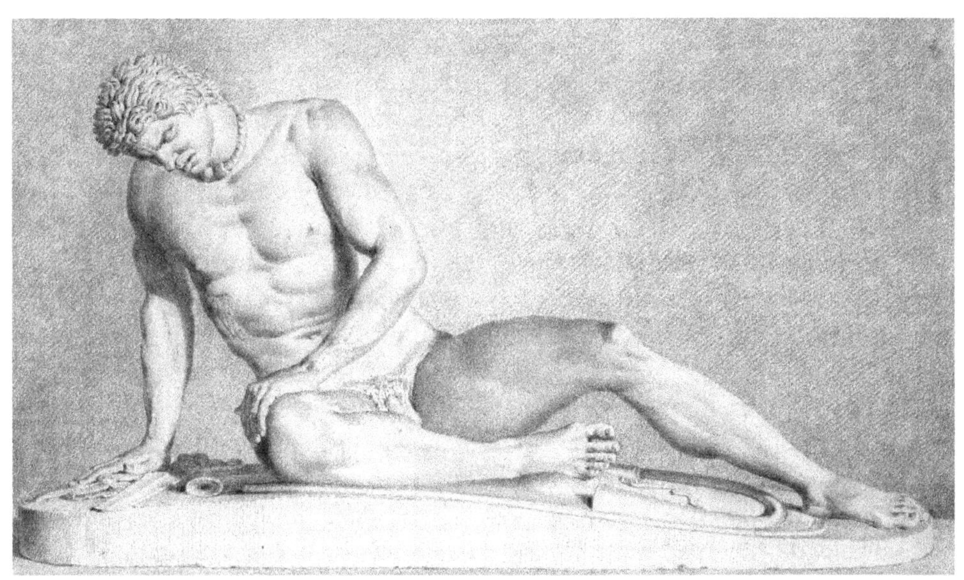

llevaban joyas de oro en el cuello y las muñecas. Los torques celtas eran capturados por los romanos como botín de guerra y exhibidos en el Capitolio como trofeo.

Tito Livio narra cómo el general y cónsul romano Tito Manlio desafió a un guerrero galo en el siglo IV a. C. Al derrotarlo en combate singular, tomó su torques como símbolo de victoria y lo llevó desde entonces, transmitiendo el cognomen Torquatus a su linaje. Cuando Casio Dion relata la revuelta de una tribu britana llamada los icenos contra los romanos—una resistencia que culminó con la quema de Colchester—incluye el detalle de que la reina Boudicca se preparó para la batalla colocándose un collar de oro trenzado.

En los siglos posteriores a la completa pacificación de los galos (al menos según las palabras de César) y su integración al Imperio romano, el torques siguió siendo un símbolo de identidad gala, incluso dentro de la nueva afiliación política romana. Por ejemplo, Quintiliano cuenta que un grupo de galos obsequió al emperador Augusto un torques de oro macizo que pesaba 100 libras romanas—aproxima-damente 33 kilogramos según las medidas actuales.

Incluso los dioses romanos fueron representados con torques a medida que los panteones se fusionaban: tras la conquista romana, el culto a Mercurio en la Galia comenzó a mezclarse con el de Rosmerta, una diosa cuyo nombre significa “gran proveedora” y que suele aparecer portando una bolsa de abundancia o el cuerno de la abundancia. En algunas representaciones, Rosmerta lleva un torques—y también lo lleva Mercurio cuando aparece a su lado en Tréveris. Hércules es mostrado con torques en Castlestead, en Northumbria, al igual que Venus en Augst, Suiza.

Pero ¿cómo pasó el torques de los dominios de la historia y la arqueología a los altares modernos? Los valores religiosos y la identidad se comunican de forma implícita a través de la estética ritual, además de hacerlo explícitamente mediante la enseñanza, y el Paganismo no es la excepción. Asista a cualquier ritual o reunión pública pagana y seguramente verá más de un torques. Algunos paganos y wiccanos contemporáneos han adoptado esta antigua joya como insignia sacerdotal o adorno personal. Lo más probable es que esto se deba a su asociación con Cernunnos, una figura que ha ejercido una enorme influencia en el culto pagano y wiccano moderno.

Aunque otros dioses galos y celtas son representados con torques, en la mente del Paganismo moderno esta joya se asocia sobre todo con Cernunnos. Su nombre aparece una sola vez, en un pilar tallado conocido como Nautae Parisiaci, o el Pilar de los Barqueros. Esta columna de piedra caliza, ricamente decorada, fue dedicada a Júpiter en el siglo I d. C. por marineros de la tribu gala de los parisios.

La columna muestra imágenes de diversas deidades galas y romanas, y la inscripción "Cernunnos" aparece sobre una figura masculina con astas de ciervo, sentada con las piernas cruzadas, que lleva un torques colgando de cada asta. Estos tres elementos—las astas, la postura y los torques—son los rasgos que permiten identificar a este dios en otras representaciones antiguas, la más célebre de ellas en el caldero de Gundestrup.

Descubierto en 1891 en la turbera de Raevemosen, cerca de Gundestrup, en Jutlandia (Dinamarca), el caldero de plata dorada fue probablemente fabricado entre los siglos II y I a. C. Sus trece placas fueron desmontadas antes de ser depositadas en la turbera, pero al ser ensambladas forman un recipiente de treinta y cinco centímetros de alto y sesenta y cinco de diámetro, con una capacidad superior a los cien litros. Su imaginería es innegablemente celta: presenta el carnyx—una trompeta de guerra con cabeza de jabalí—junto con escudos de estilo galo y motivos de culto.

Entre las imágenes grabadas en sus placas se encuentran deidades con torques, como un dios solar con rueda, una diosa flanqueada por ruedas (que sugieren un carro), y una figura sentada con astas, que

lleva un torques al cuello y sostiene otro en la mano derecha. En la izquierda sujeta una serpiente, y está rodeado por animales, entre ellos un ciervo y un jabalí o un perro. La postura, el torques y las astas lo identifican como Cernunnos, el mismo dios del Pilar de los Barqueros.

Aunque a primera vista el caldero parece esencialmente celta, el estilo metalúrgico—sobre todo la combinación de repujado y punzonado—indica un origen tracio. Parte de la iconografía también apunta hacia influencias orientales y meridionales: si bien Cernunnos aparece rodeado de animales típicos del norte de Europa, también se observan grifos, gacelas, leopardos y elefantes.

Más allá del lugar exacto donde se diseñó y fabricó este objeto arqueológico en particular, está claro que el torques fue, al mismo tiempo, un símbolo marcadamente celta y transnacional de riqueza y poder. Esta fuerza simbólica se amplificaba al duplicar el torques, como se ve en el Pilar de los Barqueros, donde el dios aparece con dos.

El torques persistió de forma esporádica durante la Edad Media. Olwen, en el Mabinogion, es descrita llevando un torques adornado con joyas, y en el siglo XII d. C., Gerardo de Gales describe la reliquia llamada "el Collar de San Canauc" como un torques de oro con un terminal en forma de cabeza de perro. Como joya, el torques tuvo un resurgimiento de popularidad durante la Era Vikinga, cuando se fabricaba principalmente en plata en lugar de oro.

Pero ¿por qué el torques sigue siendo un símbolo tan persistente, incluso hoy? ¿Acaso los paganos modernos solo están imitando una identidad religiosa premoderna, o jugando a ser celtas antiguos como una declaración de estilo? Tal vez sea cierto para algunos, pero sospecho que el atractivo del torques proviene de su significado original como señal de riqueza—una riqueza que, con el tiempo, se ha transformado en abundancia espiritual.

El Cornudo lo lleva y lo sostiene como emblema de la abundancia que tiene para ofrecer—una promesa tan reconfortante y seductora hoy como lo fue cuando se forjaba el caldero de Gundestrup. Los primeros textos que influyeron en el movimiento moderno de la brujería—en particular los de Murray y Leland—resaltan los aspectos liberadores de la práctica como una alternativa frente a la religión dominante, retratando al Dios Cornudo (Murray) y a Diana (Leland) como figuras que proveen a sus seguidores y los liberan de las restricciones impuestas por la sociedad.

Libertad, placer y abundancia: eso es lo que el Dios Cornudo tiene en exceso para ofrecer. Y al final, ¿acaso no deseamos todos vivir deliciosamente?

—MAB BORDEN

Las Runas y el Zodiaco

Astrología, Mercurio y Woden

HACE MÁS DE a MÁS DE mil años, los pueblos nórdicos creían que el dios Woden había recibido un don especial del universo. Woden compartió ese tesoro con los mortales para nuestro eterno beneficio. Ese regalo fue un conjunto de símbolos sagrados llamados runas. La palabra proviene de la raíz del islandés antiguo runar, del anglosajón run y del antiguo alemán runar. Su significado es susurro, secreto o misterio. Los símbolos rúnicos son trazos que describen toda situación imaginable a lo largo de la vida: amor, salud, éxito, fracaso, prosperidad, familia y más. Las runas ofrecen consuelo, inspiración y protección cuando se necesitan. Quienes saben interpretarlas pueden brindar respuestas con asombrosa claridad y sabiduría—pues el verdadero don fue el conocimiento y la alfabetización. Woden se corresponde con Mercurio en el panteón romano de dioses y diosas. Estas deidades representan, en realidad, los planetas y sus distintas energías celestiales. Mercurio (Woden) enseñó cómo comunicarnos y desarrollarnos intelectualmente. A él se le atribuye la invención de la escritura. ¡Las runas son, en efecto, un alfabeto! Este tesoro es la herramienta para compartir y registrar el saber, facilitando viajes tanto del cuerpo como de la mente.

Pero las runas ofrecen mucho más. Estas letras sagradas funcionan como amuletos mágicos: no solo describen situaciones y problemas, sino que también actúan como catalizadores para resolverlos. La mitología nórdica está llena de relatos en los que viajeros evitaron accidentes, prisioneros escaparon de sus ataduras y amantes esquivaron traiciones gracias a la aplicación de estos símbolos poderosos. Woden (a quien se le dedica el miércoles—Wednesday, el día de Mercurio) colgó cabeza abajo durante nueve días y nueve noches en Yggdrasil, el Árbol del Conocimiento, antes de recibir las runas en un estado de trance. Así como el lenguaje cambia de un país a otro y de una generación a la siguiente, las runas también han evolucionado con el tiempo. Al igual que el tarot, las runas ofrecen una llave profunda al conocimiento esotérico en su totalidad. Esto incluye Astrología, Numerología, Alquimia, sanación y más.

¿Qué tal inscribir una runa en un pequeño trozo de pergamino y llevarla en una bolsita de amuletos? ¿O dibujarla con lápiz cerca de la entrada de su hogar, o trazarla sobre una bebida antes de consumirla? Las posibilidades son infinitas. Comience con la runa asociada a su signo solar, y luego explore los símbolos vinculados a su Luna y su ascendente. También podría experimentar con runas de sanación o protección para beneficiar a un ser querido o a un compañero animal apreciado.

Aquí están las runas seleccionadas para los distintos signos zodiacales. Existen otras runas y correlaciones astrológicas posibles por descubrir, pero estas son ideales para comenzar:

Aries Mannaz, una runa vinculada a Aries, honra al yo superior y la identidad personal. Puede ser útil para aprender a través de experiencias de vida ampliadas y fomentar la aceptación de uno mismo.

Tauro La runa de Tauro es Feoh, que se traduce como "ganado", y se asocia naturalmente con el signo del Toro. Posesiones, abundancia y sustento son sus notas clave. Feoh puede ayudar a adquirir prosperidad y satisfacer necesidades físicas, al tiempo que fortalece el espíritu.

Géminis La runa Ansuz se relaciona con los signos, el habla y la información valiosa. Se sugiere aquí la influencia de Mercurio, su regente. Ansuz ofrece revelaciones a través de presagios, sincronicidades y coincidencias. Está vinculada al poder del conocimiento factual.

Cáncer La runa Algiz, que significa alce—el mayor de la familia de los ciervos—es sugerida por la Luna y el tenaz Cangrejo, emblema de Cáncer. Algiz aporta protección, cuidado y una conexión con la continuidad de la vida. Establece límites y estabiliza las emociones.

Las letras sagradas funcionan como amuletos mágicos: no solo describen situaciones y problemas, sino que también actúan como catalizadores para resolverlos.

Leo La runa Sowelu se asocia con el Sol, regente de Leo. Sowelu renueva la energía, amplifica la luz e ilumina el poder personal. Brinda esperanza, guía y sentido de propósito, asegurando el éxito. Libera el potencial y aporta reconocimiento y plenitud.

Virgo La runa de protección Eihwaz está vinculada con Virgo. Como símbolo espiritual, Eihwaz enseña a interpretar bloqueos y demoras como oportunidades de aprendizaje. Genera perseverancia y previsión para evitar dificultades y encontrar rutas alternativas. Cuando una puerta se cierra, Eihwaz abre otra.

Libra La runa Gebo, asociada con Libra, es la runa de la alianza. Su influencia espiritual reside en preservar la libertad personal mientras se cultiva la cooperación y se mantiene el equilibrio en relaciones importantes.

Escorpio La runa Nauthiz, que se traduce como fresno silvestre, promueve el crecimiento espiritual y la fortaleza interior al aprender a manejar limitaciones y desafíos. Ofrece la sabiduría de revisar opciones en momentos de sombra y hacer correcciones necesarias para avanzar.

Sagitario Kano, la antorcha o bastón, es su runa: un símbolo que favorece la espiritualidad. Representa el rayo de Thor o de Júpiter, su regente. Es emblema de creatividad, liderazgo y autoridad. Kano permite tomar el mando con decisión, enfrentando retos para triunfar.

Capricornio La runa de Capricornio es Hagalaz, que se traduce como granizo, con tormentas invernales y nieve. Hagalaz enseña que prepararse para la adversidad y enfrentar la pérdida con resiliencia conduce al crecimiento. Advierte que obsesionarse con la seguridad material limita el desarrollo: equilibre el deseo de posesión con valores espirituales.

Acuario La runa Laguz, que significa fluidez y agua, es el símbolo espiritual del Portador del Agua. Su mensaje es sumergirse en el mar de la conciencia, fluir con lo que resulta natural y atender a la intuición. Laguz purifica y limpia, y culmina en una transformación alquímica con finales felices.

Piscis Perth, traducida como álamo o cubilete, es un símbolo exclusivo de iniciación que guarda secretos. Tiene un profundo significado espiritual para Piscis, regido por Neptuno y vinculado a las insondables profundidades del océano. Perth posee una fuerza transformadora como la del fénix. Cambios inesperados y potentes marcan un renacer tras la noche oscura del alma. Esta runa sintoniza con la evolución interior.

—DIKKI-JO MULLEN

HORAS DE SALIDA Y PUESTA DEL SOL PARA 2026

Madrid—Buenos Aires—Santiago (Chile)—Ciudad de México

	Sunrise				Sunset			
	Mad	BA	Stgo	CDMX	Mad	BA	Stgo	CDMX
Ene 5	8:38 AM	5:48 AM	6:40 AM	7:12 AM	6:01 PM	8:09 PM	8:55 PM	6:11 PM
15	8:36 AM	5:57 AM	6:49 AM	7:14 AM	6:12 PM	8:07 PM	8:54 PM	6:17 PM
25	8:30 AM	6:07 AM	6:59 AM	7:13 AM	6:23 PM	8:03 PM	8:50 PM	6:24 PM
Feb 5	8:21 AM	6:19 AM	7:10 AM	7:10 AM	6:37 PM	7:55 PM	8:42 PM	6:30 PM
15	8:09 AM	6:28 AM	7:19 AM	7:05 AM	6:49 PM	7:45 PM	8:33 PM	6:35 PM
25	7:55 AM	6:38 AM	7:28 AM	6:59 AM	7:00 PM	7:34 PM	8:22 PM	6:39 PM
Mar 5	7:43 AM	6:45 AM	7:35 AM	6:53 AM	7:09 PM	7:23 PM	8:12 PM	6:42 PM
15	7:27 AM	6:53 AM	7:43 AM	6:45 AM	7:20 PM	7:10 PM	7:59 PM	6:45 PM
25	7:11 AM	7:01 AM	7:50 AM	6:37 AM	7:30 PM	6:56 PM	7:45 PM	6:47 PM
Abr 5	7:53 AM	7:10 AM	6:58 AM	7:27 AM	8:42 PM	6:41 PM	6:31 PM	7:50 PM
15	7:37 AM	7:17 AM	7:05 AM	7:19 AM	8:52 PM	6:28 PM	6:18 PM	7:53 PM
25	7:23 AM	7:25 AM	7:13 AM	7:12 AM	9:02 PM	6:16 PM	6:07 PM	7:56 PM
May 5	7:10 AM	7:33 AM	7:20 AM	7:06 AM	9:13 PM	6:06 PM	5:57 PM	7:59 PM
15	6:59 AM	7:41 AM	7:27 AM	7:02 AM	9:23 PM	5:58 PM	5:49 PM	8:03 PM
25	6:51 AM	7:48 AM	7:34 AM	6:59 AM	9:32 PM	5:52 PM	5:44 PM	8:07 PM
Jun 5	6:46 AM	7:54 AM	7:41 AM	6:58 AM	9:40 PM	5:49 PM	5:40 PM	8:11 PM
15	6:45 AM	7:59 AM	7:45 AM	6:59 AM	9:45 PM	5:48 PM	5:40 PM	8:14 PM
25	6:47 AM	8:01 AM	7:47 AM	7:01 AM	9:47 PM	5:50 PM	5:42 PM	8:17 PM
Jul 5	6:51 AM	8:01 AM	7:47 AM	7:04 AM	9:46 PM	5:54 PM	5:46 PM	8:17 PM
15	6:58 AM	7:58 AM	7:45 AM	7:07 AM	9:42 PM	6:00 PM	5:52 PM	8:17 PM
25	7:06 AM	7:53 AM	7:40 AM	7:11 AM	9:35 PM	6:07 PM	5:58 PM	8:14 PM
Ago 5	7:17 AM	7:44 AM	7:31 AM	7:15 AM	9:23 PM	6:14 PM	6:06 PM	8:09 PM
15	7:26 AM	7:34 AM	7:21 AM	7:18 AM	9:11 PM	6:22 PM	6:12 PM	8:03 PM
25	7:36 AM	7:22 AM	7:10 AM	7:20 AM	8:56 PM	6:29 PM	6:19 PM	7:55 PM
Sep 5	7:46 AM	7:07 AM	6:56 AM	7:23 AM	8:39 PM	6:37 PM	6:26 PM	7:46 PM
15	7:56 AM	6:53 AM	7:42 AM	7:25 AM	8:22 PM	6:44 PM	7:33 PM	7:37 PM
25	8:06 AM	6:39 AM	7:28 AM	7:27 AM	8:06 PM	6:51 PM	7:40 PM	7:28 PM
Oct 5	8:16 AM	6:25 AM	7:15 AM	7:29 AM	7:49 PM	6:58 PM	7:47 PM	7:20 PM
15	8:26 AM	6:12 AM	7:02 AM	7:31 AM	7:34 PM	7:06 PM	7:54 PM	7:12 PM
25	7:37 AM	6:00 AM	6:50 AM	6:35 AM	6:19 PM	7:15 PM	8:02 PM	6:05 PM
Nov 5	7:49 AM	5:49 AM	6:40 AM	6:40 AM	6:06 PM	7:25 PM	8:12 PM	5:59 PM
15	8:01 AM	5:41 AM	6:32 AM	6:45 AM	5:56 PM	7:35 PM	8:22 PM	5:56 PM
25	8:12 AM	5:36 AM	6:28 AM	6:51 AM	5:50 PM	7:45 PM	8:31 PM	5:55 PM
Dic 5	8:23 AM	5:34 AM	6:26 AM	6:57 AM	5:47 PM	7:54 PM	8:40 PM	5:56 PM
15	8:31 AM	5:36 AM	6:28 AM	7:03 AM	5:48 PM	8:01 PM	8:47 PM	5:59 PM
25	8:36 AM	5:40 AM	6:32 AM	7:08 AM	5:52 PM	8:06 PM	8:52 PM	6:04 PM

Mad=Madrid; BA=Buenos Aires; Stgo=Santiago (Chile) ; CDMX=Ciudad de México
Las horas se presentan en la hora estándar del lugar geográfico, utilizando la zona horaria actual cada lugar.

Una Ventana al clima

Desde tiempos antiguos, la humanidad ha perseguido el conocimiento del futuro con un fervor solo comparable a su instinto de supervivencia. Los métodos en esta búsqueda han abarcado desde lo esotérico hasta lo científico. Predecir el clima siempre ha sido parte de esta necesidad. Lo que antes pertenecía al ámbito de los sacerdotes videntes es ahora dominio de los meteorólogos, quienes analizan datos pasados y variables actuales para anticipar las condiciones futuras. Esta Ventana al Clima considera la orientación orbital de la Tierra, su trayectoria irregular, disturbios cósmicos como las manchas solares, radiación interestelar, actividad humana y numerosos factores más.

Los ciclos solares de once años suman ya veinticinco en la era científica moderna, aunque los registros informales se remontan al menos hasta la Edad Media. Los comportamientos correlativos en el mundo natural durante estos periodos de calentamiento y enfriamiento revelan pistas sobre la actividad paralela en la vida vegetal y animal, impulsada por los cambios en el vapor de agua que regulan los patrones climáticos junto con las variaciones de temperatura.

El clima nunca es estático, sino que se ajusta constantemente para mantener una forma aproximada de equilibrio conocida como equilibrio hidrostático, basada en datos de temperatura y precipitación a largo plazo. Las condiciones más variables ocurren en las latitudes medias, tanto al norte como al sur del ecuador—regiones que además albergan la mayor biodiversidad. Esta variabilidad cíclica, como estado natural del ser, define el mundo dinámico en el que vivimos y prosperamos.

PRIMAVERA

MARZO DE 2026 El clima primaveral suave llega temprano al este de las Rocosas, con un deshielo que sigue a intensas nevadas de febrero. Las temperaturas presentan mayor variabilidad desde los Grandes Lagos hasta Nueva Inglaterra, donde es posible una breve nevada a finales de mes tras varias semanas con temperaturas superiores a lo normal. El sureste de Estados Unidos disfruta en general de un clima templado, con la primavera en pleno esplendor en las zonas costeras desde las Carolinas hasta Georgia y en todo Florida. La influencia residual del reciente evento La Niña del ENSO en el Océano Pacífico aumenta la probabilidad de varios brotes de clima severo, desde las llanuras del sur hasta Alabama. Es probable la aparición de algunos tornados, aunque afectarán una porción muy limitada del territorio. En la Costa Oeste, las lluvias intensas acompañadas de viento se concentrarán desde el norte de Oregón hasta el estado de Washington, con fuertes nevadas esperadas desde las Cascadas hasta las Rocosas del Norte.

ABRIL DE 2026 El clima seco persiste en el suroeste desértico y en gran parte de la costa oeste. También se esperan condiciones relativamente secas en las zonas agrícolas que se extienden desde las Grandes Llanuras hasta el Valle del Ohio. Sin embargo, no es probable que se repitan las condiciones extremas vividas en la primavera y el verano de 2025. Desde los estados del Atlántico medio hasta Nueva Inglaterra se sienten variaciones térmicas contrastantes, con varios días de calor que superan los 21 °C, seguidos por brisas oceánicas refrescantes y neblina en los puertos costeros. El clima cálido es más constante entre Cleveland y Chicago, aunque no se descarta una nevada tardía sorpresiva desde Denver hasta Minneapolis. El sureste de EE. UU. se mantiene cálido y seco, aunque es probable la aparición de algunas tormentas breves y dispersas

MAYO DE 2026 Mayo es el periodo más templado de la primavera para el sur profundo, las llanuras del sur y California, con días cálidos y noches agradables. Las condiciones residuales de La Niña reducen los niveles de humedad alta por un tiempo. Más al norte, es posible una helada tardía en Montana. Nueva Inglaterra costera se mantiene fresca, con mañanas brumosas que dan paso al sol por la tarde. En el Valle del Ohio se espera una cantidad de lluvia acorde con la temporada, mientras que en los estados de las llanuras las precipitaciones estarán por debajo de lo normal. El noroeste del Pacífico disfruta de tiempo seco tras lluvias abundantes en primavera.

VERANO

JUNIO DE 2026 Las temperaturas veraniegas llegan temprano este año a gran parte del corazón del país. Sin embargo, persiste un leve aire primaveral, ya que las noches se mantienen agradablemente frescas. Estas condiciones benefician a los agricultores, ofreciendo un inicio fértil de la temporada de cultivo, con lluvias adecuadas al comienzo. Este patrón es especialmente notable en el Valle del Ohio. El clima cálido también llega por fin a toda Nueva Inglaterra, acompañado por dos días de lluvia que traen varios brotes de tormentas pasajeras. En Florida, las tormentas eléctricas se desarrollan a diario en ambas costas: por la mañana en el este y al atardecer en el oeste.

JULIO DE 2026 TEl apogeo del calor veraniego se siente en todo el país, de costa a costa. Sin embargo, lejos de ser agobiante, las brisas marinas refrescan las tardes y noches a lo largo de la costa, desde Nueva Inglaterra hasta la costa de Jersey. Más al oeste, varios brotes de tormentas alivian momentáneamente el calor en los estados de los Grandes Lagos y el Valle del Ohio. En la costa oeste de Florida y en las montañas del norte de Georgia, las tormentas vespertinas son casi diarias. Una perturbación tropical temprana puede traer lluvias intensas a los estados del golfo, desde Texas hasta Luisiana. Las precipitaciones de ese sistema reducen el estrés de los cultivos en Oklahoma, Kansas y Nebraska. En la costa oeste, el clima en las playas se mantiene fresco para la temporada, aunque el calor persiste tierra adentro desde California hasta el estado de Washington, al este de las Cascadas.

AGOSTO DE 2026 Warming El calentamiento del agua continúa alimentando la temporada de tormentas tropicales, que avanza con firmeza en agosto, con una actividad ligeramente superior a lo normal este año. Estas tormentas se originarán principalmente cerca de las costas de África antes de cruzar el Atlántico. La mayoría no representará amenaza, ya que se desvían mar adentro, pero el sureste de Estados Unidos, hasta Carolina del Norte, sigue siendo vulnerable. A lo largo del mes, el calor del verano comienza a disminuir gradualmente, iniciando en las Llanuras del Norte, a medida que varios frentes fríos alivian las condiciones secas de los cultivos hasta llegar al Valle del Ohio. Las tormentas eléctricas continúan siendo frecuentes en Florida, mientras que persiste el riesgo de brotes severos en el interior de Nueva Inglaterra. Las ciudades costeras, sin embargo, se mantienen a salvo de esta actividad. En la costa oeste, el clima sigue tranquilo este mes, mientras que las lluvias vespertinas asociadas al monzón son comunes en el norte de Arizona y Nuevo México.

OTOÑO

SEPTIEMBRE DE 2026 Anunciando el cambio de estación del verano al otoño, los vientos alisios del este traen mayor frecuencia de lluvias y ráfagas a Florida. Justo al norte, la costa de Georgia experimenta una serie similar de chubascos. Este patrón inicia un flujo de humedad hacia el norte, que avanza por los Apalaches y afecta a la región con lluvias intensas. Hasta el equinoccio de otoño, el clima más fresco se extiende por el noroeste del Pacífico. Este enfriamiento llega más tarde a las llanuras altas, donde probablemente persistirá el clima seco. En la costa, los vientos de Santa Ana llegan al sur de California, trayendo calor, brisas fuertes y un mayor riesgo de incendios al final del mes.

OCTUBRE DE 2026 Los días más cortos tras el equinoccio enfrían las aguas oceánicas, trayendo un cambio bienvenido con la disminución de la actividad de huracanes en el Atlántico. Esto reduce rápidamente el riesgo para la costa de Estados Unidos, especialmente en el sureste y la región del golfo. La estación trae brisas frescas y condiciones casi ideales para la cosecha en el corazón agrícola del país. Mientras el norte de Idaho y Minnesota se preparan para sus primeras heladas, en el sur de California persisten temperaturas por encima de lo normal y vientos fuertes, prolongando una sensación de verano incluso a estas alturas del año. En el noreste, Nueva Inglaterra disfruta de un clima otoñal excelente, ideal para recolectar manzanas y hacer sidra. Días templados, noches frescas y escasas lluvias crean condiciones perfectas para hacer senderismo o recorrer los caminos para contemplar el follaje en su máximo esplendor.

NOVIEMBRE DE 2026 Temperaturas marcadamente más frías llegan durante varios días a Nueva Inglaterra, el Valle del Ohio y los estados de los Grandes Lagos. Sin embargo, este frío intenso es pasajero, y es seguido por varios días templados. Al este del Misisipi, se espera un inicio de mes generalmente seco.

En el noroeste del Pacífico, las primeras lluvias importantes de la temporada otoñal llegan a comienzos del mes. Esa misma banda de precipitación genera nevadas desde la Sierra Nevada en California hasta las Montañas Rocosas de Colorado, justo a tiempo para inaugurar la temporada de esquí. Tras una temporada de tormentas tropicales activa a principios de año, Texas y Florida disfrutan de un clima cálido y seco para el Día de Acción de Gracias, mientras que los estados del Atlántico medio reciben lluvias ligeramente por encima del promedio.

INVIERNO

DICIEMBRE DE 2026 Aunque las temperaturas están ligeramente por debajo de lo normal en la mitad oriental del país, el frío se presenta de forma intermitente. Estos descensos térmicos van acompañados de varias nevadas leves a moderadas que se extienden por el bajo Valle del Ohio y hacia el interior de Nueva Inglaterra. Sin embargo, no se anticipan grandes tormentas de nieve para cerrar el año, aunque las probabilidades de una Yule blanca aumentan ligeramente este año para ciudades de la costa este, así como para Chicago y Minneapolis. En el oeste, las Rocosas centrales y del norte retoman niveles normales de nieve. Florida se mantiene cálida y seca, con un clima agradable y constante hacia el final del año. Tras un otoño cálido y seco azotado por los vientos de Santa Ana, California recibe con alivio las primeras lluvias beneficiosas de la temporada invernal.

ENERO DE 2027 El nuevo año comienza con clima seco y frío en el este de Estados Unidos, con la mayor distribución de nevadas concentrada en los últimos 10 días del mes. Mientras tanto, las temperaturas se mantienen moderadas para la temporada en el oeste, incluyendo California y el suroeste desértico. El termómetro desciende nuevamente en el este, con temperaturas por debajo de lo normal. Este cambio anticipa una tormenta costera entre el 20 y el 25, la cual traerá nevadas significativas a las principales ciudades del corredor atlántico. En el oeste del estado de Nueva York y algunas zonas de Michigan se esperan nevadas asociadas a los Grandes Lagos. También es posible una breve helada en Florida.

FEBRERO DE 2027 Aunque la mayor parte del país recibirá nevadas dentro de lo normal este año, se esperan acumulaciones por encima del promedio desde los estados de los Grandes Lagos hasta el norte del Valle del Ohio. Las precipitaciones también serán elevadas en el centro y norte de Nueva Inglaterra. En estas regiones, el mes comienza con frío intenso y nieve, y se prevé que las mayores acumulaciones ocurran durante una serie de tormentas que se extenderá desde el día 1 hasta el 14. Después del Día de San Valentín, el clima se vuelve mucho más templado, aliviando el trabajo de palear nieve, con condiciones de deshielo acompañadas de lluvias intensas y ventosas. En la costa oeste, el sur de California recibe lluvias fuertes que marcan un final bienvenido a las condiciones de sequía.

El pastor y el león de nieve

Un cuento popular Tibetano

EN LO ALTO de las montañas, donde la tierra se encuentra con el cielo y las nubes se aferran a los acantilados como bufandas de seda, había un pueblo tan remoto que los mapas lo marcaban solo con un punto. El viento hablaba allí con voces antiguas, y la gente creía que los espíritus de la montaña aún caminaban por las crestas al caer el sol.

Entre ellos vivía un hombre silencioso llamado Tenzin. Era pastor, ni viejo ni joven, con ojos que guardaban la quietud de la nieve. Su casa estaba apartada del resto, construida con piedras toscas en una pendiente por encima del pueblo. Cuando el humo salía de su chimenea cada mañana, los aldeanos sabían que era seguro levantarse. Cada amanecer, Tenzin se alzaba antes que el sol, calentaba una pequeña olla de té y compartía el primer sorbo con la tierra. "Para los espíritus", decía. Hablaba en voz baja—no por miedo, sino porque la montaña hablaba suavemente, y él deseaba igualar su tono.

Cuidaba un rebaño modesto—criaturas lanudas e inteligentes que lo seguían con la confianza de los niños. Mientras otros usaban perros, Tenzin caminaba solo, con su bastón y su flauta, guiándolos con el canto. Nunca los golpeaba, y a cambio, ellos jamás se desviaban.

Al atardecer, se sentaba bajo el gran enebro detrás de su cabaña, tallando cuentas de oración o remendando telas. A veces tocaba su flauta—notas agudas y ondulantes que danzaban en el aire frío y resonaban entre los acantilados. Los aldeanos oían la música mientras dormían y al amanecer hablaban de sueños dulces.

Tenzin no tenía familia, pero no sentía pena. La montaña era su pariente, y el viento, su amigo.

Ese año, las nieves llegaron temprano. Para el noveno mes lunar, la escarcha cubría los campos y los arroyos se congelaban en sus bordes. El sol apenas se asomaba, como si se escondiera tras el hombro de la montaña.

Los aldeanos se prepararon para un invierno largo—bajaron a los animales desde las crestas, sellaron sus casas con cuero de yak y tierra apisonada. Las hogueras ardían día y noche. La comida se medía con cuidado.

Tenzin permaneció en los pastizales altos. "Todavía hay hierba bajo la nieve", decía. Movía a sus ovejas de una ladera a otra, observando el viento y leyendo las nubes. Cada día, derretía nieve para obtener agua. Cada noche, se envolvía en lana y compartía su calor con los corderos más jóvenes.

El frío se intensificó. El hielo cubría las rocas y robaba el aliento de los pulmones como un ladrón. Aun así, Tenzin resistía. Daba lo mejor de su comida a las ovejas y masticaba el pan más duro sin quejarse. Murmuraba mantras en la oscuridad.

Para el duodécimo mes, ya casi no había provisiones. Pero no descendió. Sus ovejas, aunque delgadas, seguían vivas. Juró no fallarles.

Entonces llegó una mañana en la que la nieve cubría incluso los arbustos más altos, y el viento rugía con una voz que Tenzin jamás había escuchado. Era momento de ascender—o rendirse. Con sus ovejas detrás, Tenzin tomó el sendero que serpenteaba por los acantilados sobre el valle—una ruta usada solo por águilas y locos, bordeada de carámbanos afilados como cuchillos. Caminaba despacio, guiando a las ovejas una por una, susurrando cuando el viento gritaba demasiado fuerte.

Durante horas escalaron. El mundo se volvió silencioso, salvo por el crujido de la nieve y los balidos bajos y nerviosos. Finalmente, llegaron a una cresta conocida en las canciones antiguas como la "Columna Celeste de Hueso". Incluso el sol pareció detenerse, arrojando una luz pálida sobre una tierra intacta por el tiempo.

Entonces se oyó un sonido—profundo, atronador, como si la montaña misma exhalara.

Allí estaba una criatura, donde no conducía ningún sendero. Un León de Nieve—enorme, radiante, con una melena que ondeaba como banderas de oración en medio de una tormenta. Su pelaje brillaba como estrellas atrapadas en el hielo. Sus ojos dorados resplandecían, antiguos y sabios.

Tenzin no huyó. Colocó la mano sobre su corazón y se inclinó.

—Has escalado lejos —dijo el León de Nieve, con una voz más viento que palabra—. ¿Qué buscas?

—Solo pasto para mis ovejas —respondió Tenzin.

—Muchos buscan oro o gloria. Tú solo pides alimentar a otros.

El león se hizo a un lado.

—Pues mira lo que hay más allá.

La neblina se abrió, revelando un valle secreto—Beyul, la Tierra Oculta. Allí, la primavera nunca terminaba. Las flores florecían. Los pájaros cantaban. Un arroyo fluía con un agua tan clara que reflejaba pensamientos, no rostros.

—Esta tierra es ajena al sufrimiento —dijo el león—. Puedes quedarte. Tus ovejas nunca pasarán hambre. No envejecerás. Nada te hará daño.

Tenzin se detuvo en el umbral, respirando el calor. Le dolían los huesos. Su vientre estaba vacío. Pero miró hacia atrás, a sus ovejas—cansadas, temblando por la subida.

—Te agradezco —dijo—, pero no puedo quedarme.

Los ojos del león se entrecerraron.

—¿Por qué rechazar el paraíso?

—Ellas confían en mí —respondió—. Si me voy, estarán perdidas. ¿Qué clase de pastor entra al paraíso solo?

El león bajó la cabeza.

—Pocos eligen el amor por encima de la paz. Menos aún el deber por encima del consuelo.

Exhaló, y el valle desapareció como un sueño. En su lugar solo quedaban nieve y piedra.

Pero la hierba se asomaba bajo la nieve. El camino de regreso, antes empinado, ahora descendía con suavidad.

—Camina bien, Tenzin —dijo el león—. Cuando llegue el momento, la puerta se abrirá de nuevo.

Luego desapareció en la neblina.

Tenzin regresó a su cabaña con las ovejas muy cerca de él. Los aldeanos, que lo creían muerto, lo miraron con asombro. Los niños susurraban que la nieve se apartaba a su paso. Los ancianos inclinaron la cabeza.

Nunca habló del León de Nieve ni del valle. Pero las tormentas se volvieron menos severas en torno a su hogar, y las

ovejas prosperaron. Llegaban peregrinos, atraídos por historias de una música en las colinas que sanaba el corazón.

Pasaron los años. Tenzin envejeció. Su espalda se encorvó, su cabello se volvió blanco. Pero seguía subiendo cada mañana, seguía cantando a sus ovejas.

Se convirtió en leyenda viva.

Una mañana de primavera, no se levantó. Lo encontraron sentado bajo el enebro, con la flauta en la mano y una sonrisa en el rostro. Las ovejas permanecían en silencio a su lado. Y algunos dicen que, cuando sopló el viento esa noche, traía consigo el aroma del azafrán. Otros dicen que vieron a un gran león blanco caminando junto a un hombre hacia el cielo. Más tarde, los monjes construyeron una estupa donde había vivido Tenzin. Los viajeros siguen dejando ofrendas allí: lengüetas de flauta, rosarios, trozos de lana. Dicen que el camino a Beyul se encuentra cerca y solo se abre a aquellos que caminan con el corazón tranquilo y las manos firmes. La montaña recuerda a quienes la aman.

MORALEJA DE LA HISTORIA

Liderar con compasión es recorrer el camino más difícil. Quien renuncia al paraíso por amor se vuelve inmortal en la memoria del mundo.

El Cetro Was

UNO DE los símbolos más alusivos a la magia del antiguo Egipto, el cetro *was* es un bastón que encarna el poder, la autoridad y la capacidad de comandar las fuerzas del caos. Quienes transitan el camino de la magia moderna, encuentran en él la extraordinaria oportunidad de conectarse con un linaje de maestría espiritual miles de años atrás. Al comprender su historia, su significado simbólico y sus posibles aplicaciones en la práctica actual, el mago puede empuñar esta herramienta ancestral con propósito y claridad.

En el antiguo Egipto, el cetro *was* no era un objeto meramente ornamental: representaba de forma tangible el dominio divino. Su elegante y recto eje simbolizaba el canal por el que fluían las energías celestiales, uniendo los reinos del Cielo y la Tierra. En su extremo superior se tallaba la cabeza de un enigmático animal, identificado con frecuencia como el animal de Seth, criatura asociada al dios Set. El propio Set es una figura paradójica, que representa tanto el caos como el poder de dominarlo. En el cetro, esa paradoja se concentraba en una poderosa herramienta de autoridad. La base bifurcada del bastón proporcionaba equilibrio, anclando su energía y reafirmando la interconexión de todas las cosas.

Estos elementos se combinaban para crear un símbolo inseparable del concepto de hekau, el poder mágico. El cetro *was* no estaba limitado al reino de los dioses, aunque con frecuencia aparecía en sus manos en relieves templarios y textos sagrados. Los faraones también empuñaban el cetro como afirmación de su derecho divino a gobernar, un recordatorio de su papel como guardianes de Ma'at, el equilibrio sagrado del universo. Incluso en el más allá, se colocaban versiones en miniatura del cetro en las tumbas para asegurar que el difunto pudiera llevar su poder e influencia a la eternidad.

Hoy en día, el cetro *was* conserva su atractivo como instrumento mágico. Su belleza reside no solo en su forma, sino también en su función: un objeto impregnado del simbolismo del dominio, que ofrece a quien lo empuña una vía para interactuar con fuerzas mayores que uno mismo. Para incorporar el cetro *was* en un contexto moderno, es necesario comenzar por su creación. Forjar un cetro personal es, en sí mismo, un acto de magia profunda. Un bastón de madera, tallado con líneas limpias que imiten al original, constituye la base. El remate puede ser esculpido, moldeado o fundido para reflejar la intención del practicante, ya sea que se elija el tradicional animal de Set o alguna otra figura que resuene con su camino. La incorporación de colores simbólicos—el dorado para la divinidad, el azul para la armonía celestial o el rojo para la fuerza ardiente—imprime al instrumento una energía profundamente personal. Los colores tradicionales egipcios pueden establecer un vínculo mágico con los poderes invocados en la antigüedad, siendo el dorado y el azul profundo dos de los más significativos.

Una vez terminado el cetro, sus posibles usos en rituales son vastos. Por encima de todo, es un símbolo de poder y autoridad, lo que lo hace ideal para ritos destinados a recuperar la soberanía personal o superar obstáculos. Imagine estar en el centro de su espacio sagrado, con el cetro *was* en la mano mientras pronuncia palabras de mando para desterrar el caos de su vida. Visualice la punta irradiando luz, canalizando la energía del cosmos mientras afirma su voluntad. Honre el uso tradicional de esta herramienta, pero sea creativo al explorar cómo puede mejorar su vida.

En momentos de quietud, el cetro se convierte en una herramienta de reflexión y alineación. Durante la meditación, sostener el *was* puede centrar su energía, conectándolo con las fuerzas ancestrales que representa. Permita que guíe sus pensamientos hacia Ma'at, el equilibrio entre el orden y el desorden, entre la acción y la quietud. Se dice que la base bifurcada del cetro simboliza la dualidad, y en la meditación puede servir como recordatorio para abrazar los opuestos que habitan en usted.

El cetro *was* es también un poderoso aliado en la creación de límites mágicos. Trace símbolos protectores en el aire con su punta, visualizando un escudo de energía que se forma alrededor de su espacio. Úselo para bendecir y consagrar, dirigiendo su fuerza estabilizadora hacia objetos o personas. Así como en el antiguo Egipto el cetro solía erguirse como guardián de templos y tumbas, también puede velar por su propia labor sagrada. Trate al cetro como una extensión de sí mismo, impregnada de la magia del Egipto ancestral.

Más allá de sus aplicaciones prácticas, el cetro *was* ofrece una puerta de acceso a las tradiciones espirituales del antiguo Egipto. Su uso invita a una exploración más profunda de la magia egipcia, un sistema que valoraba la armonía y la alineación con lo divino. Combine el cetro con un ankh para amplificar la energía vital, o con un pilar djed para anclar su trabajo en la estabilidad. Invoque a las deidades que alguna vez portaron el *was*, ya sea Set por su fuerza protectora, Thoth por su sabiduría u Osiris por su poder transformador.

En muchos sentidos, el cetro *was* es un símbolo del propio viaje del mago. Representa la capacidad de enfrentar el caos, de caminar al filo entre el orden y el desorden, y de salir fortalecido y en mayor alineación. En manos del practicante moderno, se convierte en algo más que un artefacto de una cultura lejana. Es un símbolo vivo que le llama a reclamar su poder, a tomar el mando de su mundo y a traer equilibrio a su vida.

El cetro *was* le recuerda que la magia no es simplemente cuestión de herramientas o rituales: es la energía del universo, moldeada por la intención y dirigida con autoridad. Y en ese recordatorio, invita a cada persona a asumir el manto de poder que ha representado durante milenios.

—AMELIA INGRAM

Myōken y las tradiciones celestiales de Japón

DURANTE SIGLOS, culturas de todo el mundo han dirigido su mirada hacia las estrellas en busca de guía y significado. En Japón, esta fascinación celestial encontró una profunda expresión religiosa en la figura de Myōken, una deidad asociada con la Estrella Polar y la constelación de la Osa Mayor. Myōken llegó a encarnar la sabiduría, la protección y el orden cósmico: una presencia divina, pero íntimamente vinculada a la vida espiritual de quienes lo veneraban.

Ya en el período Yayoi (300 a. C.–300 d. C.), la Osa Mayor parece haber tenido un valor simbólico, pues se han hallado imágenes de la constelación en artefactos de carácter religioso. Para el siglo VIII, la devoción a la Estrella Polar había evolucionado hasta convertirse en un culto celestial que consideraba a esta estrella una fuerza regente sobre el destino y la fortuna. De allí surgió la figura de Myōken, visto como intermediario divino entre el cosmos y el destino humano.

Originalmente asociado con la Estrella Polar (Hokushin), la influencia de Myōken se amplió con el tiempo para incluir también a la constelación de la Osa Mayor (Hokuto). Aunque a menudo se le denomina como bodhisattva (Myōken Bosatsu), es más acertado comprender a esta deidad como un ser celestial, o Ten, dentro del léxico espiritual japonés. Myōken llegó a ser conocido como protector de gobernantes y guerreros, sanador y guía para quienes necesitaban claridad o un paso seguro.

Las representaciones de Myōken varían ampliamente, reflejando la diversidad de sus funciones. Algunas tradiciones lo presentan como una figura serena, sentada sobre un dragón o una tortuga, ambos símbolos de sabiduría y estabilidad. Otras lo muestran con un carácter más marcial, empuñando una espada, dispuesto a defender y a disipar la desgracia. Con el tiempo, esta deidad se ha vinculado con otras figuras divinas, como Kichijōten, diosa de la prosperidad, e incluso con Yakushi Nyorai, el Buda de la sanación.

Los relatos de antiguos textos religiosos narran intervenciones milagrosas atribuidas a Myōken: la recuperación de objetos perdidos, la revelación de la verdad en tiempos de engaño e incluso el rescate de vidas en altamar. Estas historias consolidaron su imagen como un protector vigilante y justo, comprometido con el bienestar de sus devotos.

Para el período Heian, el culto a Myōken se había entrelazado con el budismo esotérico y se hallaba impregnado de cosmología taoísta, pensamiento Yin-Yang y prácticas nativas del sintoísmo. Esta integración enriqueció el significado espiritual de la deidad, que a menudo era invocada para proteger los viajes, preservar la salud—especialmente la relacionada con la visión—y armonizar el destino personal con las fuerzas celestiales.

Diversos rituales se desarrollaron para honrar a Myōken, algunos de los cuales aún perduran. Entre ellos se incluyen ceremonias imperiales que reconocían su autoridad en los cielos, celebraciones mensuales que se creía amplificaban el poder de las oraciones, y ritos específicos diseñados para alinear la intención humana con los movimientos de la Osa Mayor.

La Restauración Meiji, a finales del siglo XIX, trajo consigo cambios drásticos en las instituciones religiosas de Japón, incluida la separación obligatoria entre las prácticas sintoístas y budistas. Muchas deidades budistas fueron retiradas o reemplazadas por contrapartes del panteón sintoísta. En este contexto, Myōken fue reemplazado con frecuencia por Ame no Minakanushi no Mikoto, una deidad sintoísta también vinculada con los orígenes cósmicos. No obstante, la devoción a Myōken perduró—especialmente en templos donde las tradiciones budistas conservaron su fuerza.

Hoy en día, Myōken sigue ocupando un lugar en el paisaje espiritual de Japón. Algunos templos mantienen rituales en su honor, y muchas personas buscan su guía para obtener claridad, protección y armonía con el universo. Su presencia perdurable es testimonio de la resiliencia y la capacidad de adaptación de la cultura religiosa japonesa—una tradición que encuentra continuidad no al resistirse al cambio, sino al integrarlo y transformarlo.

A través de la historia de Myōken, vemos cómo los cielos han sido desde hace siglos un espejo de las esperanzas y temores humanos, un reino de fuerzas divinas que moldean el mundo terrenal. Su culto refleja una síntesis profundamente japonesa de sabiduría estelar, ritual e imaginación religiosa—una tradición en constante evolución que sigue tendiendo un puente entre el cielo y el alma.

ERINLẸ̀

Río de los Salvajes y de la sanación

ENTRE LOS YORÙBÁ del suroeste de Nigeria, las fuerzas de la naturaleza no son abstractas ni metafóricas. Se manifiestan en la humedad del bosque, en el ímpetu del río tras la lluvia, en el sudor de la frente del cazador y en el grito tembloroso del afligido. El mundo está vivo—consciente, receptivo y regido por inteligencias sagradas. Estas inteligencias, conocidas como los Òrìṣá, representan una gran arquitectura de la existencia: fuerzas que crean y destruyen, que nutren y retienen, que elevan y que humillan. Erinlẹ̀ está entre ellas—un Òrìṣá de profundidad, complejidad y compasión, que camina las fronteras entre el bosque y el río.

Erinlẹ̀ está entre los Irúnmolè, esos mensajeros divinos o emanaciones primordiales enviadas por Òlódùmarè para moldear y regir el mundo. En Erinlẹ̀ encontramos un ser de poder liminal—uno que habita entre lo salvaje y lo civilizado, entre lo animal y lo divino, entre la vida y la muerte. No solo existe en el dominio del río sagrado que lleva su nombre. Él es el río, así como es la lanza, la raíz sanadora, el conjuro murmurado bajo la Luna Llena.

El tejido cultural y religioso de la tierra yorùbá

Para comprender a Erinlẹ̀, es imprescindible entender el contexto del que surge. La tierra yorùbá es mucho más que una extensión geográfica; es un territorio espiritual moldeado por milenios de interacción humana con lo divino. Abarca el suroeste de lo que hoy es Nigeria y se extiende hacia partes de la República de Benín y Togo, constituyendo un núcleo cultural y cosmológico donde lo sagrado y lo mundano fluyen juntos como afluentes que convergen en un río central. El pueblo yorùbá es custodio de uno de los sistemas religiosos más complejos y duraderos de África—uno en el que lo divino no es abstracto, sino relacional; no está confinado al cielo, sino presente en el bosque, en el viento, en el fuego y en el agua que corre. Ser yorùbá, en el sentido más antiguo y completo, es vivir en un diálogo constante con lo invisible.

La religión yorùbá no es monolítica. Es una tradición viva, una constelación dinámica de creencias y prácticas que se expresa en cortes reales, aldeas remotas, barrios urbanos y comunidades de la diáspora en todo el mundo. Posee una capacidad asombrosa para adaptarse a las exigencias de los tiempos cambiantes—resistiendo el impacto de la represión colonial, la pérdida de bosques sagrados por el avance del desarrollo, las tensiones con el cristianismo y el islam, y la digitalización de la transmisión oral en la era moderna.

Los Òrìṣà no son dioses distantes ni indiferentes; son compañeros presentes, presencias energéticas que pueden ser danzadas dentro del cuerpo, consultadas mediante la adivinación y alimentadas como se haría con un anciano venerado. Los textos sagrados de Ifá—su vasto corpus de odu—no son solo depósitos de sabiduría divina, sino manuales prácticos para enfrentar las incertidumbres de la vida cotidiana. La posesión espiritual no es espectáculo, sino revelación. La veneración ancestral no es nostalgia: es continuidad, protección y responsabilidad.

El paisaje religioso de la sociedad yorùbá actual es estratificado y dinámico, definido más por su complejidad que por contradicciones. El cristianismo y el islam han echado raíces profundas y duraderas, en un proceso acelerado por la colonización, la labor misionera y el prestigio percibido de las religiones extranjeras. Sin embargo, estas tradiciones abrahámicas no han borrado la espiritualidad indígena; más bien, a menudo coexisten en el mismo hogar, en el mismo corazón. Alguien puede ir a la iglesia el domingo y ofrecer ñame a Ṣàngó el lunes. Un musulmán devoto puede también consultar al Babaláwo o asistir a un festival de Ọ̀ṣun. Estas no son traiciones de fe, sino expresiones de una cosmología que no ve contradicción en la multiplicidad. En las últimas décadas, tanto en la tierra yorùbá como en la diáspora africana, ha echado raíces un renacimiento espiritual—una revitalización del culto a los Òrìṣà, no como reliquia del pasado, sino como plano para el futuro. Este resurgimiento nace de una sed colectiva por el

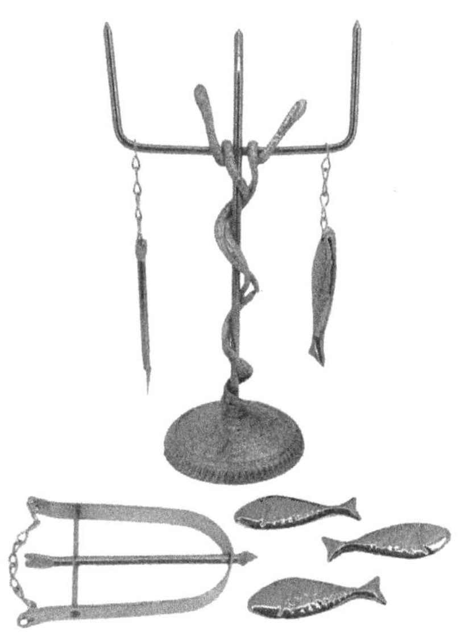

Los objetos sagrados de Erinlẹ̀

conocimiento ancestral, por el arraigo frente a la globalización, por narrativas sagradas que reflejen estéticas, éticas y epistemologías africanas. Es una revolución silenciosa—el despertar de ríos, arboledas y tambores sagrados que, en realidad, nunca dejaron de sonar.

Este renacimiento no es meramente religioso—es también político, filosófico y cultural. Responde a una crisis global de significado, en la que la desconexión de la tierra, el linaje y la lengua ha dejado a muchos a la deriva espiritual.

En un mundo así, los Òrìṣá ofrecen algo más que mito: ofrecen modelos de acción ética, armonía con la naturaleza y poder recíproco. Erinlẹ̀, en particular, resuena con fuerza en este momento. Como sanador, cazador y espíritu del río, representa la intersección entre ecología y espiritualidad, entre tradición y transformación. Su culto no es una evasión hacia la antigüedad, sino un reingreso a una relación sagrada con la Tierra. En la corriente que fluye de Erinlẹ̀ se encuentra no solo la memoria de lo que fue, sino la promesa de lo que aún puede ser, si recordamos escuchar, ofrendar y alabar.

El que entró en la tierra

El nombre Erinlẹ̀ invita a múltiples interpretaciones. A menudo se traduce como "el elefante vuelve a casa", evocando tanto la imagen majestuosa del elefante como la idea de un ser que regresa a su punto de origen. Otras interpretaciones sugieren "aquel que entró en la Tierra", en referencia al mito en el que Erinlẹ̀, alguna vez un cazador mortal o semi-divino de poder extraordinario, desapareció en el río cerca de Ilobu, fundiéndose con sus aguas y trascendiendo así los límites de la carne para convertirse en un Òrìṣá viviente.

Este río sagrado—el Erinlẹ̀—no es solo un accidente geográfico, sino un eje cosmológico. Se considera un portal entre mundos, un canal por el cual fluyen las bendiciones y a través del cual los

Ofrenda hecha y presentada en honor a Erinlẹ̀

humanos pueden acceder a la sanación, la protección y la claridad. Sus devotos siguen su rastro en el curso del agua, en los senderos abiertos entre la maleza del bosque y en el silencio que sigue a una flecha certera.

Ilobu, en el estado de Osun, sigue siendo uno de los principales centros de su culto. Allí se conservan arboledas sagradas y se realizan rituales a orillas del río. Sus aguas no se extraen únicamente por utilidad, sino por su sacralidad—para el baño ritual, la sanación y la renovación espiritual. En este lugar, Erinlẹ̀ no es historia: es presencia.

Oríkì: El aliento de la devoción

La poesía de alabanza, u oríkì, es una de las formas más evocadoras de expresión religiosa yorùbá. A través del oríkì, se invoca, se describe y se honra a Erinlẹ̀, no solo por lo que hace, sino por lo que es. Estos cantos son a la vez biografía y conjuro, cargados de metáforas y misterio:

Erinlẹ̀ òde, eni tí ń bo l'ógun nítorí aláìsàn
Omo oníròko, omo pápá ń sun sùn
Òrìṣá tí ń rìn ní igbo, tí ń gún omi
Oun tí ń mú iko lórùn, tí ń yo èèmo kúrò l'ára

Erinlẹ̀, el cazador, quien lucha por los enfermos.

Hijo del iroko, hijo de la sabana dormida.

Orisha que camina el bosque, cabalga el río.

Quien calma la tos y expulsa la enfermedad.

Pronunciar estas palabras es acercarse al Òrìṣá, despertar su memoria, invocar su mirada. En el ritual, estas alabanzas se entonan sobre objetos sagrados, sobre las cabezas de los iniciados, hacia el río mientras la luna refleja el brillo de la hoja del machete.

Bosque y río: Sus dominios gemelos

Erinlẹ̀ es inusual entre los Òrìṣá porque une dos mundos que rara vez se combinan: el bosque indómito y el río que fluye. Como cazador, encarna la disciplina del camino solitario, la paciencia del acecho y la sabiduría del entorno salvaje. Se dice que conoce por su nombre a cada animal del monte y que camina invisible incluso entre las presas más astutas.

Pero Erinlẹ̀ no es simplemente un ejecutor. Sus flechas no vuelan sin justicia. Su fuerza está guiada por la visión, y su conocimiento de los animales se refleja en su comprensión de los humanos. Es invocado no solo por cazadores, sino también por herbolarios y adivinos que buscan saber qué raíz enfría la fiebre, qué corteza fortalece el útero, qué hoja apacigua la locura.

Su relación con el agua es igualmente sagrada. El río no es un simple escenario: es una fuerza viva, y en Erinlẹ̀ cobra conciencia. No nada como pez, sino como corriente, y se dice que cuando un devoto es poseído por él, se mueve como un hombre que ha tragado el río: con gracia, fuerza e inevitabilidad.

Ofrendas y ritos de poder

Las ofrendas a Erinlẹ̀ se realizan con ternura y cuidado. Pescado de agua dulce, ñame, gachas cocidas, miel y frutas se colocan suavemente al borde del río, a menudo acompañadas de oraciones susurradas o oríkì pronunciados en voz baja. Estas ofrendas, humildes o suntuosas, no solo buscan nutrir la presencia divina, sino establecer una relación recíproca de gratitud y súplica. En ciertos ritos—particularmente aquellos dedicados a la sanación, la protección o la disolución de tabúes—se sacrifican animales como carneros o gallos. Su sangre se vierte con solemnidad sobre piedras, tierra o vasijas sagradas que marcan el umbral terrenal de Erinlẹ̀, alimentando la corriente invisible de poder que fluye entre el mundo humano y el divino. No es violencia por sí misma, sino un intercambio necesario, un gesto de seriedad que reconoce la naturaleza viva y devoradora del espíritu.

Los sacerdotes y sacerdotisas de Erinlẹ̀ se distinguen por su porte elegante y una estética inspirada en el agua. Suelen vestir prendas teñidas en índigo, azul cielo o verde mar—los colores de las aguas profundas, los cielos despejados y la vegetación exuberante. Cuentas de tonos similares rodean sus muñecas, cuellos y cinturas, formando circuitos protectores y comunicativos entre ellos y el Òrìṣá. Las ceremonias en honor a Erinlẹ̀ pueden incluir tambores rítmicos bàtá o dundún, danzas que imitan el fluir de los ríos o el acecho de un cazador, y momentos de posesión espiritual en los que el Òrìṣá "monta" el cuerpo del iniciado como jinete que cabalga sobre un caballo. Se vierten libaciones de agua, vino de palma y miel para invocar, aplacar y honrar. El agua extraída directamente del río sagrado de Erinlẹ̀ se utiliza para sanar a los enfermos, enfriar la cabeza de quienes sufren aflicciones espirituales y ungir la frente antes de eventos vitales como el nacimiento, la iniciación, el matrimonio o el entierro: ritos de paso que marcan el ritmo de la vida en la tierra yorùbá.

Durante el festival anual en Ilobu, una de las principales ciudades asociadas con el culto a Erinlẹ̀, los devotos recorren las calles con gran colorido y devoción, cantando sus alabanzas y presentando ofrendas tanto prácticas como simbólicas. Es un momento de profunda unidad comunitaria, donde lo sagrado y lo cotidiano se entrelazan libremente. Las mujeres equilibran calabazas sobre sus cabezas llenas de ofrendas, los jóvenes tocan tambores cuyos ritmos parecen brotar de la propia tierra, y los ancianos entonan versos antiguos que anclan el presente a las raíces profundas de la memoria ancestral. La procesión se abre paso hasta la orilla del río, donde se presentan las ofrendas al agua que fluye. Algunas ofrendas bajan por el río: calabazas ornamentadas, ramos de hierbas, comidas cocidas. Se dice que Erinlẹ̀ las lleva a los reinos invisibles, donde los espíritus de las profundidades las reciben. Otras son colocadas en el río por las manos de los sacerdotes, que se arrodillan, cantan y clavan su mirada en la superficie reflectante como si consultaran el alma misma del Òrìṣá. El río, en esos momentos, no es solo agua. Es memoria. Es medicina. Es el misterio encarnado.

El continuo diaspórico

Cuando el pueblo yorùbá fue arrancado de su tierra y forzado a la esclavitud a través del Atlántico, llevó consigo a sus Òrìṣá—no siempre en objetos o textos, sino en la memoria, los sueños y la devoción. En Cuba, Erinlẹ̀ es conocido como Inle, y en Brasil, como Inlè.

En Cuba, Inle es venerado con una elegancia singular. A menudo se le describe como hermoso, andrógino y sereno. Su vínculo con la sanación y con comunidades marginadas, como personas queer y no conformes con el género, es profundamente respetado. Se dice que quedó mudo tras ser llevado por Olókun al fondo del mar, donde permaneció en contemplativo silencio, aprendiendo secretos ocultos al mundo de la superficie.

En Brasil, particularmente dentro de la nación Ketu del Candomblé, Inlè está asociado con la salud y la caza. Su culto puede entrelazarse con el de Oxóssi, Òsanyìn y Omolu, todos ellos vinculados con aspectos del cuerpo, el bosque y lo invisible. Sus símbolos incluyen el pez, la serpiente y el bastón, y sus ritos se llevan a cabo con profunda solemnidad junto a aguas corrientes.

Estas expresiones diaspóricas no son versiones diluidas de los originales yorùbá, sino evoluciones nacidas de la necesidad y moldeadas por el trauma del desarraigo. Son testimonio de la resistencia de la cosmología yorùbá y de la capacidad de adaptación de los Òrìṣá mismos, que se niegan a ser olvidados.

Continuidad y cambio

En el siglo XXI, el culto a Erinlẹ̀ sigue evolucionando. En la tierra yorùbá, crece el interés por recuperar la espiritualidad indígena, especialmente entre la juventud, que ve en las tradiciones de sus ancestros una forma de empoderamiento cultural y descolonización espiritual. Aunque el pentecostalismo global y el islam ejercen una fuerte influencia, también se vive un renovado orgullo por el culto a los Òrìṣá, y muchos devotos urbanos mantienen altares en sus hogares, viajan a ríos sagrados y estudian Ifá con rigor tanto académico como devocional.

Mientras tanto, en toda la diáspora, las tradiciones de los Òrìṣá están viviendo un renacimiento. Desde los templos urbanos de La Habana y Salvador hasta los altares discretos en Nueva York, París y Johannesburgo, Erinlẹ̀ es invocado con creciente frecuencia. El interés académico, la exploración artística y la búsqueda espiritual convergen en este resurgir, pero el desafío persiste: cómo preservar la profundidad y la integridad de la tradición frente a las distracciones y la mercantilización de la vida moderna.

Sin embargo, el río sigue su curso.

Aquel que espera junto al río

Erinlẹ̀ no es una deidad del espectáculo. No siempre es ruidoso ni deslumbrante. Sus milagros son sutiles: una enfermedad que se disipa, un camino que se despeja, un corazón que encuentra consuelo. Él enseña que la fuerza puede ser silenciosa, que la justicia no necesita ser cruel y que la sanación es la más profunda de todas las transformaciones.

Que Erinlẹ̀ guíe sus pasos hacia el bosque, donde la sabiduría aguarda en la sombra. Que su río purifique su espíritu y restaure su equilibrio. Y que su lanza, si alguna vez vuela en su defensa, dé en el blanco sin dudar.

Nosotros, los que recordamos, debemos seguir alabando, echando agua, cantando los nombres que cantaban nuestros antepasados. Erinlẹ̀ no nos ha dejado. Él es el susurro bajo la superficie, la onda que no sigue al viento.

Caminemos hasta el río.

Escuchemos

—IFADOYIN SANGOMUYIWA

Erinlẹ̀, omo igbo tó wo inú omi,
Okùnrin tó ń gún omi bí eja,
Olùkó èwe àti egbo,
Ajànàkú tí kò mo pé ó tóbi,
Onígbeyin aláìlera, akoni onírele.
Mo júbà fún Erinlẹ̀,
Omo aláráyé, Olóòóto ni pátápátá,
Kí omi re má bàje, kí irin re má bàje

Erinlẹ̀, hijo del bosque que entró en el agua,
Hombre que cabalga el río como pez,
Maestro de raíces y hojas,
Elefante que no presume de su tamaño,
Guardián de los débiles, humilde campeón.
Te rindo homenaje, Erinlẹ̀,
Hijo del vasto mundo, veraz absoluto.
Que tus aguas no se turben, que tu hierro no se oxide.

–poesía tradicional de alabanza para Erinlè.

El Stang de las brujas

Influencias de la brujería medieval europea

Como practicantes del Arte, el stang es el Dios, el Gran Padre, manifestado. A través del stang experimentamos la conexión simbólica de la Tierra con el Cielo, cada uno con el otro, y reconocemos la universalidad del mito y la experiencia humana en las ramas y hojas entrelazadas del Árbol del Mundo, brotadas de una sola semilla y que existen como la Fuente divina y primordial.

Loren Crawford

SE CREE que el Stang de las Brujas fue incorporado a la práctica artesanal contemporánea por el difunto Robert Cochrane en la década de 1960, sin embargo, la evidencia histórica de un bastón bifurcado utilizado por las brujas acusadas puede rastrearse definitivamente hasta Europa central hacia el final del Período Medieval (finales de 1400). Las representaciones de objetos que se asemejan al stang se remontan a períodos históricos anteriores, pero la congruencia del uso y la intención se nubla con el tiempo y la difusión cultural. El reconocimiento de Europa central como un importante lugar documentado para la caza de brujas de la Edad Moderna proporciona una perspectiva única para rastrear el origen del stang como un instrumento de la práctica de la brujería, como se evidencia en los manuscritos y obras de arte del período.

Con la invención de la imprenta por Johannes Gutenberg en 1455, las

Ilustraciones xilográficas de Ulrich Molitor (1442–1507) De lamiis et pythonicis mulierbus. Se consideran las xilografías más antiguas conocidas de brujas que atraviesan varas bifurcadas en lugar de escobas.

imágenes de brujas y demonios huyendo o participando en magia maléfica ahora encontrarían su camino en la impresión y distribución a gran parte de la población en general. Esta disponibilidad masiva de material impreso, los impactos combinados a largo plazo de la peste y la enfermedad, la agitación religiosa, económica y política, el cambio climático y la pérdida de cosechas, fueron catalizadores para alimentar los primeros rescoldos de la persecución en Europa continental, y especialmente en aquellas áreas bajo la influencia directa del Sacro Imperio Romano Germánico.

Es significativo que los pueblos de habla alemana representaran casi el 50 por ciento de todos los acusados y ejecutados por brujería, a pesar de constituir solo el 20 por ciento de la población de Europa durante los siglos que abarcaron la caza de brujas. Las áreas directamente afectadas por las acusaciones de brujería eran típicamente agrarias, y se cree que incluso en el siglo XVI d.C., el 75 por ciento de la población dependía en gran medida de la agricultura. Dado que la población en general estaba íntimamente conectada con el trabajo de la tierra, a los más afectados por los cambios climáticos y económicos adversos se les inculcaron creencias y supersticiones sobrenaturales asociadas con la necesidad de proteger continuamente la cosecha y la supervivencia. Aquí, las herramientas de la Bruja se considerarían inocuas, elementos que serían comunes cuando se instalaran en el hogar o se usaran en el campo, pero al mismo tiempo y adversamente sujetas a escrutinio frente a acusaciones de fechorías mágicas.

De ruecas, horcas y escobas… palas, rastrillos y soportes de horno

Entre los siglos XV y XVIII, Europa experimentó un notable enfriamiento climático, lo cual se asocia con escasez de alimentos y tensiones sociales. Cultivar heno con éxito era vital para alimentar al ganado, que a su vez proveía carne, leche, estiércol para fertilizar y fuerza de tiro para arar. En épocas frías y húmedas, el heno podía pudrirse, lo que causaba penurias e incluso desastres en una población mayormente agraria. Se buscaba ayuda espiritual para asegurar la cosecha, mientras que la sequía, el granizo y otras calamidades climáticas se atribuían a fuerzas sobrenaturales o a brujas malignas.

La introducción del tenedor (o *gabeln*) en los conceptos populares de la brujería de la época se evidencia en la publicación de Hans Sachs de 1556 *Das Unholdenbannen* (*El destierro del demonio.*En esta obra, Sachs señala la prevalencia de la creencia supersticiosa por parte del hombre común de que las brujas y los demonios "cabalgaban sobre ruecas, tenedores y escobas, sobre palas, rastrillos y muletas de horno" en su camino al Sabbat o para causar travesuras maliciosas, y escribe:

> *Muchos hombres siguen siendo engañados y llevados por las narices por magos y vagabundos,… incensando su arte con alabanzas; Y, sin embargo, su magia es una neblina azul y una fantasía, fabricada y miserable, como se puede ver todos los días. De esto se derivan muchos problemas (adversidades); Cuidado con ellos.*

En las prácticas agrícolas, la horca era fundamental para cosechar heno lanzándolo al aire para airearlo y secarlo, y para lanzarlo en una pila o en un carro de heno. Mientras que los hombres se dedicaban típicamente a cortar y golpear, el lanzamiento y el lanzamiento solían ser responsabilidad de las mujeres. La horquilla de dos puntas, blandida en gran parte por mujeres que se caracterizaban por ser vanidosas, codiciosas y capaces de malas acciones debido a su naturaleza pecaminosa inherente, y a menudo vengativa, se convirtió en la herramienta por la cual las supuestas brujas podían convocar una tormenta para destruir las cosechas de sus vecinos y causar estragos en la comunidad en general.

En esta obra de arte, las mujeres utilizan tenedores de dos puntas para empacar heno en un carro de heno. En la parte superior de la pila, se ven dos figuras en reposo íntimo, uniendo el tema de las mujeres como provocadoras, facilitadoras o involucradas en actividades carnales que eran contrarias a la naturaleza de la piedad.

Detalle de la tabla central del Tríptico del Carra, 1516. Hieronymus Bosch, holandés.

Viento, brujas salvajes y disputas meteorológicas

Desde la antigüedad, el viento fue concebido como una fuerza viva cuya naturaleza caprichosa debía ser temida y respetada. En Europa, se creía que los druidas y las sacerdotisas de muchas tribus celtas poseían la capacidad de controlar los vientos. *Tempestarii* era un término latinizado general para las brujas o magos comunes de la aldea, que vivían entre la gente común y profesaban la capacidad de causar truenos y tormentas de granizo. Incluso cuando el cristianismo se apoderó de Europa durante los siglos siguientes, persistió el conflicto entre los sacerdotes y los magos paganos o no cristianos (típicamente considerados charlatanes):

> *...estos medio fieles nuestros, que, tan pronto como oyen truenos, o cuando hay un soplo de viento ligero, dicen: 'Se levanta un vendaval' y maldicen, diciendo: 'Maldita sea la lengua que hizo estas cosas, y que se seque y ahora sea cortada'.*
>
> *–Obispo Agobardo de Lyon, 815 d.C.*

Mientras que los Tempestarii abandonaron en gran medida la escena más grande o habían pasado a la clandestinidad, las prácticas que se creía que controlaban y manipulaban el clima aún se mantuvieron durante la era de la caza de brujas y en algunos lugares hasta el siglo XVIII.

Influencias clásicas en la representación del bastón de la bruja o Stang

Se sabe que artistas e historiadores se inspiran en fuentes simbólicas o clásicas, rara vez en lo provincial. Así como los pagani eran objeto de escarnio y los campesinos vistos como provincianos e ignorantes del gran mundo,

Ilustración de brujas dedicadas a la magia del tiempo de Von den unholden oder hexen de Ulrich Molitor, 1508. En la parte central superior de la imagen se ven tres pentagramas bifurcados. La figura de la extrema derecha parece estar usando uno para convocar una tormenta, mientras que otras dos brujas blanden el suyo mientras están sentadas a horcajadas sobre una cabra o lo usan directamente como medio de huida.

las élites cosmopolitas reinterpretaron esos rasgos desde influencias clásicas o románticas.

La asociación de la brujería y la hechicería con los elementos más oscuros, el inframundo y los lugares extraños y misteriosos del mundo proporcionó a los artistas y estudiosos de la época perspectivas que incluían el sincretismo con otras formas conocidas, a menudo más aceptables y aceptables. No es difícil imaginar los tridentes de Hades o Plutón como representativos del inframundo oscuro y, por lo tanto, evocados como una herramienta de la bruja o de los practicantes de magia.

En L'Envoûteuse (ver página siguiente), la hechicera empuña un aguijón estilizado que recuerda a las representaciones clásicas del bident de Hades, y se ve un obturador o efigie empalada con un cuchillo tirada en el suelo frente a ella. No se conoce ninguna identificación ni descripción de esta obra, pero el autor postula que la representación es la de una hechicera judía alemana: la vestimenta de la efigie es claramente alemana o bávara, con un sombrero de Houpplelande y Miesbacher apropiados para la época.

En conclusión: El Stang contemporáneo

La interpretación del stang de las brujas como representativa de los principios masculinos y femeninos puede considerarse una construcción neobrujerca del siglo XX. Antes de los avances científicos y tecnológicos de finales del siglo XIX, el papel del principio masculino en el proceso de procreación era esencialmente desconocido. Las perspec-

L'Envoûteuse (La Hechicera)
Georges Merle, 1883

tivas históricas sugieren que la mujer, como bruja, era la usuaria típica, por defecto social, de la horca agrícola y la muleta del horno como herramientas que la identificaban y delegaban a un papel doméstico en la sociedad. Los movimientos feministas y de diversidad/ igualdad de género del siglo XXI han continuado influyendo en las prácticas y efímeras artesanales y paganas.

El concepto contemporáneo del stang toma prestado en gran medida de otras fuentes paganas, neopaganas y clásicas. Las interpretaciones del stang como evolucionado directamente de la mitología europea, incluyendo que es representativo de los cuernos de la deidad o deidades animales, el bidente de Hades (Plutón) o simbólico del Árbol del Mundo como parte del mito mundial universal, pueden basarse en gran medida en el sincretismo de diversos sistemas de creencias en continua evolución en una comunidad pagana basada en el mundo.

Es significativo que el stang contemporáneo de las brujas recuerde a la herramienta empleada por los pueblos germánicos durante el período medieval, y hasta bien entrado el período moderno temprano, en Europa central. El predominio y la influencia de los pueblos germánicos en Europa y la asociación de la horca o el bastón bifurcado como herramienta o utilidad de la bruja y el caminante habrían proporcionado su perdurabilidad durante un período de persecución de supuestas brujas y parias. Si bien no puedo testificar con ningún grado de certeza sobre la motivación para emplear el stang en la práctica de mediados del siglo XX, es razonable suponer que la base histórica para su uso en la brujería es definitiva.

–LOREN CRAWFORD

Grabado de Plutón

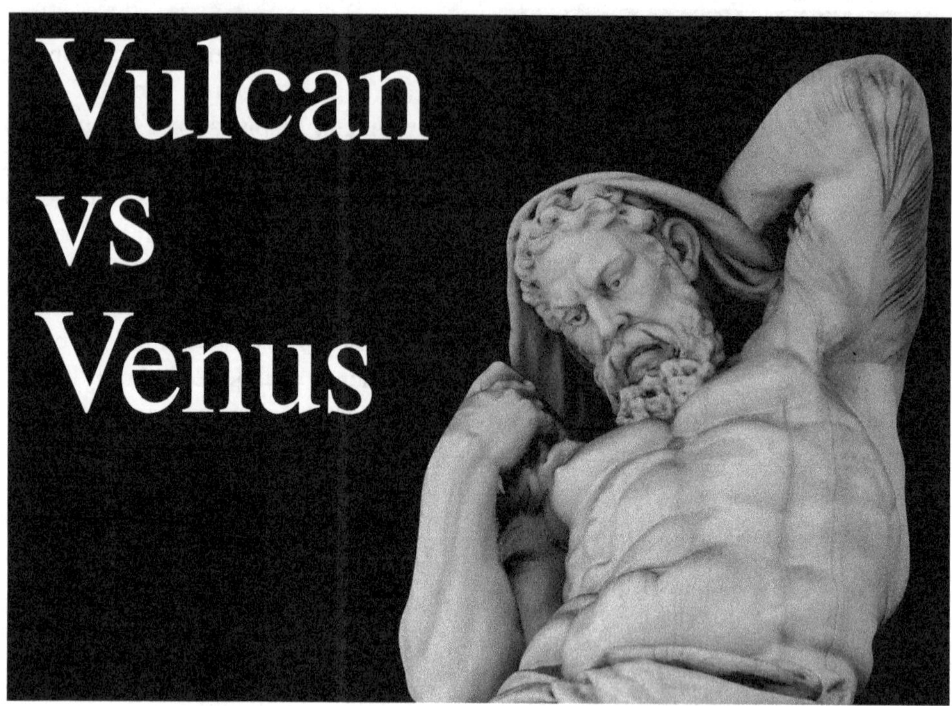

EL ADULTERIO no se limita necesariamente al mundo de los mortales; Las divinidades griegas y romanas caían en lapsos matrimoniales bastante frecuentes. Quizás el más notorio es el caso de Vulcano y Venus, la extraña pareja del Monte Olimpo.

Desde el nacimiento de Vulcano, conocido como Hefesto por los griegos, las cosas fueron mal. Su madre Juno consideraba a su hijo engendrado, un bebé poco atractivo con una deformidad. Los pies del desdichado niño estaban hacia atrás, los talones hacia adelante y los dedos de los pies hacia atrás. En un arrebato de repulsión, la desalmada madre arrojó al niño de la montaña. Su caída duró nueve días y nueve noches, lesionándose las piernas al desembarcar en la isla de Lemnos. Alimentado por nereidas y llegado a la edad adulta, Vulcano pasó su tiempo en el abismo de un volcán cercano, cuyo cráter ardiente servía de herrería para la metalurgia.

¡Y qué trabajo! Las creaciones de Vulcano, regalos para los dioses, eran exquisitas más allá de lo descriptible. Hizo un rayo y un cetro de oro para Júpiter, un escudo mágico para Minerva, flechas para Eros, el tridente de Neptuno y el maravilloso carro que Helios, el dios del sol, condujo por el cielo. Para Hades ideó un Casco de la Oscuridad que hacía invisible al Dios del Inframundo. Vulcano hizo entonces gloriosos tronos de oro para los dioses del Monte Olimpo, pero el que se le presentó a Juno se vengó de su madre antinatural. Cuando se sentó, el trono la atrapó y no pudo levantarse. Los dioses le suplicaron a Vulcano que regresara y liberara a su reina, pero él se negó.

Baco se hizo cargo. Llenó a Vulcano con vino divino, y cuando el herrero se emborrachó, Baco lo llevó a la montaña desplomado sobre el lomo de una mula. Cuando Vulcano recuperó la conciencia, exigió un estatus divino en el Monte Olimpo y a Venus como su novia a cambio de liberar a Juno.

Las Diosas del Olimpo eran famosas por su belleza, pero la Diosa del Amor las eclipsaba a todas. Ver a Venus era enamorarse apasionadamente: los dioses, todos y cada uno, estaban locos por ella. Vulcano, cubierto de hollín, cojeando con su muleta, vestido con túnica raída sin mangas y gorro de lana, era tan feo como Venus era hermosa. Para sorpresa del Olimpo, ella aceptó casarse por razones muy astutas: Vulcano pasaba los días y noches en su forja, dejando libre a la diosa del amor. Además, le prometió un palacio de oro, el más espléndido jamás concebido.

De todos sus amantes, Venus era la que más adoraba a Marte, el dios de la guerra, guapo, musculoso, vanidoso, cruel. Homero disfrutó de la ironía de la historia y la entretejió en la *Odisea*. Cuando Vulcano se enteró de la lujuria adúltera de su esposa, el esposo vengativo "meditó sobre el mal en lo más profundo de su corazón y colocó en el yunque el gran yunque, y forjó lazos que no se podían romper ni desatar, para que los amantes pudieran vivir rápidamente donde estaban". Tejió una red "fina como telas de araña" y la arrojó sobre el lecho donde yacían los amantes, y alrededor de ellos "arrojó los lazos astutos". Venus y Marte, aferrados en amor, no podían "de ninguna manera mover sus miembros ni levantarlos".

Entonces Vulcano exclamó: "¡Benditos dioses que son eternos, venid aquí para que veáis un asunto ridículo y un monstruo!" Las Diosas llegaron, huyeron y "se quedaron para la vergüenza, cada una en su propia casa. Pero los dioses se pararon en la puerta y surgieron risas insaciables". Vulcano juró mantener a la pareja en esta vergonzosa posición hasta que su padre le devolviera todos los "regalos de cortejo que le di por esta chica desvergonzada". Las negociaciones continuaron con el padre Júpiter, los lazos se aflojaron y los dos "saltaron de inmediato". Marte partió humillado a Tracia. Pero la Venus amante de la risa, sin avergonzarse por su desnudez, se dirigió a su altar favorito. Allí las Gracias "la bañaron y la ungieron con aceite inmortal como los resplandores sobre los dioses que son para siempre. Y la vistieron con ropas preciosas, un prodigio para la vista".

La denuncia de la pareja culpable aún resonaba en el Monte Olimpo. Un Dios le preguntó a Mercurio cómo se sentiría en semejante trampa. Mercurio respondió con palabras en los corazones de todos: "Sufriría tres veces el número de ataduras si tan solo pudiera compartir el lecho de Venus la Dorada".

–extraído de *Dioses griegos enamorados*

El agua es la materia y la matriz de la vida, madre y medio. No hay vida sin agua.
–Albert Szent-Gyorgyi

Que la sal de la tierra guíe el agua para que lleve la virtud del Gran Mar. Madre, que seas adorada.
–Aleister Crowley

MI PADRE no era brujo. Era, sin embargo, en mi opinión, un verdadero mago, no un mago tipo Merlín, sino, a su manera ordinaria, un verdadero mago. Si estuviera vivo hoy, estoy seguro de que evitaría el título. Pero en todo el sentido de la palabra, es absolutamente cierto, porque durante una gran parte de su vida fue maestro de los espíritus de los *Elementos pasivos* del Agua y la Tierra.

Tierra

Papá era geólogo y poseía el poder visionario del reloj de arena. Podía escudriñar la topografía de casi cualquier vista y leerla como si fuera un libro de historia. Podría decirte cómo era el paisaje actual hace millones de años, como el fondo de un mar primordial lleno de extrañas criaturas y extrañas formas de vida prehistórica. Con el ojo de su mente de máquina del tiempo, observó cómo eones de formas de vida en evolución morían y se asentaban capa sobre capa en descomposición en el fondo del océano, luego formaban (bajo una inmensa presión) estratos de rocas y minerales y charcos de petróleo.

Empujando su supervisión hacia adelante en el tiempo, fue testigo de cómo la Tierra se enfriaba y las aguas polares se congelaban en hielo sólido, lo que provocaba que los niveles del mar descendieran y exponía vastas extensiones de Tierra seca que se unían a formas de vida terrestres en evolución con su propia perdición temporal. Siguió el drama de los dioses del agua y la tierra enfrentándose en un combate titánico mientras continentes enteros de hielo glacial, de dos millas y media de espesor, afeitaban y perforaban la superficie rocosa de la Tierra a medida que avanzaban.

Para un geólogo, millones de años pasan en un abrir y cerrar de ojos. En un abrir y cerrar de ojos, la Tierra se recalentó y los glaciares subárticos se derritieron, acumulándose en grandes lagos y ríos de agua dulce, algunos de los cuales se filtraron a través de la piel de tierra para crear vastos océanos subterráneos de agua dulce, dulce y helada.

Uno de esos mares subterráneos de agua dulce era de particular interés para él: el acuífero de Ogallala. En la década de 1950, descansó plácidamente a solo unos cientos de metros bajo la rica capa superior del suelo de las Grandes Llanuras de América del Norte. Los expertos de la época, incluido mi padre, estimaron que el acuífero de Ogallala era tan vasto que, si se aprovechaba sabiamente, podría suministrar a los agricultores una fuente abundante de riego limpio y agua potable durante muchos cientos de años.

Agua

Papá no era solo geólogo, también era un perforador de pozos profesional. En una plataforma petrolífera, el perforador es el ingeniero que crea los protocolos del día y hace la miríada de cálculos necesarios para perforar a gran profundidad. Era el capataz de la cuadrilla y responsable de todo el proceso, de principio a fin. A comienzos de los años 50, papá y su equipo en los campos petrolíferos de Huntington Beach, California, perforaron uno de los pozos más profundos jamás hechos en la Tierra. Era un buen trabajo, de gran responsabilidad, y él lo hacía bien. Pero era sucio y peligroso, y cada día volvía a casa agotado, cubierto de petróleo crudo y oliendo a cigarrillos, café negro y sudor.

Papá quería con desesperación dejar el negocio del petróleo. En 1955, a los 44 años, se mudó con la familia del soleado sur de California a Nebraska, azotada por la sequía, para buscar fortuna perforando el agua tan desesperadamente necesaria. Durante más de un siglo, los pequeños agricultores de la zona dependieron de tormentas estacionales violentas para regar sus cultivos. Muchos no sobrevivían a dos años seguidos de sequía. Parecía el momento ideal para dedicarse a la perforación de pozos de agua.

Brujería

Una sofocante tarde de verano de Nebraska, cuando tenía ocho o nueve años, escuché una conversación telefónica que papá estaba teniendo con un cliente granjero. Estaban discutiendo los términos del contrato estándar de perforación de pozos. Sonaba como algo bastante aburrido hasta que lo escuché decir:

“No, tendrás que pagarle a la *Bruja* tú mismo. Puedo sugerir a alguien, pero si quieres usar tu propia bruja, tendrás que pedirle que confirme el sitio de perforación antes de que comencemos la construcción del pozo de aguanieve.

¿Bruja? ¿Mi papá contrata brujas? Cuando colgó el teléfono, explicó que la mayoría de los granjeros del Medio Oeste insistían en que un zahorí (a quien todos llamaban "bruja") confirmara la mejor ubicación para perforar. Me quedé asombrado, por decir lo menos. Papá era un tipo muy científico y poco brujo. —Pero eres geólogo. Ya sabes dónde perforar, ¿verdad? ¿Por qué confiarías en una *bruja* para que te diga dónde perforar? ¿Se equivocan alguna vez? Si no estás de acuerdo con una bruja, ¿no tienes miedo de que te maldigan o te maldicionen o algo así?

Se rió y explicó que las brujas del agua casi nunca se equivocan, y la mayoría de las veces incluso predicen cuántos pies de profundidad tendría que perforar para encontrar agua. Me aseguró. "No es demasiado sorprendente. Por aquí, todo lo que tienes que hacer es clavar un palo en la tierra y encontrarás agua".

Aun así, quería verlo por mí mismo, Y le rogué que me llevara con él la próxima vez que la Bruja apareciera para hacer lo suyo. (Supuse que la bruja sería una "ella" porque las de la televisión eran mujeres geniales, de cabello largo y negro, figuras de reloj de arena y gran escote). Me llevé una gran decepción cuando, tras temblar durante una hora antes del amanecer en la camioneta de papá, la Bruja llegó, no en una escoba, sino en una vieja pickup. "Ella" era un "él" y se parecía a todos los demás granjeros reunidos para verla.

Papá y la bruja conversaron un par de minutos mientras fumaban y bebían café caliente de un termo. Entonces la Bruja se puso a trabajar. Fue a la cabina de su camioneta y sacó lo que parecían dos perchas de alambre dobladas en forma de grandes L. Con un cigarrillo enrollado colgando de los labios, tomó una en cada mano y las apuntó al frente. Resopló mientras caminaba de un lado a otro por una

pequeña sección del campo. Luego se detuvo. Las perchas bajaron lentamente hasta apuntar a sus pies. Dio una última calada a su cigarro, lo tiró al suelo y escupió justo donde señalaban las perchas.

"¡Aquí! Unos ciento diez pies, calculo".

Papá, se volvió hacia mí y sonrió.

Sabía que era el lugar perfecto para ubicar la bomba. También era exactamente donde la mayoría de los geólogos o perforadores profesionales habrían recomendado. Me impresionó, pero aun así me decepcionó.

Tres años consecutivos de precipitaciones superiores a la media y cosechas abundantes redujeron la necesidad percibida de nuevos pozos de riego. DuQuette Drilling Company finalmente se tambaleó y murió. El deterioro de la salud de papá pronto puso fin a sus sueños empresariales. Falleció en 1973 a la edad de 62 años, sin conocer los hechos verdaderos sobre la salud y la esperanza de vida del acuífero de Ogallala. (Ahora sabemos que este otrora gran recurso está contaminado con fertilizantes y pesticidas químicos y se agotará por completo antes de que termine este siglo).

¿Quién conoce todos los fines de todos nuestros actos?

Espíritus elementales codependientes

¿Qué tiene que ver este recuerdo

agridulce de la infancia con el mágico significado del agua? Tal vez nada, excepto tal vez como una metáfora de la dependencia de la vida de los Cuatro Elementos (y la codependencia de los Cuatro Elementos entre sí).

No soy geólogo ni perforador de pozos como lo era mi padre, pero soy un mago. Y una parte importante de *mi* trabajo trata sobre los poderes y misterios de los cuatro Elementos clásicos: Fuego, Agua, Aire y Tierra, y las fuerzas espirituales (seres) que los habitan. Por favor, comprenda que estos Elementales son más que las llamas de su chimenea o el agua de su bañera o el aire de sus neumáticos o la tierra de su jardín. Todo en el universo tiene características elementales para su existencia. Incluso las cuatro grandes fuerzas de la física (fuerza fuerte, fuerza débil, electromagnetismo y gravedad) pueden ser vistas como los Cuatro Elementos. De hecho, todas las cosas, todos los conceptos, actitudes, potenciales y cualidades son de naturaleza Fuego, Agua, Aire o Tierra. Todo lo visible e invisible, real o imaginario, manifiesto o no manifestado ha sido creado y está compuesto por una combinación de estos Cuatro Elementos.

Los Cuatro Elementos se agrupan en dos subcategorías polarizadas de acuerdo con sus naturalezas y características básicas: dos activas/positivas (Fuego y Aire) y dos pasivas/negativas (Agua y Tierra). También está el importantísimo quinto Elemento, el Espíritu, que los une en diferentes combinaciones y proporciones para hacer absolutamente todo en el cosmos y, al mismo tiempo, mantiene los Elementos individuales separados para que no se fundan en una papilla espesa.

En mis primeras palabras sobre mi padre, hablé de él visualizando una época en la que el agua cubría la Tierra, y más tarde cuando la Tierra cubría el agua. Es una demostración cruda pero muy ilustrativa del romance simbiótico de los dos elementos pasivos. La dinámica de su interacción es obvia y todos los Elementos están comprometidos de manera similar.

Conjurando una ondina

Uno de los libros mágicos más importantes del siglo XIX es *Transcendental Magic: Its Doctrine and Ritual* de Eliphas Levi, traducido al inglés por A.E. Waite en 1896. Levi dedicó un capítulo entero de su texto clásico a la "Conjuración de los Cuatro": Espíritus Elementales del Fuego (Salamandras), del Agua (Ondinas), del Aire (Sílfides) y de la Tierra (Gnomos).

Quizás el aspecto más útil del trabajo de Levi es que establece una fórmula básica paso a paso de una ceremonia para conjurar a los espíritus elementales. Debido a que este pequeño artículo se refiere al significado espiritual del agua, compartiré partes de la conjuración de Levi de un elemental de agua: una *ondina*. Pero con el fin de conjurar adecuadamente una ondina de Agua, primero debemos hacer que el amante pasivo del Agua, la Tierra, participe en el acto. Esta es la técnica básica de Levi sobre cómo hacerlo:

Para invocar a las ondinas, una pequeña cantidad de agua se carga ceremonialmente casándola con su contraparte de elemento pasivo, la Tierra. Esto se hace disolviendo las cenizas del incensario de incienso del mago (la ceniza es a su vez el producto de la unión de los elementos activos del Fuego y el Aire) y luego añadiendo un poco de Sal de Tierra al Agua.

Esta Agua terrestre será rociada sobre el Círculo y los otros pertrechos del templo y luego usada como base material para que la ondina se manifieste.

Todo esto, por supuesto, va acompañado de oraciones (en latín para ser elegantes) e invocaciones de ángeles cabalísticos específicos, con la intención de elevar la conciencia de un mago del siglo XIX.

Esta es parte de lo que el mago recita mientras prepara la Sal de la Tierra. (Debe recordarse que Leví era un místico mago cabalista católico romano).

¡Que la sabiduría permanezca en esta sal, y que preserve nuestras mentes y cuerpos de toda corrupción, por Jojmael y en la virtud de Ruach-Jojmael! Que los fantasmas de Hyle se aparten de aquí; para que se convierta en sal celestial, sal de la tierra y tierra de sal; para que apacente al buey trillador, y fortalezca nuestra esperanza con los cuernos del toro volador. Amén.

Una oración similar se recita antes de que las cenizas se añadan al agua. Cuando la ceniza y la sal se han mezclado en el agua, el mago concluye esta parte de la ceremonia con estas palabras:

¡En la sal de la sabiduría eterna, en el agua de la regeneración y en las cenizas de donde brota la nueva tierra, que todas las cosas se cumplan por Eloim, Gabriel, Rafael y Uriel, a través de los siglos y los eones! Amén.

Todo esto puede parecer arcaico y pesadamente prolijo y complejo solo para conjurar una ondina o dos. Después de todo, las ondinas ya están vivas y coleando dentro de cada pequeña célula húmeda de nuestros cuerpos y en todo lo que nos rodea. Lo que hace que el procedimiento de Levi sea mágicamente interesante es el hecho de que refleja con profunda simplicidad la dinámica de la asociación cósmica de los elementos pasivos de la creación. ¿Qué ondina que se precie podría resistirse a sentirse atraída por una obra tan elocuente de su propia ascendencia?

Una vez que el agua de la solución salina ha sido debidamente preparada como base material para la aparición (o llegada) de la ondina, el mago vuelve a exponer en términos inequívocos su justificación y razón para realizar este acto de magia.

Exorcismo del agua

Haya un firmamento en medio de las aguas, y separe las aguas de las aguas; Las cosas de arriba son semejantes a las de abajo, y las de abajo son semejantes a las de arriba, por la realización de las maravillas de una sola cosa: el sol es su padre, la luna su madre, el viento la ha llevado en su vientre. Sube de la tierra al cielo, y de nuevo desciende del cielo a la tierra. Te exorcizo, criatura de agua, para que llegues a ser para los hombres un espejo del Dios vivo en sus obras, una fuente de vida y ablución de pecados. Amén.

El clímax de toda la ceremonia es la invocación directa que el mago dirige a la ondina. Cabe señalar que esta "oración" (como todas las pronunciadas con plena intención mágica) será tan eficaz como el grado de exaltación espiritual del mago en el momento de recitarla. En otras palabras, en el punto culminante del rito, la conciencia del mago debe estar profundamente expandida.

Oración de las ondinas

Nótese que al inicio de la oración de las ondinas, el Rey del Mar confina las aguas del inframundo en las cavernas de la Tierra, reflejando la misma dinámica interdependiente (e incluso combativa) entre Agua y Tierra que opera en todos los niveles de la existencia manifiesta.

> *¡Temible Rey del Mar, que posees las llaves de las compuertas celestes y confinas las aguas del inframundo en las cavernas de la tierra; Rey del diluvio y de las crecidas primaverales; Tú, que haces brotar las fuentes y los ríos; Tú, que ordenas que la humedad, como sangre de la tierra, se vuelva savia de las plantas: a Ti adoramos e invocamos! ...¡Háblanos también en el murmullo de las aguas limpias, y anhelaremos Tu amor! ¡Oh inmensidad donde fluyen todos los ríos de la vida, para renacer sin cesar en Ti! ¡Océano de infinitas perfecciones! Altura que se refleja en el abismo, abismo que exhala hacia la altura: condúcenos a la vida verdadera por la inteligencia y el amor. ¡Llévanos a la inmortalidad por el sacrificio, para ser dignos un día de ofrecerte agua, sangre y lágrimas, por la remisión de los pecados! Amén.*

Traditional qabalists often use familiaLos cabalistas tradicionales a menudo usan fábulas bíblicas familiares para ilustrar principios cósmicos y verdades universales, y la historia de Noé y el diluvio es una que a menudo se usa para ilustrar el significado místico del elemento agua. Una historia de Noé cuenta que después del diluvio, cuando la Tierra se eleva una vez más sobre las aguas, Noé salta del arca y planta un viñedo en la tierra seca e inmediatamente se pone bueno y borracho. Aleister Crowley, en su comentario sobre la carta del Tarot, El Ahorcado y la letra hebrea Mem (que significa "agua"), escribió lo siguiente. No se me ocurre mejor bendición y bendición para terminar este pequeño ensayo sobre el romance de los Elementos Pasivos del Agua y la Tierra.

No te mojen las aguas por las que caminas. Y, una vez llegado a la orilla, planta la vid y regocíjate sin vergüenza.

–*Aleister Crowley,* El libro de Thoth

—LON MILO DUQUETTE

Doce princesas bailarinas

Una historia de los hermanos Grimm, contada de nuevo

ÉRASE UNA VEZ un reino enclavado entre bosques profundos y ríos de plata, donde vivía un rey sabio y anciano. Tuvo doce hijas, cada una más hermosa y llena de vida que la anterior. La gente de la tierra adoraba a las princesas, que eran conocidas no solo por su belleza sino también por su gracia, ingenio y espíritu alegre. Todas las tardes cenaban con su padre, riendo sobre platos de oro y bebiendo vino dulce de copas de cristal tallado, y luego se retiraban a una gran habitación llena de camas de roble tallado y cortinas de terciopelo, donde un alto guardia cerraba la puerta detrás de ellos.

Pero al rey le atormentaba un extraño misterio. Todas las mañanas, los zapatos de sus doce hijas estaban gastados, como si hubieran bailado toda la noche. Y, sin embargo, su puerta estaba cerrada desde el exterior y nadie los había visto salir.

proclamó: "Quien descubra dónde van mis hijas cada noche, podrá elegirlas como novia y un día heredará mi corona. Pero cuidado: solo tendrá tres noches. Si fracasa, perderá la cabeza".

Esta promesa, aunque grandiosa, no estaba exenta de peligros. Muchos jóvenes nobles vinieron a probar suerte. Uno a uno, se alojaron y alimentaron junto a la estancia de las princesas. A cada uno se le dio una copa de vino por la noche, y cada uno cayó en un sueño profundo y sin sueños. Por la mañana, los zapatos volvieron a estar desgastados. Y uno a uno, los pretendientes se encontraron con el hacha

del verdugo. Los rumores se extendieron por todas partes y pronto solo los más valientes se atrevieron a intentarlo.

Alejado de la corte, un soldado se abría paso por la tierra. Había servido muchos años en la guerra y, aunque llevaba las cicatrices de la batalla, todavía tenía un ojo agudo, una mano firme y una mente curiosa. Al enterarse del desafío del rey, decidió probar suerte. ¿Qué tenía que perder? No tenía familia, ni tierras, y tenía poco oro. Pero tenía su coraje y su inteligencia.

Mientras caminaba por un sendero boscoso hacia el palacio, se encontró con una anciana. Su espalda estaba encorvada por los años y su rostro estaba arrugado como la corteza de un árbol antiguo. Se apoyó en un bastón tallado con extraños símbolos.

—¿A dónde te diriges, soldado? —preguntó ella, con la voz como el susurro de las hojas.

—Para descubrir el secreto de las doce princesas —respondió—.

La anciana esbozó una sonrisa cómplice. "No es algo fácil. Pero sigue mi consejo y aún puedes tener éxito. No bebas el vino que te ofrecen. Y toma este manto, te hará invisible. Úsalo sabiamente y obsérvalo todo".

Él le dio las gracias, se metió la capa debajo del abrigo y continuó.

En el palacio, el rey le dio la bienvenida. Esa noche, la princesa mayor le trajo una copa de vino especiado. Él le dio las gracias con una sonrisa, pero cuando ella se dio la vuelta, vertió el vino en una maceta y se tumbó, fingiendo dormir, con la respiración larga y uniforme.

A medida que salía la luna, la cámara se agitaba. El soldado abrió un ojo y vio a

la mayor levantarse de la cama. Aplaudió tres veces. El suelo crujió, luego se abrió para revelar una escalera oculta iluminada por antorchas parpadeantes.

—¿Estás seguro de que está dormido? —susurró el más joven.

—Se bebió el vino —dijo el mayor con confianza—. "No se despertará".

El soldado, ya completamente despierto, tiró de la capa mágica y siguió en silencio mientras las princesas bajaban la escalera.

Pasaron a través de un bosque de árboles plateados. Sus ramas tintineaban como campanillas de viento y las hojas brillaban a la luz de la luna con un brillo suave y etéreo. El soldado arrancó una rama como prueba. Más adentro, atravesaron un bosque dorado que brillaba como la luz del sol y luego uno de diamante, que brillaba con fuego frío. De cada bosque, el soldado tomaba una rama y la metía bajo su capa.

Por fin, llegaron a un lago donde esperaban doce botes, cada uno remado por un príncipe con galas oscuras. Las princesas subieron. El soldado abordó silenciosamente el bote del más joven, haciéndolo balancearse ligeramente.

"Algo se siente diferente", dijo, mirando a su alrededor con nerviosismo.

—El viento, tal vez —dijo su príncipe—. O la luna.

Cruzaron el agua quieta hasta un gran castillo de cristal y vidrio coloreado. Las luces salían de todas las ventanas. En el interior, los músicos tocaban encantamientos con flautas de plata y arpas de oro. El suelo brillaba con incrustaciones de gemas y las paredes palpitaban con magia. Las princesas bailaban con sus pretendientes, riendo y dando vueltas bajo el techo hechizado. Sus vestidos brillaban como la luz de las estrellas y sus pies volaban sobre el suelo.

El soldado miraba, invisible, y cuando una princesa dejó una copa de oro, la tomó. Luego esperó, inmóvil, mientras bailaban toda la noche hasta que sus zapatos estaban casi hechos jirones.

Al amanecer, regresaron al otro lado del lago. El soldado los siguió de nuevo, escondiéndose tras los árboles y deslizándose de nuevo en su cama justo antes de que regresaran a su habitación.

—Todavía dormido —susurró la mayor, asomándose—.

La segunda y tercera noche siguieron el mismo patrón. Cada vez, el soldado los seguía, recogía pruebas y regresaba sin ser visto. La última noche, recogió una copa de plata y una trenza de cabello dorado que se cayó a una de las princesas mientras bailaba. Incluso presionó su oreja contra la pared del salón de baile de cristal y escuchó a los príncipes susurrar en lenguas extrañas.

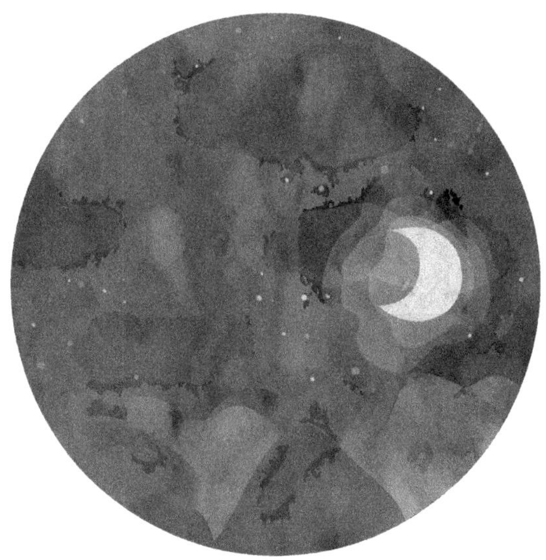

A la cuarta mañana, el rey lo llamó.

"Bueno, ¿descubriste el secreto de mis hijas?", preguntó el rey, con los ojos cargados de preocupación.

—Lo hice, Majestad —respondió el soldado—. "Descienden a través de una trampilla en su cámara y atraviesan bosques encantados de plata, oro y diamantes. Cruzan un lago en botes remados por príncipes sombríos y bailan hasta que sus zapatos se desgastan en un castillo hecho de cristal.

Colocó las ramas de plata y oro, la ramita de diamante, la copa de oro y el mechón de cabello.

Las doce princesas permanecieron en silencio, sus rostros pálidos.

El rey se volvió hacia ellas. —¿Es verdad? La mayor bajó los ojos. "Sí, padre. Estábamos bajo un hechizo para mantenerlo en secreto. Pero ahora, está roto".

El rey suspiró, más aliviado que enojado. El hechizo había sido realmente poderoso.

Al soldado se le ofreció su elección de novia. Eligió a la más joven, por su honestidad y buen corazón. Su boda fue espléndida, con invitados de todas partes. Las campanas sonaron durante tres días. Con el tiempo, el viejo rey falleció y el soldado gobernó con sabiduría y coraje.

La boda del soldado fue la celebración más grandiosa que el reino había visto en una generación. Las linternas flotaban en el cielo como estrellas y la gente vitoreó durante días. Los bardos cantaban sobre su valentía y los niños recreaban el cuento en las plazas de los mercados. La princesa más joven, quien solía ser tranquila y cautelosa, creció radiante de felicidad y juntos trajeron la paz al reino.

Construyó escuelas y bibliotecas, reparó puentes y carreteras y escuchó a la gente. El recuerdo del misterio del baile se desvaneció, reemplazado por años de prosperidad. Y aunque el bosque todavía susurraba magia antigua, nadie volvió a encontrar la escalera oculta.

El camino hacia el más allá

Cómo diversas culturas conciben la muerte y el más allá

EL MISTERIO de lo que sucede después de la muerte ha fascinado continuamente a la humanidad. En todas las culturas, la vida después de la muerte se considera un lugar de juicio, transformación, renacimiento o, en algunos casos, de descanso eterno. Algunas tradiciones prevén un viaje estructurado: cruzar ríos, escalar montañas o enfrentar pruebas antes de llegar a un destino final. Otros describen una fusión sin fisuras con las fuerzas cósmicas, donde el alma se disuelve en el universo mismo. Para muchos, la vida después de la muerte es un reflejo de las acciones terrenales, recompensando la virtud y castigando las malas acciones. Ya sea guiados por dioses, llevados en las alas de un águila o navegando a través de aguas celestiales, los difuntos se embarcan en viajes espirituales que reflejan las creencias de los vivos. A continuación se presentan 24 formas únicas en que diferentes civilizaciones han imaginado esta transición, ofreciendo una visión de los miedos, esperanzas y filosofías que dan forma a las perspectivas humanas sobre la vida y la muerte.

1. Ascenso al cielo (cristianismo, islam, judaísmo)

En muchas tradiciones monoteístas, los justos ascienden al *Cielo*, un paraíso divino donde se reúnen con Dios. El concepto varía, desde el Reino de los Cielos del cristianismo hasta el *Jannah del Islam*, donde los creyentes experimentan la felicidad eterna. En el judaísmo, algunas interpretaciones describen *Olam Ha-Ba* (el Mundo Venidero) como una recompensa espiritual para los fieles, aunque las creencias judías sobre la vida después de la muerte varían mucho porque no son de su interés.

2. Descenso al infierno (Cristianismo, islam, zoroatrismo)

En contraste, los pecadores son condenados al *infierno*, donde enfrentan el castigo eterno. El cristianismo describe el infierno como un reino ardiente gobernado por Satanás, mientras que el *Jahannam del islam* tiene múltiples niveles de sufrimiento. El zoroastrismo también incluye un concepto del infierno como un lugar para aquellos que han vivido vidas malvadas, aunque se ve como una purificación temporal similar al Purgatorio.

3. El cruce del Estigia (Grecia y Roma antiguas)

Los griegos creían que las almas debían *pagar a Caronte*, el barquero, para cruzar el *río Estigia* hacia el Hades, el inframundo. Sin ritos funerarios adecuados y una moneda para el pasaje, los muertos estarían condenados a vagar por las orillas del río para siempre.

4. Viajando al Mictlán (mitología azteca)

En la tradición azteca, las almas de aquellos que murieron de muerte natural viajan a través de *nueve niveles de Mictlan*, un inframundo lleno de obstáculos. El difunto debe superar desafíos como vientos feroces, montañas que se estrellan y un jaguar que come corazones antes de llegar al descanso final.

5. Entrando en el Bardo (budismo tibetano)

El *Bardo* Tibetano es un *estado intermedio* entre la muerte y el renacimiento, que dura 49 días. Aquí, las almas se enfrentan a visiones de deidades iracundas, ilusiones y reflexiones kármicas. Si reconocen la verdadera naturaleza de la realidad, pueden alcanzar la iluminación en lugar de la reencarnación.

6. El paso a Yomi (Shintō, Japón)

Yomi is the Japanese land of the dead, depicted as a dark and shadowy realm. Unlike Hell, it is not necessarily a place of punishment but one of stagnation and impurity. Once a person eats food in Yomi, they can never leave.

7. El camino de los espíritus y el gran águila (Lakota Sioux, Nativo americano)

Entre los *Lakota Sioux*, el alma camina por el *Sendero del Espíritu* hacia la tierra de los antepasados. Un *gran águila* ayuda a los dignos a cruzar con seguridad, mientras que los que fracasan son arrojados al olvido.

8. El camino del fantasma hambriento (creencia popular china, budismo, taoísmo)

Algunos espíritus, agobiados por *el mal karma o los deseos insatisfechos*, se convierten en *fantasmas hambrientos*, seres inquietos incapaces de seguir adelante. Se les representa con bocas diminutas y vientres hinchados, simbolizando su hambre insaciable.

9. Reencarnación (hinduismo, budismo, jainismo)

En el *ciclo del Samsara*, las almas renacen en diferentes formas basadas en el *karma*. Las acciones de una persona en una vida determinan si renace como un ser superior, un animal o incluso como sufrimiento. En el ciclo del Samsara, las almas renacen en diferentes formas basadas en el karma. Las acciones de una persona en una vida determinan si renace como un ser superior, un animal o incluso como sufrimiento.

10. Conversión a espíritu ancestral (religiones tradicionales africanas)

En muchas culturas africanas, los muertos no se van realmente, sino que se convierten en *espíritus ancestrales* que guían y protegen a sus descendientes. Las ofrendas regulares y el recuerdo aseguran que sigan siendo benévolos.

11. Navegando a través de la Duat (Antiguo Egipto)

Los difuntos deben viajar a través de la Duat, el inframundo egipcio, donde sus corazones se pesan contra la *pluma de Ma'at*. Si el corazón es más ligero, los difuntos alcanzan el paraíso eterno; si no, el alma es devorada por un ser monstruoso llamado *Ammit*.

12. El** puente de Chinvat* ***(zoroastrismo)

Los zoroastrianos creen en el puente de Chinvat, que los muertos cruzan. Para los justos, es amplio y acogedor; para los pecadores, se vuelve delgado como una navaja, haciéndoles caer en el tormento.

13. Los fuegos de Muspelheim (mitología nórdica)

Aquellos considerados indignos del *Valhalla* o del *Fólkvangr* podían acabar en *Muspelheim* —un mundo de fuego y destrucción gobernado por el gigante Surtr— o en *Helheim*, donde las almas permanecen en la sombra.

14. Transformación en una estrella (muchas tradiciones indígenas)

Varias culturas, como las nativo americanas y los aborígenes australianos, creen que sus fallecidos *se convierten en estrellas* que vigilan a los vivos.

15. Absorción en el vacío (taoísmo, budismo zen)

Algunas tradiciones taoístas y zen enseñan que la muerte es simplemente un *retorno al Tao*, donde la conciencia individual se disuelve en el todo cósmico.

16. Fusión con Brahman (Hinduismo, Advaita Vedanta)

En lugar de renacer, aquellos que alcanzan la iluminación *se fusionan con Brahman*, la realidad última.

17. Entierro con posesiones terrenales (antigua China, vikingos, egipciso, mongoles)

Varias civilizaciones enterraban a los muertos con *oro, armas e incluso sirvientes*, asegurándose de que estuvieran preparados para el más allá.

18. Entrada a los Campos Elíseos (mitología griega y romana)

Reservado para los héroes y los virtuosos, *Elysium* era un paraíso donde las almas disfrutaban de la felicidad eterna.

19. El ensueño (creencias aborígenes australianas)

La muerte es una transición al *Ensueño*, un reino donde los antepasados viven a través de la tierra.

20. 20. Convertirse en un fantasma errante (Asia Oriental, hinduismo, budismo)

Los espíritus que mueren *violentamente o que quedan con asuntos pendientes* pueden convertirse en fantasmas inquietos que acechan el mundo de los vivos.

21. Regreso a la Madre Tierra (tradiciones paganas, wiccanas, druídicas)

En muchas *tradiciones neopaganas*, la muerte es vista como un regreso a la *naturaleza*, donde el alma recorre los Elementos.

22. Unirse a la caza salvaje (folclore europeo, mitología nórdica)

Los muertos pueden unirse a la espectral *Cacería Salvaje*, cabalgando por el cielo con espíritus y deidades.

23. Viaje a través de los Nueve Mundos (mitología nórdica)

Los difuntos pueden ser enviados a varios reinos, dependiendo de sus actos en vida.

24. Despertar en la Tierra Pura (Budismo—Secta de la Tierra Pura)

Los budistas devotos renacen en la *Tierra Pura*, un reino celestial donde la iluminación se alcanza fácilmente.

Encuentros Felices

Una vela en la ventana, un fogón en la chimenea, una charla tomando el té...

Pocas figuras han tenido un impacto tan grande en el esoterismo occidental como el Dr. Stephen Skinner. Erudito, autor, traductor y mago practicante, Skinner ha pasado más de cinco décadas reviviendo y aclarando las dimensiones prácticas de las artes mágicas. Desde sus primeros e innovadores trabajos en The Complete Magician's Tables hasta sus traducciones pioneras de grimorios como The Veritable Key of Solomon y The Ars Notoria, ha ayudado a reintroducir la magia auténtica y operable a practicantes contemporáneos. Con una formación en lenguas clásicas, una profunda comprensión de la tradición hermética y un respeto permanente por la eficacia del ritual, Stephen Skinner se erige como un puente entre la erudición y la práctica mágica vivida. Acompáñanos a explorar su dedicación de toda la vida al realismo mágico, los espíritus que caminan con él y el panorama en constante evolución de la magia ceremonial de la era moderna.

En su extensa investigación, ¿cuáles considera que son los principios básicos que unen a la mayoría de las tradiciones mágicas, ya sea que sigan un enfoque ceremonial formal o un camino más intuitivo?

La necesidad de anunciar, invocar o evocar en voz alta los objetivos de la operación y lo que se requiere. La presencia de espíritus, dioses, etc., para responder a esas invocaciones.

Su trabajo sobre los grimorios clásicos ha aclarado el terreno sobre muchas prácticas antiguas. ¿Cómo podría alguien nuevo en la magia comenzar a explorar esta rica tradición sin sentirse abrumado?

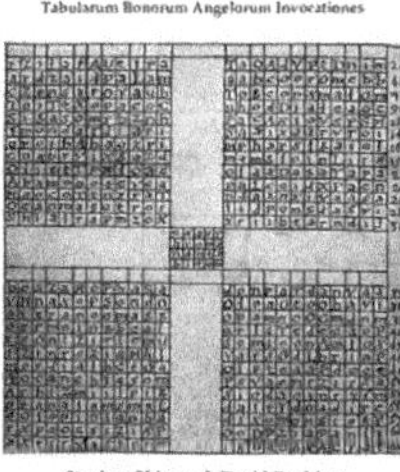

Quizás la adivinación con el Tarot, la Geomancia o el I Ching, antes de intentar la magia. Luego, haciendo una pedido sencillo y fácilmente verificable, para ver que funciona.

Para quienes comienzan, ¿cómo sugiere equilibrar el trabajo práctico de hechizos orientado a resultados con las prácticas de desarrollo espiritual personal?

Son dos cosas son bastante diferentes. El trabajo con hechizos se centra en resultados alcanzables, usualmente en el plano físico, mientras que el desarrollo espiritual personal está más aliado con el misticismo que con la magia.

Muchas tradiciones mágicas utilizan herramientas rituales como la varita, el cáliz y el cuchillo. Desde su perspectiva, ¿Qué importancia tiene el diseño específico o la consagración de estas herramientas para una práctica efectiva?

La fabricación de herramientas vincula la magia con el plano físico, donde desea ver cambios. El diseño en sí no es tan importante, siempre que refleje la intención o el resultado deseado. La consagración de esas herramientas es importante, ya que vincula los reinos mágicos con el plano físico.

La creación de un espacio sagrado es común a todas las prácticas espirituales. ¿Qué es, en su opinión, lo que hace que un espacio sea verdaderamente "sagrado" y cómo podría un principiante abordar este aspecto del ritual?

Un espacio sagrado es esencialmente un lugar puro, y la pureza es importante que las presencias espirituales se manifiesten.

Trabajar con espíritus puede ser desalentador para principiantes. ¿Qué prácticas fundamentales recomienda a los que desean explorar de manera segura la comunicación con espíritus?

Mantener los límites claros y funcionales, así como dibujar el círculo mágico limpiamente sin interrupciones.

Sahumar el espacio y consagrar la herramienta es fundamental, así como memorizar los conjuros y la poesía pertinente.

Las influencias planetarias son fundamentales para muchos sistemas mágicos. ¿Hay energías planetarias en particular que considere útiles para quienes recién comienzan la práctica?

Es importante entender las siete energías planetarias, ya que penetran en la mayor parte de la magia y se utilizan ampliamente en la asignación de tiempo y en la categorización de objetivos mágicos particulares.

Muchos practicantes modernos adaptan prácticas históricas para ajustarlas al estilo de vida contemporáneo. ¿Cómo aborda el equilibrio entre la autenticidad tradicional y la practicidad moderna?

Trato de hacer todo lo posible "según el libro" en vez de simplificar las cosas a mi conveniencia. Al invocar, sentir que todo el peso de la tradición es importante, así como el poder de las palabras que se pronuncian.

Algunos magos estudian el ascenso espiritual personal (teurgia), y otros resultados tangibles (taumaturgia). ¿Cómo aconsejaría a alguien nuevo en la magia a la hora de elegir qué camino enfatizar, si es que hay alguno?

Probar primero para obtener resultados tangibles. Solo así se verá claramente si el método que utilizado funciona. El ascenso espiritual no es tan fácil de medir y es fácil engañarse a sí mismo en cuanto al grado de ascenso propio.

En muchas tradiciones, los nombres divinos tienen un poder significativo. ¿Qué tan importante es para un principiante comprender el contexto histórico y cultural de los nombres que

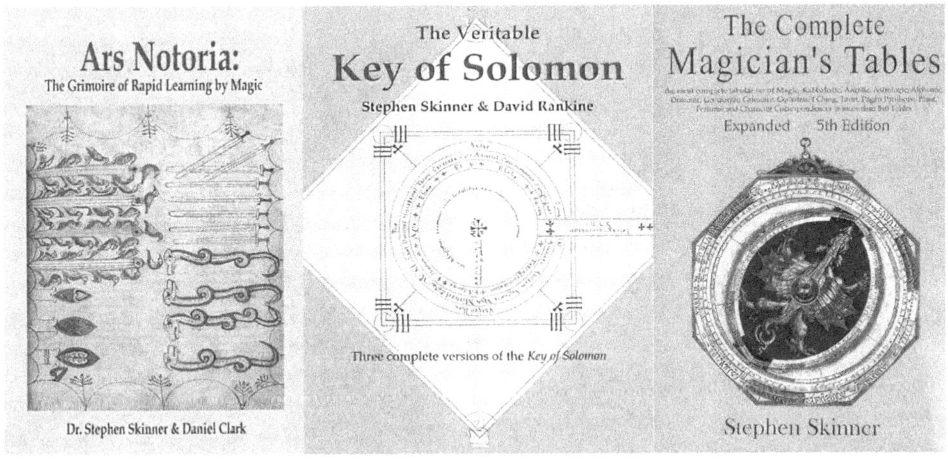

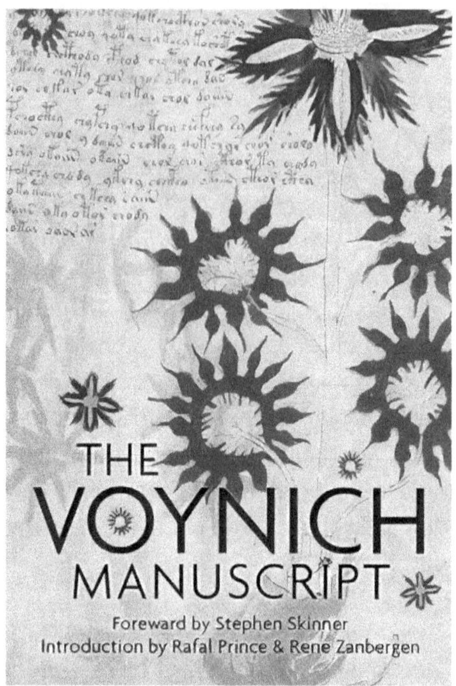

puede encontrar en los rituales?

Lo suficiente para entender su santidad y tratarlos con el respeto que merecen.

Ha sido testigo de cómo ha evolucionado la magia occidental a lo largo de los años. ¿Hay alguna tendencia o enfoque reciente que le parezca particularmente prometedor para los nuevos profesionales?

Debe evitarse la tendencia a la simplificación excesiva. La magia es seria y complicada, y debe ser tratada como tal.

Diferentes tradiciones abordan la ética mágica de diferentes maneras. Desde su perspectiva, ¿existe un marco ético común que los nuevos magos deberían considerar adoptar?

La ética del héroe, donde la honestidad y el apoyo a los demás es lo más importante.

El tiempo astrológico se enfatiza en muchos textos clásicos. ¿Qué tan crítico cree que es para los magos modernos observar las horas y alineaciones planetarias, especialmente al comenzar?

Esencial.

Con tantos libros, cursos en línea y foros disponibles hoy en día, ¿cómo puede alguien nuevo en la magia discernir las fuentes confiables de conocimiento de las menos confiables?

Solo se puede confiar en la experiencia, la tuya o la de alguien en quien confías.

De cara al futuro, ¿cómo visualiza el futuro de la práctica mágica? ¿Hay algún desarrollo que espera ver en la forma en que se enseña o practica la magia?

Espero que evolucione como una tecnología que establezca claramente métodos específicos demostrables para resultados específicos. Por supuesto, puede haber múltiples métodos, pero cada uno debe probarse y solo conservarse si se demuestra su eficacia con regularidad.

Morimos con los moribundos;

¿Lo ves?, ellos se van, y nosotros vamos con ellos.

Nacemos con los muertos:

¿Lo ves?, vuelven, y nos traen con ellos.

–T.S. ELLIOT 1888–1965
Extracto de *Little Gidding*

WILLIAM BUTLER YEATS

Poeta, dramaturgo, ocultista, Premio Nobel

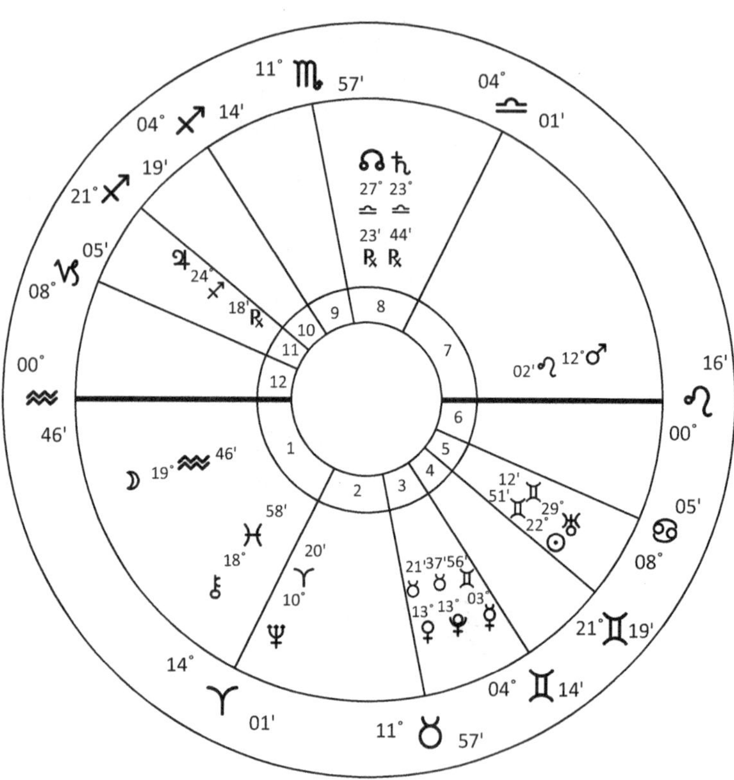

Cada año, *El Almanaque de las Brujas* presenta el horóscopo de una celebridad. Las elecciones exploran las vidas y los tiempos de personas intrigantes que han influido en el mundo de la espiritualidad, la brujería y el ocultismo. La selección de este año es el poeta, activista político, actor y místico irlandés William Butler Yeats. El Sr. Yeats era un Géminis nacido el 13 de junio de 1865 a las 10:40 am en Dublín, Irlanda. Ciertamente era fiel a su signo de nacimiento, los Gemelos. De doble cara y multifacética, los nacidos con el Sol en Géminis regido por Mercurio son de naturaleza voluble. Un Géminis a menudo parecerá ser más de una persona a la vez, capaz de vivir varias vidas simultáneamente. Géminis es el narrador del zodíaco. Este es el signo de nacimiento del maestro mago artífice de las palabras. A lo largo de su vida, William Butler Yeats persiguió diversos intereses. Estos incluían una fascinación por la magia y lo sobrenatural, la literatura, el teatro y la política. Su vida estaba tejida como un tapiz hilvanado de complejidades y paradojas.

Mirando el horóscopo natal de William Butler Yeats, una conjunción cercana Sol-Urano en Géminis es prominente. Este aspecto muestra originalidad, inconformismo y excentricidad. Su Mercurio también estaba en Géminis, indicando curiosidad y gran capacidad intelectual. Llevó lo que parece ser una vida verdaderamente encantadora. La Luna y el ascendente en Acuario. El Nodo Norte y Saturno están en Libra. Las ubicaciones de la Luna, el Sol y Saturno juntas forman un afortunado gran aspecto de trígono en los tres signos de aire. Esto sugiere libertad, facilidad, lujo y oportunidad. El Sr. Yeats nació en el seno de una familia protestante de clase alta y talento. Su padre, John Butler Yeats, dejó una carrera como abogado para convertirse en un aclamado artista. Esta elección por parte de John Yeats aportó una cualidad bohemia al ambiente familiar. La madre de Yeat, Susan Mary Pollexfen, provenía de una familia de comerciantes adinerados. Mientras vacacionaba de niña en la casa de su familia en Sligo, Ireland Yeats pudo correr libremente. Consideraba a Sligo, Irlanda, su hogar. En general, tuvo muchas ventajas durante sus años de formación. Creció viviendo con sus padres en Londres. Allí recibió una buena educación, estudió arte y conoció a muchas figuras clave en los círculos literarios y metafísicos del siglo XIX. Venus y Plutón están en conjunción en Tauro en su tercera casa. Mercurio también está en la casa 3. Esta agrupación planetaria describe su afinidad por las artes y excepcionales inclinaciones intelectuales. Estos dones se hicieron evidentes durante sus primeros años escolares.

Los intereses metafísicos también se desarrollaron temprano, como lo revela su Saturno en la casa 8. Saturno está exaltado por signo y estaba en conjunción con la estrella fija favorable Spica. Esta influencia positiva se ve reforzada por la proximidad de Saturno al Nodo Norte en Libra. Cuando era joven, Yeats se encontró con Helena Blavatsky y la Sociedad Teosófica en Londres. Fue inspirado para convertirse en teósofo. Esto lo llevó a abrazar el popular espiritismo del siglo XIX. Katharine Tynan, una escritora y erudita que participó activamente en círculos metafísicos, invitó al joven Yeats a una sesión de espiritismo. Esto despertó su interés de toda la vida en el mundo de lo paranormal y sobrenatural. El país de las hadas era un tema común en sus cuentos y poemas. La influencia de Acuario, así como la conjunción Sol-Urano, también muestra su interés y talento para la astrología. En marzo de 1890, el Sr. Yeats se unió a una escuela de misterios, la Orden Hermética de la Golden Dawn. Durante los siguientes 32 años permaneció activo en Amanecer Dorado, alcanzando un alto grado de

Retrato de Irlanda 20 libras punt

membresía.

La astrología, la adivinación, el tarot, los rituales y temas relacionados formaban parte de sus estudios. Su lema personal dentro de la Golden Dawn era "Daemon est Deus inversus", que se traduce como "El diablo es Dios invertido".

Yeats fue una figura clave en el renacimiento literario irlandés de finales del siglo XIX y principios del XX. Fue cofundador del famoso Abbey Theatre de Dublín, donde actuó y produjo obras de teatro. Su Marte en Leo muestra su talento teatral. Marte está en trígono con Júpiter en Sagitario y con Neptuno en Aries, formando un gran trígono en los signos de fuego. Este es el segundo gran trígono en su carta natal. Aunque el orbe es ancho, los dos grandes trígonos juntos en signos de aire y fuego crean un patrón de estrella de David especialmente auspicioso. La estrella de David indica el estatus de celebridad que Yeats alcanzó durante su vida. El Júpiter elevado es el planeta más cercano a su medio cielo. Esto demuestra sus conexiones internacionales. El Sr. Yeats disfrutó de muchos viajes por Europa y los Estados Unidos.

Yeats también se convirtió en un destacado activista político. Apoyó el movimiento separatista irlandés. Finalmente, se desempeñó como senador en el recién establecido Parlamento irlandés después de que Irlanda lograra la independencia de Inglaterra en 1923. Ese fue el mismo año en que Yeats ganó el Premio Pulitzer por su poema "Pascua, 1916", una obra política sobre el levantamiento del Domingo de Pascua contra el dominio inglés.

El verdadero amor llegó a Yeats a través de su participación en la política. Conoció a una mujer llamada Maude Gonne, una compañera activista. Maude Gonne era una mujer vibrante y excepcionalmente brillante, hermosa, según todos los indicios. Yeats cayó con fuerza. Fue su primer y más profundo amor. Sus afectos no fueron correspondidos. Su Venus natal y Plutón están exactamente en conjunción en el signo fijo de Tauro, cerca de la desfavorable estrella fija de Algol. Esta conjunción, profundamente apasionada, forma una cuadratura con el Marte de Yeats en su séptima casa, la del matrimonio. Se obsesionó con Maude Gonne y le propuso matrimonio al menos tres veces durante un período de varios años. Cuando ella lo rechazó por última vez, él centró su atención en la hija de Maude. Ella también lo rechazó. Finalmente, Yeats transfirió sus atenciones a Georgie Hyde-Lees, a quien conoció en 1917. Georgie provenía de un estilo de vida vagamente bohemio, similar a su propia educación. Yeats estaba intrigado por ella y admiraba su talento psíquico con su don para la escritura automática. Yeats tenía 52 años y Georgie 25 cuando le propuso matrimonio. El matrimonio fue un éxito sorprendente. Tuvieron dos hijos y permanecieron juntos hasta que Yeats falleció. Georgie nunca se volvió a casar. Vivió hasta el 23 de agosto de 1968, cuando falleció a la edad de 76 años.

Yeats fue fuertemente influenciado por lo místico y lo oculto, temas que reflejó en su poesía y prosa. Sus escritos a menudo exploran la relación entre el mundo físico y el reino espiritual. Se basa en fuentes como la mitología irlandesa, la teosofía y el espiritismo.

En este verso, considerado como uno de los mejores poemas cortos de Yeats, compara la conciencia del hombre de que va a morir con la falta de conciencia de la muerte de un animal:

Ni temor ni esperanza
acompañan al animal moribundo;
el hombre aguarda su fin,
temiendo y esperando a la vez;
muchas veces murió,
muchas veces se levantó de nuevo...

William Butler Yeats falleció el 28 de enero de 1939 en RoquebrunCap-Martin, Francia. Años más tarde, los restos fueron devueltos a su amada Sligo, Irlanda. Su carrera fue larga, desde finales de 1800 hasta su muerte, un período de aproximadamente medio siglo. Hay un museo Yeats en Sligo que exhibe una interesante colección de recuerdos en honor a este gigante literario. Las contribuciones que hizo al mundo de la poesía y el teatro se celebran cada año durante el festival Yeats, que tiene lugar cerca de su cumpleaños en junio. Es el campamento académico de verano más antiguo del mundo. El popular evento ha presentado programas y homenajes a Yeats durante más de 65 temporadas consecutivas. Se ofrecen lecturas de su poesía y cuentos. Durante todo el año, las instalaciones del Museo Yeats en Sligo para la lectura de poesía y los tés temáticos se pueden reservar con cita previa. Los interesados en asistir a estos eventos pueden ponerse en contacto con la Sociedad Yeats oficial de Sligo para obtener más detalles en http://www.yeatssociety.com

–DIKKI-JO MULLEN

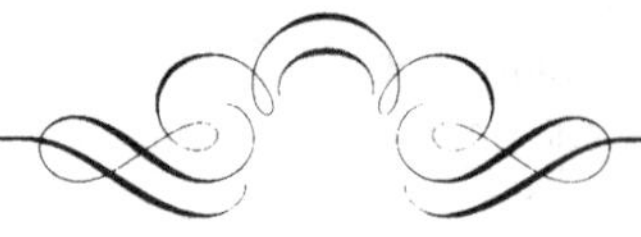

William Butler Yeats

Born June 13, 1865
10:40 pm LMT
In Dublin, Ireland

Data Table
Tropical Placidus Houses

Sol 22 Géminis 51—casa 5

Luna 19 Acuario 46—casa 1

Mercurio 3 Géminis 56—casa 3

Venus 13 Tauro 21—casa 3

Marte 12 Leo 02—casa

Júpiter 24 Sagitario 18—cassa 11 (retrógrado)

Saturno 23 Libra 44—casa 8 (retrógrado)

Urano 29 Géminis 12—casa 5

Neptuno 10 Aries 20—casa 2

Plutón 13 Tauro 37—casa 3

Quirón 18 Piscis 58—casa 1

Nodo Norte Lunar 27 Libra 23—casa 8

Ascendant (signo ascendente) 00 Acuario 46

Medio Cielo 4 Sagitario 14

¿Quién defenderá a las ranas?

Discurso del Jefe Seattle de 1854

EL MOVIMIENTO ecologista moderno empezó hace poco más de medio siglo, en 1970. Desde entonces, la preocupación ha crecido y el movimiento ha ganado fuerza. El punto clave es enfrentar el gran impacto que los humanos siguen teniendo sobre todos los aspectos de la vida en la Tierra, el único hogar de la humanidad. Pero mucho antes del primer Día de la Tierra, ya había quienes veían venir un conflicto con la naturaleza que debía resolverse para asegurar la supervivencia. Entre ellos estaba un nativo americano de una familia influyente de las tribus Duwamish y Squamish del Territorio de Washington, hoy Estado de Washington. El jefe Noah Seattle nació entre 1780 y 1786. Murió el 7 de junio de 1866. En 1854 el Jefe pronunció un discurso que, se dice, fue transcrito y traducido al inglés como una carta que fue enviada al presidente Franklin Pierce en Washington, DC. El discurso ha pasado a ser legendario.

A los seis años, el joven Sealth, cuyo nombre se cambió más tarde a Seattle, tuvo un encuentro que lo afectó por el resto de su vida. Estuvo presente en una reunión comercial con George Vancouver y miembros de la tribu. Fue entonces cuando reconoció por primera vez la necesidad de cooperar y hacerse amigo de los colonos blancos que estaban inundando la región. El joven Sealth se convirtió al cristianismo y fue bautizado como Noé. Años después, participó en una ceremonia de mayoría de edad que lo llevó a una búsqueda de visión. En ella, tuvo un despertar espiritual por parte de un ser espiritual: el Pájaro del Trueno. Se cree que las

ideas que expresó más tarde pudieron haber surgido en esa experiencia.La primera versión conocida del discurso fue escrita por el Dr. Henry A. Smith, colono y escritor aficionado que estuvo presente y tomó notas. Se dice que algunos mayores que vieron la transcripción confirmaron su autenticidad. La ocasión fue la llegada del gobernador Stevens, nombrado para dirigir lo que entonces era el Territorio de Washington.

El relato de Henry Smith sobre el discurso del jefe Seattle fue publicado el 29 de octubre de 1887 en *The Seattle Sunday Star*:

"Cuando el gobernador Stevens llegó por primera vez a Seattle y les dijo a los nativos que había sido nombrado comisionado de asuntos indios para el Territorio de Washington, le dieron una recepción demostrativa frente a la oficina del Dr. Maynard, cerca del paseo marítimo en Main Street. La bahía estaba repleta de canoas y la orilla estaba bordeada por una masa viviente de humanidad oscura que se balanceaba, se retorcía y se retorcía, hasta que la voz trompeta del viejo jefe Seattle resonó sobre la inmensa multitud como el sobresaltante repique de un bombo, cuando el silencio se volvió tan instantáneo y perfecto como el que sigue a un trueno desde un cielo despejado.

El gobernador fue presentado entonces a la multitud nativa por el doctor Maynard, y de inmediato comenzó en un estilo conversacional, sencillo y directo, una explicación de su misión entre ellos, que es demasiado bien entendida para requerir una recapitulación.

Cuando se sentó, el jefe Seattle se levantó con toda la dignidad de un senador que carga sobre sus hombros las responsabilidades de una gran nación. Colocando una mano sobre la cabeza del gobernador, y señalando lentamente hacia el cielo con el dedo índice de la otra, comenzó su memorable discurso en tono solemne e impresionante".

El Jefe hablaba en su lengua materna de semillas Lushoot, que luego fue traducida al idioma comercial de los indios Chinook, y finalmente al inglés. Es probable que se tomaran algunas libertades con la traducción. Los pasajes que aquí se presentan presentan la esencia de lo que fue el mensaje del Jefe al Gobernador y lo que podría haber sido enviado como una carta al Presidente Pierce. Las citas reflejan el profundo respeto del Jefe Seattle por la naturaleza y su creencia de vivir en armonía con el planeta. Continúan inspirando a las muchas personas de todo el mundo que apoyan el movimiento ambiental.

"Ese cielo que ha llorado lágrimas de compasión sobre nuestros padres durante siglos incalculables, y que, para nosotros, parece eterno, puede cambiar. Hoy es justo, mañana puede estar nublado. Mis palabras son como las estrellas que nunca se ponen. Lo que dice Seattle, el gran jefe, Washington… podemos confiar, con tanta certeza como nuestros hermanos de rostro pálido pueden confiar en el regreso de las estaciones…

…El hijo del Jefe Blanco dice que su

padre nos envía saludos de amistad y buena voluntad. Esto es amable, porque sabemos que él tiene poca necesidad de nuestra amistad a cambio, porque su gente es mucha. Son como la hierba que cubre las vastas praderas, mientras que mi pueblo es poco, y se asemejan a los árboles dispersos de una llanura azotada por la tormenta...

...El gran, y supongo que también bueno, jefe blanco nos envía un mensaje de que quiere comprar nuestras tierras, pero está dispuesto a permitirnos reservar lo suficiente para vivir cómodamente. Esto, en efecto, parece generoso, porque el hombre rojo ya no tiene derechos que necesite respetar, y la oferta puede ser sabia, también, porque ya no necesitamos un gran país...

...Hubo un tiempo en que nuestro pueblo cubría toda la tierra, como las olas de un mar agitado por el viento cubren su suelo pavimentado de conchas. Pero ese tiempo ha pasado hace mucho tiempo, con la grandeza de las tribus ahora casi olvidadas. No me lamentaré por nuestra prematura decadencia, ni reprocharé a mis hermanos de rostro pálido que la hayan acelerado, porque nosotros también podemos haber tenido algo de culpa...

...Cuando nuestros jóvenes se enojan por algún mal real o imaginario, y desfiguran sus rostros con pintura negra, sus corazones también se desfiguran y se vuelven negros, y entonces su crueldad es implacable y no conoce límites, y nuestros ancianos no pueden contenerlos...

...Pero esperemos que las hostilidades entre el hombre rojo y sus hermanos de rostro pálido no vuelvan jamás. Tendríamos todo que perder y nada que ganar...

...La Tierra no nos pertenece: nosotros pertenecemos a la Tierra. Si todas las bestias desaparecieran, los hombres morirían de una gran soledad del espíritu...

...La humanidad no ha tejido la red de la vida. No somos más que un hilo dentro de ella. Lo que sea que le hagamos a la web, nos lo hacemos a nosotros mismos. Todas las cosas están unidas. Todas las cosas se conectan. Si no somos dueños de la frescura del aire y el brillo del agua, ¿cómo puedes comprarlos? ¿Quién hablará por las ranas?...

...Sólo cuando el último árbol haya muerto, el último río haya sido envenenado y el último pez haya sido capturado, nos daremos cuenta de que no podemos comer dinero...

...No heredamos la tierra de nuestros antepasados; Lo tomamos prestado de nuestros hijos. Llévate solo recuerdos, no dejes nada más que huellas".

Princess Angeline (1820–1896,) the eldest of Chief's Seattle's eight children, became a respected member of the community. Angeline sold handmade baskets and did laundry. She is buried in Seattle's Lake View Cemetery and it is said that her coffin is shaped like a canoe. Angeline's grave is marked by a commemorative plaque. The Princess remains a well-known figure in the records of historic Seattle.

–LAURIE BELL

La Energía de los espacios sagrados

LA ENERGÍA PERSISTE. Al igual que las huellas (de dedos, narices o patas) de vidas pasadas, la energía de otros tiempos aún puede percibirse si usted está lo bastante en silencio para sentirla. Parte de esa energía es nueva y viva, o quizá enviada desde la distancia. El espacio puede estar en cualquier lugar: al aire libre, en un bosque, en una habitación, en un sótano oscuro, en cementerios... en cualquier lugar. Lo sabrá si lo siente, a veces de distintas formas: una sensación de frío en un área específica, hormigueo o piel de gallina, una impresión leve o intensa de consuelo, miedo, ansiedad, tristeza, dolor, protección o algo indefinible. A veces, un olor, un sonido, un sabor o incluso destellos de imágenes visuales si el área es lo bastante intensa. Déjà vu, sensaciones de revivir una escena o evento de la vida, o incluso una ansiedad claustrofóbica al salir a un espacio abierto, pueden ser el detonante que le haga darse cuenta de que el área en la que se encuentra es simplemente... diferente.

Algunas personas se sienten así en hospitales, funerales, lugares espeluznantes u otros espacios de alto estrés que pueden estar llenos de energías residuales, o bien por experiencias personales previas y el deseo de evitar repetirlas. La sensación puede deberse a ambas razones y, aunque es comprensible, puede valer la pena intentar percibir lo que hay allí, si le es posible. Probablemente todo el mundo, en algún momento de su vida, ha sentido algo similar: ya sea esa casa inquietante por la que solía pasar camino a la escuela, aquel árbol siniestro en la parte oscura del bosque, esa vieja fábrica de aspecto peligroso cerrada desde siempre o incluso durante tormentas eléctricas.

Cuando era pequeño, tengo recuerdos claros de varias casas antiguas de Nueva Inglaterra que sabía que estaban embrujadas. Me negué a entrar en la habitación delantera de la casa de al lado, especialmente durante las tormentas eléctricas. Más tarde descubrí que esta casa era parte de una granja que procesaba (mataba) animales, aunque no había nada que indicara que algo realmente ocurriera en esa área del salón delantero o en la sala de estar. Tal vez allí era donde el granjero de la familia se sentaba y consideraba los detalles del trabajo, y esta energía aún persistía más de cien años después y era percibida por mi yo más joven. Un cementerio viejo pero todavía en uso también se encontraba justo detrás de mi casa mientras crecía, y lo visitaba casi a diario. Era un lugar vasto y serpenteante, con muchos árboles, colinas y arroyos que fluían a través de él, y había algunas áreas que se sentían diferentes, y aún lo hacen. El sentimiento no era premonitorio ni triste, sino un poco inquietante y antiguo. También fue utilizado para la caza por los primeros nativos americanos, a lo largo del arroyo con un nombre muy antiguo y extenso: río Shumatuscaccant. Las energías combinadas siguen ahí.

Mis viajes me han llevado al suroeste, donde una de las primeras visiones que encontré fue la de un antiguo pueblo claramente visible, mientras visitaba las profundidades de los caminos menos transitados en el Valle de los Dioses, en Utah. Fue breve pero abrumador, ya que presencié un gran poblado ancestral de tipo nativo americano. La gente vestía telas blancas y ásperas y parecía mirarme directamente desde otro tiempo. A esto le siguió la presencia tranquilizadora de un anciano nativo americano que me abrazó y me dijo que todo terminaría bien. Fue increíblemente real, breve, completamente sobrio y bajo la vigilancia de un enorme pilar de un afloramiento rocoso.

Una sensación diferente de energías se percibió en el mismo viaje, esta vez en el Bosque de Secuoyas y Secuoyas Gigantes de California. La energía del bosque de secuoyas lo abarcaba todo, emanando de estos árboles milenarios, aún vivos. Las secuoyas transmitían una sensación reconfortante y primitiva, como si toda forma de vida fuera respetada y bienvenida allí. Es un lugar en el que me gustaría, algún día, ser enterrado sin pretensiones, para convertirme en parte de esa vida ancestral que irradiaba una inteligencia presente en todo el ecosistema. En contraste, la energía en la Secuoya Gigante resultó dura, pues los incendios han diezmado y dañado gravemente a estos colosos. La impresión fue de desconfianza, dolor y defensa. No me sentí bienvenido allí, y no fue algo sutil.

Una expedición para visitar antiguos sitios mayas en la península de Yucatán, México, trajo dos experiencias visuales más. La primera fue muy breve, apenas un destello, cuando caminaba por un área vacía detrás de una de las principales ruinas de Chichén Itzá. Vi con claridad una multitud de la antigüedad y lo que parecía un sacrificio a punto de ocurrir. La sensación era intensa, inquieta y premonitoria, como si algo estuviera por suceder y la energía reflejara esa anticipación. Un lugar muy distinto de la expedición fue un sitio poco conocido, bien conservado y con pocos visitantes. Estábamos en un patio rodeado de varias estructuras grandes, casi cubiertas por la selva, cuando vi fugazmente el resultado aterrador de una batalla, probablemente la última vez que el sitio estuvo habitado. El sentimiento era de gran tristeza, similar al de los campos de batalla de la Guerra Civil estadounidense, pero aquí incluía a toda la población y no solo a los soldados. Solo otra persona de nuestro grupo percibió algo; los demás estaban concentrados en una charla sobre el lugar, que no mencionaba batallas ni sucesos semejantes. Estas sensaciones de energía residual son intensas y permanecen con usted, como si esa fuera la razón de su permanencia: mensajes antiguos para las generaciones futuras.

Seis meses después de la expedición a México, visité Egipto en una gira similar. Para entonces, esperaba encontrar o sentir algo en las imponentes pirámides y templos, pero la energía antigua tenía otros planes. Ciertamente, en esos lugares se percibía una sensación de recuerdos remotos y misteriosos; sin embargo, la experiencia más intensa llegó en dos sitios inesperados: el río Nilo y un pequeño templo antiguo y apartado. Parte del viaje incluyó varios días de crucero por el Nilo para acceder a los múltiples enclaves situados a lo largo de su cauce.

El Nilo en sí irradiaba una energía absolutamente ancestral, pues durante varios días me envolvió una multitud

de sensaciones mientras permanecía en la proa del barco. El olor era antiguo, terroso, ahumado y algo sucio, pero cargado con las energías combinadas de incontables vidas. Nunca había sentido una conexión tan profunda con la Tierra y con el tiempo; experimenté visiones de vidas pasadas que fluían a través de mí. Creo que eran mías, y pertenecían a todos los ámbitos imaginables: capitán de barco, grumete, marinero, pasajera, madre empobrecida en la ciudad, en la orilla, prisionera… Sentí todo esto con gran claridad, solo, en la proa. El tiempo no era una barrera, sino algo fluido y transitable; es difícil describir cómo se sintió.

El segundo lugar donde percibí una energía muy intensa fue en el Templo de Sekhmet, la Diosa con cabeza de león. Su presencia estaba fuera de toda escala, y fue la única divinidad que sentí de forma tan viva durante todo el viaje. La impresión era la de una madre feroz pero protectora, eterna y verdaderamente divina. Esto ocurrió en un pequeño grupo de unas seis personas, completamente solas en el templo. Cada uno de nosotros tuvo la oportunidad de establecer una conexión breve pero personal con Ella, y en mi caso sentí reciprocidad y reconocimiento. Su energía era a la vez antigua y viva, distinta a todo lo que había experimentado antes o después, y totalmente inesperada. Curiosamente, este fue un desvío de último minuto, no una atracción principal, pero se convirtió en uno de los momentos más destacados de la expedición.

Comparto estas experiencias porque he comprendido que no es necesario viajar a lugares antiguos o lejanos para sentir la energía, ni esta existe solo en sitios famosos. Cualquier lugar donde pueda percibirse energía es un espacio sagrado, una conexión con otro punto en el tiempo o con una entidad todavía viva. El rincón reconfortante bajo un árbol en su jardín, donde se siente seguro, es un espacio sagrado. El sendero del bosque donde experimenta una conexión especial con algo es un espacio sagrado. La inquietante casa de la calle es un espacio sagrado. Su altar es un espacio sagrado, y usted puede crear el suyo propio para invitar a las energías a entrar. La energía está en todas partes, si sabe buscarla.

—CASTOR

Hans Christian Andersen

La Reina de las Nieves

Primera historia: que trata de un espejo y de las astillas

Look, now we are about to begin. When we have got to the end of the story, we shall know more than we do now, for it was an evil troll!—one of the very worst! It was the devil.

Mira, estamos a punto de empezar. Cuando lleguemos al final de la historia, sabremos más de lo que sabemos ahora, porque era un troll malvado, ¡uno de los peores! Era el diablo.

Un día estaba de muy buen humor, porque había hecho un espejo que tenía el poder de hacer que todo lo bueno y bello que se reflejaba en él se redujera a casi nada, pero todo lo que era inútil y feo se mostraba magnificado de una manera horrible.

Los paisajes más hermosos parecían espinacas hervidas, y las mejores personas parecían horribles, o estaban de cabeza sin cuerpos. Sus rostros estaban tan distorsionados que no debían ser reconocidos. Y si un solo buen pensamiento pasaba por la mente de un hombre, mostraba se miraba en el espejo de tal manera que el troll sonrió ante su ingenioso invento.

Todos los pequeños trolls que iban a su escuela de trolls —porque él tenía una escuela de trolls— le decían a todo el mundo que había ocurrido un milagro. Ahora podían, dijeron, ver por primera vez cómo se veían realmente el mundo y la humanidad. Corrieron de un lado a otro con el espejo, hasta que al final no hubo un país ni una persona que no se hubiera distorsionado en él.

Entonces quisieron volar hasta el mismo Cielo para burlarse de los

ángeles y del Creador. Cuanto más alto volaban, más resbaladizo se volvía el espejo. Apenas podían sostenerlo. Volaban más y más alto, cada vez más cerca del Cielo. Entonces el espejo tembló tan terriblemente con retorcimientos y burlas, que voló de sus manos y cayó a la tierra, donde se rompió en cientos de millones, miles de millones y más fragmentos.

Y ahora causaba más daño que antes. Algunos fragmentos eran pequeños como un grano de arena, y volaban por el ancho mundo. Y cuando entraban en los ojos de la gente, permanecían fijos, y esa gente lo veía todo pervertido o solo tenía ojos para lo malo.

Las astillas más pequeñas del vidrio tenían el mismo efecto. A algunas personas incluso les entró una esquirla del espejo en el corazón, y luego fue horrible: sus corazones se convirtieron en un trozo de hielo.

Algunos fragmentos eran tan grandes que se utilizaron como cristales de ventanas; otros como espectáculos. Pero lo más perverso de todo era un pequeño grano que entraba en los ojos o en el corazón de la gente. Y esto causó muchos males. El troll se rió hasta que le dolieron los costados, y los fragmentos de vidrio seguían volando por el aire.

Ahora escuchemos lo que sucedió.

Segunda historia: Un niño y una niña

En una gran ciudad donde hay tanta gente y tantas casas que no hay espacio suficiente para que todos tengan un pequeño jardín, y donde, por lo tanto, la mayoría de las personas se ven obligadas a contentarse con flores en macetas, vivían dos pobres niños que tenían un jardín algo más grande que una maceta.

No eran hermanos y hermanas, pero se amaban tanto como si lo fueran. Sus padres vivían en casas opuestas. Los dos niños solían jugar juntos. En el invierno, cuando las ventanas estaban congeladas, solían calentar centavos de cobre y colocarlos sobre los cristales congelados. Se veían bastante bien.

En verano podían salir y sentarse en sus sillitas bajo los rosales, que crecían maravillosamente en ambas ventanas. Habían aprendido a trepar por las ventanas de los demás, y muy a menudo se sentaban juntos a leer o jugar.

El niño se llamaba Kay; la niña se llamaba Gerda. En verano jugaban felices. Pero un día, Kay dijo: "¡Algo se me ha metido en el ojo! ¡Duele!" —y era una de las astillas del espejo malvado. ¡Pobre Kay!

Ahora todo lo que era bello y bueno le parecía feo e inútil. Ya no podía ver la belleza de las rosas, ni la bondad de

Gerda. Pronto, se volvió frío con ella, comenzó a jugar con otros niños y se burlaba de ella.

Un día, cuando caía nieve y caían grandes copos blancos, Kay llevó su pequeño trineo a la plaza del pueblo. De repente apareció un gran trineo blanco tirado por caballos blancos. En él estaba sentada una dama alta y hermosa, vestida de blanco: la Reina de las Nieves.

Ella asintió, y Kay enganchó su trineo a su trineo. Luego se alejaron, cada vez más rápido, fuera de la ciudad, hacia el gran mundo blanco. Los copos de nieve se hicieron más grandes y gruesos; Kay estaba asustado y trató de decir una oración, pero todo lo que podía recordar eran las tablas de multiplicar. Entonces la Reina de las Nieves le dio un beso en la frente, y él se olvidó de todo: de Gerda, de su abuela, de todo.

Tercera historia: El jardín de flores de la mujer que conjuraba

Por fin, en primavera, decidió ir a buscarlo. Partió con sus zapatos rojos por la orilla del río. Al no encontrarlo allí, se subió a un bote y flotó lejos, buscando a su amigo.

Llegó a una casita donde vivía una anciana. La mujer fue amable y le dio cerezas y le cepilló el cabello. Pero también era una hechicera y quería tener a Gerda con ella. Hizo desaparecer las rosas de su jardín, porque le recordaban a Gerda a Kay.

Pero un día, Gerda vio una rosa pintada en el sombrero de la mujer y de repente recordó su misión. Las rosas del jardín habían desaparecido, pero ella lloró tanto que el arbusto estalló a través del suelo, y las flores le dijeron: “No hemos visto a Kay”.

Así que Gerda continuó su viaje.

Cuarta historia: El príncipe y la princesa

Gerda vagó por todas partes, y finalmente llegó a un gran castillo. Le dijeron que allí vivía un joven príncipe que se parecía a Kay.

Entró en el castillo y el príncipe y la princesa la recibieron amablemente, pero él no era Kay.

Le dieron un carruaje de oro, ropas finas y provisiones. Una vez más se puso en marcha en busca de su amiga.

Quinta historia: La niña ladrona

Mientras viajaba por el bosque, los ladrones atacaron su carruaje. Una feroz niña ladrona quería quedarse con Gerda para ella. Pero cuando escuchó la historia de Gerda, se compadeció de ella.

La ladrona tenía un reno que vino de Laponia. Le dijo a Gerda que Kay había sido llevada al palacio de la Reina de las Nieves, muy al norte, en Spitsbergen.

Los renos accedieron a llevarla allí.

Sexta historia: La mujer lapona y la mujer finlandesa

El viaje fue largo y duro. Los renos llevaron a Gerda a una sabia mujer lapona, que escribió un mensaje para una mujer finlandesa. La mujer finlandesa lo leyó y le dijo al reno que Gerda no tenía poderes mágicos, solo un corazón puro y amoroso.

—No se le debe decir esto —dijo la finlandesa—, porque si un ser humano no puede obtener poder de sí mismo, nada puede ayudarlo.

Así que Gerda se dirigió al palacio de la Reina de las Nieves.

Séptima historia: Lo que sucedió en el palacio de la Reina de las Nieves y después

Las paredes del palacio eran de nieve acumulada, con ventanas de vientos cortantes. Kay estaba sentada en un gran salón, azul y casi negro de frío. La Reina de las Nieves lo había dejado allí para tratar de completar un rompecabezas hecho de fragmentos de hielo. Si pudiera formar la palabra "Eternidad", sería libre y dueño del mundo.

Pero no pudo.

Entonces entró Gerda. Corrió hacia Kay, llorando lágrimas calientes. Una de sus lágrimas cayó sobre su pecho y derritió el hielo alrededor de su corazón. Lloró, y la astilla de vidrio salió de su ojo.

Él la reconoció y se llenó de alegría. Bailaron, y los pedazos de hielo formaron la palabra "Eternidad" por sí mismos. El poder de la Reina de las Nieves se rompió.

Kay y Gerda regresaron a casa juntas, cogidas de la mano. Cuando llegaron al pueblo, vieron que todo estaba igual, pero ahora eran niños adultos, crecidos a través de la tristeza y la alegría.

Y las rosas del tejado volvieron a florecer.

Fin.

Los juicios de brujas de Mora, Suecia1670

El norte hechicero

Morada de brujas, prestidigitadores y demonios

PARA LOS PUEBLOS antiguos que habitaban las tierras de la cuenca mediterránea (Oriente Próximo, Europa meridional y África septentrional), las regiones del norte eran típicamente consideradas como el reino del caos y la desgracia. Se creía que estas regiones en gran parte inexploradas, escasamente pobladas, más oscuras y frías albergaban todas las formas de desastre y mal que podían desatarse en el mundo en oposición al orden divino o cósmico.

Los hebreos, como muchos otros pueblos antiguos, se orientaron en relación con la salida del Sol, donde se estableció que la derecha significaba el sur y la izquierda implicaba el norte. El concepto de dirección asumía otros aspectos además de la orientación espacial, donde la derecha simbolizaba la fuerza y la izquierda implicaba debilidad o incluso defecto. De manera similar, las religiones abrahámicas contienen muchas referencias a la "diestra de Dios" venciendo a los adversarios, o al ojo o mano derecha que se considera más valiosa que la izquierda.

La Esquina Inacabada del Mundo

Una versión temprana del mito hebreo de la creación cuenta cómo el rincón norte del mundo fue dejado sin terminar por Yahvé y se convirtió en la morada de demonios, vientos amargos, terremotos y todo tipo de maldad que buscaba esconderse de la luz. Schwartz describe esto en 2004:

> *Toda la Creación había sido completada, excepto la esquina norte del mundo. Allí, en ese rincón inacabado, habitan demonios, vientos, terremotos y espíritus malignos... Cuando el día de reposo se va, grandes bandas de espíritus malignos parten de allí y vagan por el mundo.*

Arquetipos del mal

To the early Israelites, the land of Para los primeros israelitas, la tierra de Canaán (antigua Siria), que se encontraba directamente al norte, era conocida como la fortaleza del dios guerrero Baal, a quien tomaron por enemigo de Yahvé. La montaña divina donde Baal celebró el concilio se encontraba al norte de Ugarit. Se llamaba Tsafón o Zefón y tanto la montaña como la deidad asumieron respectivamente el topónimo y el título de BaalZephon, o Maestro/Señor del Norte. En el árbol de las lenguas semíticas, *Tsaphon* o *Zephon* se define como "oculto" o "norte", mientras que la palabra hebrea arcaica smol implica izquierda. Este último término está relacionado con la palabra árabe *šimāl*, que significa mano izquierda o norte, y mal augurio. Uno de los epítetos de Baal era "Príncipe, Señor del Inframundo", que denotaba su conexión con el mundo de los espíritus y el reino de los muertos.

La creencia en el mal que se origina o proviene del norte estaba bien establecida durante los tiempos bíblicos. Las referencias aluden al profeta Isaías (14:12-13) que escribió sobre el caído Lucifer tomando una fortaleza en el norte y el temor de que un gran enemigo (Gog y Magog) fuera desatado desde las alturas del norte para causar una destrucción apocalíptica sobre el cristianismo, el judaísmo y el islam.

La representación de Gog y Magog como un enemigo "desde los confines del norte" en el cristianismo, el judaísmo y el islam puede concebirse como una referencia a las incursiones de los pueblos nómadas de las estepas euroasiáticas, que aparecieron en las fronteras del norte y se extendieron por Europa y el Cercano Oriente causando estragos y dejando destrucción a su paso. Junto con el miedo y la ignorancia de los vastos y todavía en gran parte desconocidos lugares más allá de la civilización conocida, estos relatos de oleadas nómadas de bárbaros —y en tiempos posteriores, plagas y otras desgracias calamitosas— se habrían interpretado como castigos piadosos contra la humanidad a través de manifestaciones del mal que se liberaban y se extendían por todo el mundo.

En Egipto, el dios cananeo Baal se confundió con el dios Set (la primera atestiguación es *Satesh*). Seth, a quien se hace referencia en el Libro egipcio de los Muertos como "Señor de los Cielos del Norte", estaba asociado con las estrellas circumpolares, específicamente con las *septentriones* (siete) estrellas de la Osa Mayor, la osa mayor. Se transformó en un Dios cada vez más malévolo del caos, la guerra, la oscuridad, las tormentas y las aguas turbulentas del mar, atributos opuestos a la luz y el orden. En su *Historia del Diablo* de 1899, Paul Carus caracterizó a Seth como una inversión de

El pueblo de Gog y Magog, pervertido por el mal
El Surgimiento de las Estrellas de la Suerte y las Fuentes de la Soberanía por Mehmed al-Su'ûdî, 1582

otros dioses egipcios:

Como enemigo de la vida, Set se identifica con toda destrucción. Él es el menguante de la luna, la disminución de las aguas del Nilo y la puesta del sol. Así, se le llamaba el ojo izquierdo o negro del Sol decreciente, que gobierna el año desde el Solsticio de Verano hasta el Solsticio de Invierno, que contrasta con el ojo derecho o brillante de Hor, el Sol creciente, que simboliza el crecimiento de la vida y la difusión de la luz desde el Solsticio de Invierno hasta el Solsticio de Verano.

Seth se identifica alternativamente en las obras de varios historiadores griegos y romanos antiguos, incluido Plutarco (46-120 d.C.), quien asoció a la deidad con Tifón, la entidad de la tormenta serpentina y padre de todos los monstruos, que simbolizaba el mal y la destrucción.

Septentrión: la morada de Satanás

Durante el Período Moderno Temprano en Europa, el Norte tenía fama de estar repleto de brujas y demonios que causa-

El asterismo circumpolar de siete estrellas Mesekhtui, asociado con la deidad egipcia Seth.

ban estragos con su hechicería y sus malvadas intenciones. En el apogeo de la caza de brujas durante los siglos XVI y XVII, impulsada por los disturbios civiles causados por las enfermedades y el cambio climático que provocaba la pérdida de cosechas, los relatos de los hechiceros y brujas del norte de Escandinavia y Escocia preocuparon al resto de la Europa cristianizada.

Una de las fuentes clave para los relatos de la hechicería y la brujería del norte provino de Olaus Magnus, un clérigo católico sueco desplazado a Italia durante la Reforma, que escribió un tratado muy influyente titulado Historia de Gentibus Septentrionalibus (*Historia de los pueblos del norte*) en 1555. Olaus informó que los «demonios eran tan numerosos en el lejano norte que incluso realizaban tareas serviles, como limpiar los establos», detallando relatos de sus habilidades con la invocación del viento, la adivinación y otros esfuerzos hechiceros:

En las regiones bajo las Siete Estrellas, es decir, el Norte, donde en un sentido bastante literal se encuentra la morada de Satanás, los demonios con escarnio inefable y en diversas formas expresan su aliento a la gente que vive en esas partes.

El filósofo y teórico francés Jean Bodin declaró de manera similar en *La Démonomanie des Sorciers* (1580) que el norte estaba intensamente poblado de brujas porque el poder del diablo estaba más concentrado en esa región.

Un paisaje infernal

Se creía que el paisaje frío, oscuro y estéril del norte era el dominio del inframundo. Durante la Edad Media, el volcán Monte Hekla en Islandia fue considerado la entrada al infierno y la morada de Satanás, un mito propagado por los monjes cistercianos después de la erupción del año 1100 d.C. Era en Hekla donde se pensaba que las brujas convergían en sus laderas, mientras que las almas condenadas eran arrojadas a sus ardientes profundidades. En el *Libro de las Maravillas* escrito en 1180, el capellán Herbert del monasterio de Claraval escribió que, si bien Sicilia se llamaba la chimenea del infierno, el monte Hekla la hacía parecer casi insignificante.

Los grandes engañadores

TLas habilidades de adivinación de los prestidigitadores finlandeses y *los noaidi* (trabajadores de la magia sami) fueron famosas durante siglos en toda Europa. Escritas durante los siglos XIII y XIV, las sagas islandesas hablaban de los hechiceros del norte que podían adivinar el futuro e imaginar los acontecimientos que ocurrían en partes distantes del mundo, mientras que los encuentros con los navegantes llevaban continuamente relatos imaginativos de su destreza con la magia del clima y el viento a los puertos de origen europeos.

En el siglo XVIII, los hechiceros indígenas del norte y los practicantes de artes mágicas habían desaparecido casi por completo a raíz de las persecuciones de la brujería y a través de la erradicación cultural, dejando a su paso nada más que charlatanes y embaucadores. Muchos practicantes habían pasado a la clandestinidad o habían absorbido sus creencias paganas y populares en la cultura cristianizada prevaleciente.

El papel del Diablo como el "Gran Engañador" influyó fuertemente en las opiniones europeas sobre el Norte y los pueblos que lo habitaban. En su Diccionario francés-inglés antiguo, Alan Hindley señala que en francés antiguo, el término arcaico *Norois* significaba "un nórdico, nórdico", y también "acción digna de un hombre del Norte, es decir, generalmente considerada como engañosa".

Las referencias del inglés antiguo consideraban a los pueblos del norte como *wœrlogan*, engañadores, aquellos que rompían juramentos o pactos basados en la religión, un término que llegó a aplicarse específicamente al diablo ya en el siglo XI. No eran raros los relatos de pueblos paganos convertidos a la fuerza que luego abandonaban su bautismo y sus pactos con la Iglesia. En regiones aisladas del norte, muchos regresaban a sus creencias originales tras la retirada de los misioneros cristianos, o seguían oponiéndose a la nueva religión después de la conversión forzada.

Se sabe que muchas creencias sobre el Norte como lugar de maldad y morada de Satanás, brujas, demonios y actos impíos persistieron en partes de Europa hasta el siglo XIX. Los registros históricos sobre la caza de brujas, la persecución de pueblos indígenas y sus creencias, junto con vestigios de mitos y folclore, se transmitieron por generaciones en las comunidades del norte y en los relatos espurios de sus opresores.

> *El ritual de la brujería es el ritual de un pueblo oprimido. La religión de los vencidos se ha convertido, muchas veces, en la magia de las sociedades surgidas a raíz de la conquista.*
>
> *–Georges Bataille, 1928*

–LOREN CRAWFORD

ESOPO

Ahora lo ves, ahora no lo ves

DEBO informar que estoy muy, muy decepcionada con la *Enciclopedia Británica.* Sí. Aunque suele ser confiable para iniciar una investigación, la entrada de Esopo *vacila.* No estoy en terreno firme aquí. Me entero de que Esopo, amado creador de fábulas maravillosas, es un "supuesto autor", una "figura legendaria". Todo lo que puedo establecer es que un esclavo está envuelto en sombras y que los cuentos comenzaron a circular a mediados del siglo VI a.C.

Recurro a otras fuentes y me encuentro con más confusión. El lugar de nacimiento de Esopo es un buen punto de partida. Ahora lo tengo: Tracia. No. Frigia. Espera un momento. Egipto. ¿Qué, Samos? ¿Quizás Atenas? ¿Tal vez Etiopía? Todos propuestos, todos discutidos. Una autoridad favorece a Etiopía, deduciendo que el nombre Esopo deriva de Etíope, el término griego para las personas de piel oscura. También señala que los animales africanos pueblan muchas de las fábulas, bestias desconocidas para los griegos. Suena razonable, pero parece estar aullando solo en un desierto histórico.

Lo que opera aquí, obviamente, son épocas tan pasadas que dejan a Esopo en una oscuridad similar a, por ejemplo, Homero, el rey Arturo o Merlín. Sentimos curiosidad por ellos y recogemos los huesos históricos que desenterramos. No podemos hacer menos por Esopo y ofrecer lo que encontramos donde el consenso parece convincente.

Mentores bestiales

La integridad, la belleza y la arrogancia cómica de la obra de Esopo es donde existe un sólido acuerdo. Es sinónimo de la forma de la fábula y de su objetivo oculto: mejorar la conducta humana. Sin ánimos de predicar o sermonear, las fábulas son pequeñas fantasías alegres escritas con la máxima economía, y su objetivo moral está oculto en un elenco de personajes animales. A veces aparecen personas reales, por lo general gente del campo: pastores, leñadores, cazadores, aunque de vez en cuando aparece un rey o un dios. Pero los habitantes de un zoológico literario repleto tienen bocas o picos listos para hablar descarado y generalmente son los favoritos. Sirven como símbolos icónicos del comportamiento humano

y también muestran los atributos de especies particulares. Una autoridad las describió como, "parodias intencionales de los asuntos humanos". Centenares de fábulas se atribuyen a Esopo, y aunque no fue la misma mano la que las creó todas, es el padre del género tal como la conocemos y el gran maestro fabulista. En el reino caprichoso de Esopo, los zorros son astutos; las hormigas, laboriosas; los lobos, crueles; las liebres, tímidas; los asnos, estúpidos. Un león es valiente, incluso con una espina en la pata.

La narración ajustada y brillante de la fábula fluye hacia la única conclusión posible, la moraleja. En "La montaña que parió un ratón", por ejemplo, la montaña gime y gime de parto, atrayendo a una multitud de espectadores. Finalmente, un ratoncito sale corriendo. La recompensa, "mucho ruido y pocas nueces", seguramente no es ajena a Shakespeare. Busco en vano "bien está lo que bien acaba", una moraleja que parece esópica. En las fábulas, a diferencia de la vida, los bribones sufren y los virtuosos prevalecen.

Realidad e historias turbias

Parece establecido que era un esclavo bajo dos amos. El segundo, Jadmon, liberó a Esopo en honor a su sabiduría, ingenio y el placer de su compañía. Al igual que

La bella Ródope enamorada de Esopo. Grabado de Francesco Bartolozzi basado en una pintura de Angélica Kauffmann.

Sócrates, Esopo era considerado feo y, a veces, incluso descrito como deforme, aunque nunca han surgido detalles sobre ninguna enfermedad en particular. En la Villa Albani de Roma existe una grotesca figura de mármol que se considera Esopo. Los atenienses debatieron su deformidad y encargaron una noble estatua en su honor al famoso escultor Lisipo. Como en la típica controversia legal de "mi palabra contra la suya", tenemos una confusión cortada en mármol: esta representa a Esopo, la otra también, ¿cuál le da crédito?

En la antigua república, los emancipados tenía permiso para desempeñar podrían participar en la vida pública. Esopo se dedicó a los asuntos cívicos y se elevó de su temprana vida servil a una posición de importancia. Al parecer, viajó mucho y finalmente se instaló en Sardes, en la corte del rey Creso, mecenas de artistas y filósofos. Aquí brilló en el discurso, manteniéndose firme en contiendas retóticas con Solón y otros sabios. El ex esclavo también servía al rey con encargos a las repúblicas griegas menores, su capacidad de persuasión a menudo se veía reforzada por la venta de fábulas. En Atenas, durante el reinado de Pisístrato, por ejemplo, Esopo relató "Las ranas que pedían un rey" para desalentar a la población descontenta de pedir nuevos gobernantes. En la fábula, las ranas molestaron tanto a Júpiter que les envió un nuevo monarca, una garza que "se alimentaba de las ranas día tras día hasta que no quedaba ninguna que croara en el lago".

Muerte por negligencia en Delfos

En su disfraz de embajador de Creso, Esopo encontró una muerte violenta en

El hombre Esopo por
Diego Rodríguez de Silva y Velázquez

Delfos. Eso es fáctico. Se le confió una delicada comisión: una gran suma de oro para su distribución. Esopo estaba tan horrorizado por la codicia que encontró, que se negó a desembolsar el dinero y lo envió de vuelta al rey. Los furiosos délficos, ignorando su sagrado estatus de embajador, le acusaron de impío. También surge una historia turbia sobre el sacrilegio con un cáliz de plata, tal vez la "impiedad", tan intrigante como inexplicada. Y hay otras versiones de su ofensa: según una, insultó a la gente del pueblo con sarcasmo. Según otro, malversó el oro que se le confió. Cualquiera que sea la historia, sabemos que Esopo fue sentenciado como un criminal común. Advirtió que una gran desgracia seguiría a su muerte injusta. Sin prestar atención, los enfurecidos delfos lo arrojaron por un acantilado. Poco después de la ejecución, se produjo una peste que el Oráculo de Apolo confirmó que era un castigo por el asesinato injusto de Esopo.

Moraleja: No creas todo lo que lees, incluso esto.

—BARBARA STACY

LA TORRE DEL TAROT

EL ARCANO NÚMERO DIECISÉIS muestra una torre cuyas almenas son alcanzadas por un rayo que las envuelve en llamas. Las primeras barajas representan cuerpos cayendo desde lo alto. Nuestra versión se basa en un diseño xilográfico de una hoja sin cortar de Tarots creados en la Venecia o Ferrara del siglo XV. En un poema sobre el Tarot escrito hacia 1550, la Torre se identifica como "la Casa del Diablo", por lo que el rayo podría simbolizar la derrota del Diablo, tal como se dramatiza en la antigua obra litúrgica medieval conocida como El Descenso a los Infiernos. Este "Descenso", cuyo significado literal es "saqueo", precede a la escena del "Juicio Final" en los ciclos dramáticos religiosos. Narra cómo Jesús, tras su crucifixión, desciende al Infierno para derribar sus puertas y liberar las almas de paganos virtuosos e inocentes no bautizados que habían sido relegados al Limbo, un lugar que los teólogos situaban dentro del dominio infernal y bajo el control del Diablo. Esta historia era ampliamente conocida y utilizada por poetas y dramaturgos medievales, y constituye una parte esencial del drama litúrgico cristiano. En las lecturas, la Torre simboliza la caída de la tiranía o de un tirano, quizá uno que tiene al consultante bajo su dominio, a menos, por supuesto, que el propio consultante sea el tirano (lo cual podría ser algo que convendría investigar con tacto).

Extraído de Dame Fortune's Wheel Tarot—A Pictorial Key *de Paul Huson,publicado por* The Witches' Almanac.

Alcyone

The Hen

ACADA AÑO, *El Almanaque de las Brujas* presenta una estrella fija diferente. Alcyone es la selección de este año. Las estrellas fijas centellean desde los vastos confines del espacio exterior. Están muy lejos de nuestro sistema solar, ubicados más allá de los planetas que se interpretan dentro del horóscopo familiar. Sin embargo, las estrellas fijas en realidad se mueven lentamente. Esto se debe a la precesión de los equinoccios. Las estrellas se desplazan apenas un grado zodiacal en un lapso de 72 años. Los científicos estiman que la edad de Alcyone es de unos 100 millones de años. Esta estrella está a unos 440 millones de años luz de distancia de nuestro Sol, pero es tan grande y brillante que su influencia es significativa y obvia.

El astrónomo y científico danés Tycho Brahe hizo importantes descubrimientos y observaciones en el desarrollo de la medición y fijación de las posiciones de varias estrellas significativas, y vivió desde el 14 de diciembre de 1546 hasta el 24 de octubre de 1601. Alrededor del año 130 a.C., Hipario de Nicea, un astrólogo y científico griego, mencionó estrellas influyentes. Más tarde, alrededor del año 140 d.C., Ptolomeo de Egipto amplió ese trabajo anterior.

Alcyone es la estrella más brillante de las Pléyades, una constelación bien conocida identificada con las siete hijas de Atlas y Pleione en la mitología. Alcyone era una princesa de Tesalia y esposa de Ceix, hijo de Venus, la estrella de la

mañana. En China, Alcyone es la sexta estrella de Mao Xiu, una constelación llamada "La Cabeza Peluda", ya que las Pléyades pueden parecer un círculo de luces que fluyen como cabello. Esta constelación ha inspirado muchos mitos; uno dice que las estrellas representan una bandada de gallinas. De ahí viene el nombre Alcyone, interpretado como La Gallina. Recientemente, Alcyone salió del signo de Tauro y pasó a 00 grados de Géminis, un cambio raro con gran peso astrológico. Urano transitará la cúspide Tauro-Géminis entre 2025 y 2026. Entrará en Géminis el 26 de abril de 2026 y permanecerá hasta agosto de 2032. La influencia de Alcyone será clara cuando Urano active los primeros grados de Géminis. Este tránsito ya ocurrió durante la Segunda Guerra Mundial, y los eventos de esa década marcaron el rumbo global desde entonces. Alcyone combina energías de la Luna y Marte. "La verdad es hija del tiempo". Lo que suceda en 2026 revelará detalles del impacto a largo plazo de este tránsito.

Las estrellas fijas tienen orbes muy pequeños. La mayoría de los astrólogos solo permiten uno o dos grados de conjunción exacta; otros aspectos no se consideran relevantes. Sin embargo, si el Sol, la Luna o un planeta se unen a una estrella fija, el efecto puede ser profundo. Una conjunción con una estrella fija en una carta natal puede influir en toda una vida. Al prever tendencias futuras, un planeta en conjunción con una estrella fija suele coincidir con eventos y experiencias significativas.

Los nacidos entre el 19 y el 22 de mayo de cualquier año tendrán a Alcyone en conjunción con el Sol, lo que puede señalar gran determinación, opiniones firmes y deseo de liderazgo.

Algunas claves para la Luna y los planetas cuando están dentro del orbe de conjunción con Alcyone, entre 29 grados de Tauro y 2 de Géminis.

En conjunción con la Luna, los desafíos son muchos. No procrastines, es importante mantenerse activo y cumplir con las obligaciones.

Mercurio en conjunción Analizar situaciones. Elabore estrategias para superar las decepciones, un niño tiene necesidades especiales.

La Pasión en conjunción con Venus es excepcionalmente fuerte. Es necesario tener cuidado y administrar cuidadosamente las finanzas.

En conjunción con Marte, atento a riesgos de accidentes o aceleraciones. Argumentos. Cuidado con el fuego.

En conjunción con Júpiter, los asuntos legales necesitan atención, sigue las reglas. Un pariente podría distanciarse.

En conjunción con Saturno, los problemas de salud deben abordarse con prontitud. Las enfermedades crónicas o tumores pueden necesitar tratamiento.

En conjunción con Urano, surgen problemas de fe y fidelidad. Evite las condiciones climáticas, ambientales o políticas peligrosas.

En conjunción con Neptuno, los honores militares se ganan, los amigos serviciales son de valor. Una sorpresa con respecto a la herencia o el parentesco puede torcer el destino.

En conjunción con Plutón, el secreto está presente, la búsqueda de la verdad es importante. Defender los más altos valores y ética para disfrutar del éxito y la paz.

La Luna Nueva sale con el Sol,
A mediodía muestra su mitad creciente,
Luego, Llena, sube en el ocaso,
Y su mitad menguante la medianoche consiente.

NEW	2027	FULL	NEW	2028	FULL
Ene 7		Ene 22			Ene 11
Feb 6		Feb 20	Ene 26		Feb 10
Mar 8		Mar 22	Feb 25		Mar 10
Abr 6		Abr 20	Mar 26		Abr 9
May 6		May 20	Abr 24		May 8
Jun 4		Jun 18	May 24		Jun 7
Jul 3		Jul18	Jun 22		Jul 6
Ago 2		Ago 17	Jul 21		Ago 5
Ago 31*		Sept 15	Ago 20		Sept 3
Sept 29		Oct 15	Sept 18		Oct 3
Oct 29		Nov 13	Oct 17		Nov 2
Nov 27		Dic 13	Nov 16		Dic 1
Dic 27			Dic 15		Dic 31**

*Una excepcional segunda Luna Nueva en un mismo mes se denomina "Luna Negra".
**Una excepcional segunda Luna Llena en un mismo mes se denomina "Luna Azul".

La vida cobra una dimensión adicional cuando sus actividades coinciden con los crecientes y menguantes de la Luna. Fíjese en la secuencia de las fases para adquirir la sabiduría del cambio constante con total certeza.

Las fechas corresponden a los horario del Este y de Verano

presagio

por Dikki-Jo Mullen

ARIES, 2026–PISCIS, 2027

TODO es igual, y sin embargo nada lo es. La vida cotidiana, las prioridades, las estaciones y los ciclos circadianos ilustran los ritmos que marcan las horas del día y la noche con repetición predecible, pero bajo esa superficie fermenta la sensación de que un nuevo destino se gesta.

Patrones astrológicos poco comunes ofrecen pistas sobre el año por venir. Plutón ha ingresado en Acuario, donde permanecerá hasta enero de 2044; se vislumbran impactos transformadores vinculados con la tecnología. La inteligencia artificial y la aviación—incluido el viaje espacial—asumen nuevo protagonismo, reflejo de este tránsito de Plutón.

En abril, Urano entrará en Géminis. La última vez que esto ocurrió fue durante la Segunda Guerra Mundial. Urano trae sorpresas, especialmente ligadas a la democracia. Géminis representa la dualidad; surgirán nuevas situaciones en torno a la comunicación, la educación y cambios de gobierno. Neptuno se unirá a Saturno en Aries; conceptos espirituales pueden reformularse.

Los segmentos espirituales del Presagio de este año presentan a las aves como guías espirituales de cada signo de nacimiento, revelados a través del Pancha Pakshi, un antiguo zodiaco proveniente de la literatura tamil de la India.

Este año habrá cuatro eclipses: en Leo, Piscis, Acuario y Virgo. Los eclipses suelen marcar eventos decisivos. El eclipse en Leo sugiere nuevos liderazgos entre potencias mundiales; el de Piscis podría estar relacionado con el agua, las lluvias o figuras religiosas. El de Acuario apunta hacia la tecnología y los derechos humanos. La salud y el bienestar están ilustrados por el eclipse en Virgo.

Descubra qué significan estos eventos para usted en Presagio. Comience con el pronóstico de su signo zodiacal habitual para comprender la dirección general de su año. Luego consulte el pronóstico de su signo lunar para conocer su orientación emocional y factores hereditarios. Su ascendente (signo de nacimiento) revela su entorno físico y la forma en que se relaciona exteriormente con los demás.

CLAVES ASTROLÓGICAS

Signos del Zodíaco

Canales de expresión

ARIES: fogoso, pionero, competitivo
TAURO: terrenal, estable, práctico
GÉMINIS: dual, vivaz, versátil
CÁNCER: protector, tradicional
LEO: dramático, extravagante, cálido
VIRGO: concienzudo, analítico
LIBRA: refinado, justo, sociable
ESCORPIO: intenso, reservado, ambicioso
SAGITARIO: amistoso, expansivo
CAPRICORNIO: precavido, materialista
ACUARIO: inquisitivo, imprevisible
PISCIS: receptivo, dependiente, fantasioso

Elementos

FUEGO: Aries, Leo, Sagitario
TIERRA: Tauro, Virgo, Capricornio
AIRE: Géminis, Libra, Acuario
AGUA: Cáncer, Escorpio, Piscis

Cualidades

CARDINALES	FIJOS	MUTABLES
Aries	Tauro	Géminis
Cáncer	Leo	Virgo
Libra	Escorpio	Sagitario
Capricornio	Acuario	Piscis

Los signos CARDINALES marcan el comienzo de cada nueva estación: activa.
Los signos FIJOS representan la estación en su apogeo: firmes.
Los signos MUTABLES anuncian un cambio de estación: variables.

Cuerpos celestes

La energía generadora del cosmos

Sol: signo de nacimiento, ego, identidad
Luna: emociones, recuerdos, personalidad
Mercurio: comunicación, intelecto, habilidades
Venus: el amor, los placeres, las bellas artes
Marte: energía, retos, deportes
Júpiter: expansión, religión, felicidad
Saturno: responsabilidad, madurez, realidades
Urano: originalidad, ciencia, progreso
Neptuno: sueños, ilusiones, inspiración
Plutón: renacimiento, renovación, recursos

Glosario de Aspectos

Conjunción: dos planetas dentro del mismo signo o separados menos de 10 grados, favorables o desfavorables según la naturaleza de los planetas.

Sextil: aspecto agradable y armonioso que se produce cuando dos planetas se encuentran a dos signos o a 60 grados de distancia.

Cuadratura (Cuartil): importante efecto negativo de tres planetas a tres signos o 90º de separación.

Trígono: planetas separados cuatro signos o 120 grados, que forman una influencia positiva y favorable.

Quincuncio (Inconjunción): los planetas se encuentran a 150 grados o a unos 5 signos de distancia. La mano del destino está actuando y pueden surgir desafíos únicos. A veces surge una situación kármica.

Oposición: separación de seis signos o 180º entre planetas que genera fuerzas positivas o negativas según los planetas implicados.

Las Casas — *Doce ámbitos de la vida*

1.ª casa: apariencia, imagen, identidad
2.ª casa: dinero, posesiones, herramientas
3.ª casa: comunicaciones, hermanos
4.ª casa: familia, domesticidad, seguridad
5.ª casa: romance, creatividad, niños
6.ª casa: rutina diaria, servicio, salud
7.ª casa: matrimonio, parejas, unión
8.ª casa: pasión, muerte, renacimiento, alma
9.ª casa: viajes, filosofía, educación
10.ª casa: fama, logros, maestría
11.ª casa: metas, amigos, grandes esperanzas
12.ª casa: sacrificio, soledad, intimidad

Eclipses

Elementos de sorpresa, patrones climáticos extraños, cambio y crecimiento están ligados a los eclipses. Quienes cumplan años dentro de los tres días siguientes a un eclipse pueden esperar algunos cambios en el statu quo. Este año habrá cinco eclipses—dos totales y tres parciales.

12 de agosto de 2026—Luna nueva—Eclipse total de sol en Leo, Nodo Sur

28 de agosto de 2026—Luna llena—eclipse parcial de luna en Piscis, Nodo Norte

6 de febrero de 2027—Luna nueva—eclipse parcial de sol en Acuario, Nodo Norte

20 de febrero de 2027—Luna llena—eclipse parcial de luna en Virgo, Nodo Sur

Un eclipse total es más influyente que uno parcial. Se cree que los eclipses en conjunción con el Nodo Norte de la Luna son más favorables que los que están en conjunción con el Nodo Sur.

Movimiento Planetario Retrógrado

Los retrógrados prometen un cambio de ritmo y diferentes caminos y perspectivas.

Mercurio retrógrado

Impacta en la tecnología, los viajes y la comunicación. Aquellos que han estado fuera de contacto regresan. Revisa, revisa y recorre caminos conocidos. Afectados: Géminis y Virgo

26 de febrero al 21 de marzo de 2026
en Piscis

30 de junio al 24 de julio de 2026
en Cáncer

25 de octubre al 14 de noviembre de 2026
en Escorpio

10 de febrero al 4 de marzo de 2027
en Piscis y Acuario

Venus retrógrado

Venus retrógrado influye en el arte, las finanzas y el amor. Afectados: Tauro y Libra

4 de octubre al 14 de noviembre de 2026
en Escorpio y Libra

Marte retrógrado

El ejército, el deporte y la industria pesada se ven afectados. Afectados: Aries y Escorpio.

11 de enero al 1 de abril de 2027
en Virgo y Leo

Júpiter retrógrado

Los animales grandes, la especulación, la educación y la religión se ven afectados. Afectados: Sagitario y Piscis

13 de diciembre de 2026 al 12 de abril de 2027 en Leo

Saturno retrógrado

Las personas mayores, los desfavorecidos, el empleo y los recursos naturales están vinculados a Saturno. Afectados: Capricornio y Acuario

27 de julio al 11 de diciembre de 2026
en Aries

Urano retrógrado

Los inventos, la ciencia, la electrónica, los revolucionarios y el clima extremo se relacionan con Urano retrógrado. Afectado: Acuario

11 de septiembre al 9 de febrero de 2027
en Géminis

Neptuno retrógrado

El agua, las criaturas acuáticas, los productos químicos, las fuerzas espirituales y los fenómenos psíquicos se ven afectados por este retrógrado. Afectado: Piscis

8 de julio al 13 de diciembre de 2026
en Aries

Plutón retrógrado

La ecología, el espionaje, las tasas de natalidad y mortalidad, la energía nuclear y los misterios se relacionan con Plutón retrógrado. Afectados: Escorpio y Aries

7 de mayo al 16 de octubre de 2026
en Acuario

ARIES

20 Marzo–19 Abril

Primavera 2026–Primavera 2027 para los nacidos bajo el signo del Carnero

Seguir adelante mientras forja un camino de vida nuevo y profundamente personal es algo que atrae a este signo cardinal de fuego regido por Marte. Aries, usted es el optimista valiente del Zodíaco. Su entusiasmo y generosidad de espíritu suelen inspirar y motivar a los demás.

Del 20 al 30 de marzo, Venus se unirá a su Sol, dándole encanto y carisma que atraerán admiración y apoyo. A inicios de abril, la influencia de Saturno aumentará su conciencia sobre las responsabilidades y su necesidad de estabilidad y seguridad. Del 10 de abril al 18 de mayo, Marte transitará por su signo natal, generando energía y un fuerte impulso competitivo. Logrará mucho si controla la ira y la impaciencia. En el Día de Mayo, enfóquese en la paz y el perdón. A finales de mayo, se favorecerán los planes de vacaciones en familia o mejoras en el hogar.

En junio, los asuntos financieros ocuparán sus pensamientos; cuide la administración y planificación de sus ingresos. La Luna Nueva del 14 de junio resaltará estos temas.

En el solsticio de verano, su niño interior aflorará. Incluya un juego o pasatiempo favorito en sus celebraciones para recibir la estación.

Julio resaltará ciclos repetitivos ligados a la vida familiar. Dedique tiempo a conocer su herencia. Un pariente con el que perdió contacto podría reaparecer. En Lammas, el 1 de agosto, su sector del amor y el ocio será iluminado por Júpiter y el Sol. El crecimiento o éxito de un ser querido le dará alegría. Un pasatiempo o entretenimiento favorito alegrará los días templados. El eclipse solar del 12 de agosto traerá revelaciones sobre proyectos creativos.

Del 1 al 10 de septiembre, una oposición en Venus fortalecerá sus relaciones. El trabajo en equipo y los esfuerzos grupales marcarán el ritmo hasta el equinoccio de otoño. La Luna Llena en Aries, el 26 de septiembre, promete reconocimiento y aprecio. El 28 de septiembre inicia una influencia favorable de Marte que durará hasta Halloween. En su celebración, encienda un fuego ritual con madera sagrada, como roble y pino. Un tema de guerrero cósmico podría inspirar su disfraz perfecto. Su energía y vitalidad se intensificarán en las coloridas semanas otoñales, y dará la bienvenida a un nuevo reto. Entre mediados de octubre y el 25 de noviembre, los negocios y el placer se unirán.

En diciembre, el Sol y Mercurio traerán influencias positivas. Viajar del 7 al 25 le dará nuevas y frescas perspectivas. Saturno y Neptuno cerrarán ciclos retrógrados en Aries ese mes, profundizando su conciencia sobre situaciones y vínculos ya superados. En el solsticio de invierno, su ánimo será mirar hacia el futuro sin el peso de viejos patrones.

Del 1 al 13 de enero de 2027 será un momento ideal para actualizar sus habilidades laborales. Considere lo actual e innovador en sus intereses y área de especialización. Desde la segunda quincena de enero hasta la Candelaria, el 2 de febrero, recibirá percepciones espirituales ligadas a las bellas artes y la poesía. Acepte invitaciones; asistir a un evento o reunión enriquecerá su vida. A inicios de febrero sentirá que recupera el tiempo perdido. El 9 de febrero, Urano completará su retrogradación en su tercera casa. Los problemas de transporte se resolverán a finales de febrero y marzo, iniciando un ciclo que mejorará la comunicación en todos los medios: electrónicos, correo, reuniones y conversaciones. Del 2 de febrero al 19 de marzo, Marte y Júpiter crearán un aspecto favorable en su sector de recreación y placer. Una afición podría cobrar más importancia al final del invierno, y la relación con alguien a quien ama y admira se profundizará.

SALUD
Del 26 de noviembre de 2026 al 21 de febrero de 2027, Marte hará un largo tránsito por su 6.ª casa de la salud, favoreciendo la superación de problemas pasados y la formación de buenos hábitos. El eclipse del 20 de febrero de 2027 será un momento para escuchar lo que su cuerpo le indica, pues podrían surgir cambios. Su organismo responderá bien al ejercicio regular. Aries puede ser propenso a la depresión, ya que su signo rige la cabeza y el cerebro. Evite personas negativas o repetitivas y ambientes incómodos o tediosos.

AMOR
El eclipse del 12 de agosto traerá cambios en el amor; una relación actual podría tomar un nuevo rumbo. Júpiter, el planeta más afortunado, iniciará el 2 de julio un tránsito de un año por su sector de romance. Las perspectivas amorosas serán brillantes y prometedoras desde inicios de julio y por el resto del año.

ESPIRITUALIDAD
2026 comienza un tránsito de 14 años de Neptuno a través de Aries. Está iniciando un ciclo importante que potenciará su crecimiento espiritual para toda la vida. En el zodíaco Pancha Pakshi, su ave espiritual es el colibrí. Este pequeño pájaro, rápido, enérgico, impaciente y territorial, se asocia con el planeta Marte, regente de Aries. En las culturas de montaña de los Andes, los colibríes están vinculados a la felicidad. Cuando busque una experiencia espiritual, recuerde esta leyenda sobre el colibrí: "Hace mucho tiempo, cuando el mundo era más joven, un demonio jugaba con el Sol y perdió. Enfurecido, provocó que un volcán entrara en erupción. Otras aves y animales quedaron paralizados de miedo y muchos perecieron. Sin embargo, un grupo de valientes colibríes voló en todas direcciones lejos de las llamas y pidió a las nubes que trajeran lluvias refrescantes. Los incendios fueron extinguidos. Desde entonces, los colibríes quedaron adornados con tonos rojos, amarillos, naranjas y otros hermosos colores".

FINANZAS
Cerca de su cumpleaños de este año, Venus iluminará su sector de las finanzas durante el período del 31 de marzo al 23 de abril. Busque oportunidades y estrategias financieras prometedoras en ese momento. Medite en la luna llena del 26 de octubre. Es probable que en ese momento se desarrollen ideas y orientación con respecto a sus finanzas.

TAURO

20 Abril–20 Mayo

Primavera 2026–Primavera 2027 para los nacidos bajo el signo del Toro

Simbolizado por El Toro, este signo de tierra fijo, regido por Venus, resalta estabilidad, comodidad y abundancia. La lealtad y la confiabilidad son pilares en su vida.

Al iniciar la primavera, un deseo de paz y privacidad le envolverá. Sentirá atracción por el trabajo voluntario, sobre todo si le permite impulsar obras de caridad. Del 1 al 23 de abril, Venus iluminará su signo natal: las finanzas y las perspectivas sociales serán favorables. Entre finales de abril y el Primero de Mayo, Urano saldrá de Tauro tras siete años de cambios intensos, trayendo orden y claridad para su cumpleaños. Los planes de viaje podrán discutirse y decidirse antes del 17 de mayo. Marte ingresará en Tauro desde finales de mayo hasta el 28 de junio, aportando entusiasmo y motivación para alcanzar metas y competir con éxito. El solsticio de verano le dará confianza y fortaleza. El 1 de julio, Júpiter iniciará un tránsito anual por su sector de hogar y patrimonio, inspirándole a mejorar su residencia y sanar dinámicas familiares conflictivas. En el 4 de julio, un fuerte sentimiento patriótico le invitará a planear un picnic o acudir a un desfile para celebrar la belleza y promesa de Estados Unidos.

De mediados de julio al 7 de agosto, Venus influirá en su quinta casa de creatividad y placer. Disfrute de la música, las artes visuales, los deportes y los juegos. Lammas, el 1 de agosto, será propicio para socializar con genuina camaradería. Del 10 al 25 de agosto, un familiar o asociado cercano querrá compartir inquietudes y alegrías; tómese tiempo para escuchar y responder. Del 1 al 30 de septiembre, se acentuarán sus objetivos de salud y forma física. Planear comidas sanas y un régimen de ejercicio beneficiará también a sus seres queridos. Entre el 21 y el 23 de septiembre, en el equinoccio de otoño, una mascota querida podría requerir atención extra. En octubre, su regente Venus estará retrógrado, afectando su sector de relaciones hasta el 14 de noviembre. Se favorecerá una colaboración estrecha, analizando patrones repetitivos y buscando equidad para resolver diferencias. Desde inicios de octubre hasta mediados de noviembre, convendrá cuidar el presupuesto y buscar el mejor precio en compras importantes. La Luna Llena en Tauro, el 16 de octubre, resaltará los detalles. Un aspecto de Mercurio en octubre y noviembre traerá controversia y debate; escuchar y ceder, en vez de mantener su obstinación habitual, le permitirá resolverlas para el 7 de diciembre.

La temporada de vacaciones de invierno estará marcada por una influencia favorable de Marte. Disfrute de deportes invernales y actividades al aire libre. Las decoraciones naturales, sobre todo plantas vivas, serán ideales para Yule. En el solsticio de invierno, elabore una corona o adornos con piñas y ramas fragantes, y coloque una vela de arándano o de cera de abeja en su altar o mesa. Del 26 de diciembre al 13 de enero, su perspectiva mental será optimista. La comunicación y los planes de viaje prosperarán gracias a un aspecto armonioso de Mercurio que aporta serenidad.

De finales de enero a inicios de febrero, un eclipse y un stellium de tránsitos, incluido Plutón, en su sector profesional podrían generar cambios laborales. Adáptese y vea la disrupción o nueva imagen profesional como una oportunidad para aprender y crecer. En la Candelaria, el 1 y 2 de febrero, bendiga velas doradas y blancas y añada una afirmación para el éxito. Febrero será un mes de puntos de inflexión; cerca del eclipse parcial del 20, un hijo u otro ser querido podría tomar una nueva dirección. En marzo, aspectos fuertes de Marte y Júpiter aconsejan decidir sobre entornos domésticos y laborales. La paciencia y la apertura a nuevas perspectivas devolverán la paz y la productividad al final del invierno.

SALUD

El 19 de junio de 2026, Quirón entrará en Tauro hasta julio de 2033, enfatizando el aprendizaje sobre el cuidado físico y emocional. Podría también interesarse en la sanación de otros o en el campo de la salud. Tauro tiene relación especial con oídos y garganta: evite ruidos fuertes y protéjalos en climas fríos.

AMOR

Abril es brillante con la promesa de una primavera de amor. Venus transitará entonces por Tauro. Venus retrógrado durante octubre-noviembre puede revivir la llama de un amor viejo o menguante. El eclipse del 20 de febrero de 2027 impacta en su sector del romance. Puede haber un cambio repentino de corazón o una nueva conexión amorosa en ese momento.

ESPIRITUALIDAD

La caridad, el servicio y el cuidado personal están a punto de convertirse en elementos esenciales de su camino espiritual a largo plazo, ya que Neptuno iniciará este año un prolongado tránsito por su casa 12. En el zodíaco de aves Pancha Pakshi de la India, el camachuelo es su guía espiritual. Esta pequeña ave, constante y decidida, se siente más segura cerca del suelo, construyendo nidos y buscando refugio en arbustos con bayas jugosas y sabrosas. Su comportamiento refleja la necesidad taurina de estabilidad, confort y buena cocina. El camachuelo, además, es célebre por su voz de canto suave y extraordinariamente dulce, un eco de la armonía interior que podrá cultivar en este ciclo.

FINANZAS

Durante los últimos siete años, sus finanzas han atravesado una auténtica montaña rusa debido a la influencia del impredecible Urano en su signo natal. Tauro mantiene un vínculo natural con el mundo monetario, de modo que las fluctuaciones le han impactado de forma notable. Ahora, un aspecto favorable de Júpiter, activo desde el equinoccio de primavera hasta finales de junio, traerá oportunidades sólidas para mejorar su prosperidad. En la Luna Nueva en Tauro, el 16 de mayo, escriba una lista clara de objetivos financieros, acompáñela con afirmaciones de prosperidad y, si es posible, cántelas para potenciar su intención y atraer resultados duraderos.

GÉMINIS

21 Mayo–20 Junio

Primavera 2026–Primavera 2027 para los nacidos bajo el signo de los Gemelos

Este signo de aire mutable, regido por Mercurio, se adapta con facilidad y disfruta la variedad. Las múltiples posibilidades y la capacidad de hacer varias cosas a la vez cautivan su naturaleza dual. Usted aprecia lo independiente. Géminis destaca por una imaginación viva que mantiene la vida en constante movimiento.

El equinoccio de primavera llega cuando Mercurio concluye su retrogradación. Una sensación profunda de alivio y liberación le envuelve; el ánimo será optimista al iniciar la nueva temporada. Del 22 de marzo al 9 de abril, un fuerte aspecto de Marte despertará en usted un espíritu competitivo. Su gran motivación favorecerá el logro de éxito, excelencia y superación personal. Las últimas tres semanas de abril traerán invitaciones; un grupo u organización podría adquirir más relevancia en su vida, tal vez vinculado a causas comunitarias, humanísticas o caritativas. El 24 de abril, Venus ingresará en Géminis hasta el 18 de mayo. Mayo aportará mejoras notables en finanzas y relaciones. El Primero de Mayo, prepare un altar con flores frescas para honrar el amor verdadero y duradero. Del 19 de mayo al 1 de junio, Mercurio estará en conjunción con su Sol; aproveche oportunidades de viaje y procure fomentar una comunicación significativa. En junio, Júpiter concluirá su paso por su casa 2, asociada a ingresos y posesiones. Podrá concretar una compra muy esperada y el panorama financiero se mostrará prometedor. Incluya una afirmación de prosperidad al celebrar el solsticio de verano, el 21 de junio.

En julio, Marte transitará por Géminis y resaltará su lado más asertivo. Podría asumir un rol de liderazgo cerca de Lammastide, el 1 de agosto. Si surgen diferencias con otros, concéntrese en soluciones constructivas en vez de ceder a la ira. Ofrezca hospitalidad en una reunión de temporada sirviendo pan y fruta. De finales de agosto a septiembre, varios tránsitos por signos de aire suavizarán tensiones y desafíos, aliviados aún más con el equinoccio de otoño. Las ideas creativas que usted comparta le ganarán admiración y apoyo. Un pasatiempo o deporte favorito añadirá placer a los días de finales de verano y comienzos de otoño. En octubre, Mercurio y Venus estarán retrógrados en su sector financiero. Observe patrones repetitivos en su presupuesto para mejorar sus finanzas y sea prudente antes de firmar contratos o compromisos. Un déjà vu le ayudará a decidir con acierto cerca de All Hallows. Un tema nostálgico o un disfraz histórico será ideal para Halloween.

Desde el 14 de noviembre se activará una energía más dinámica. La Luna Llena del 24 revelará detalles y su atención se dirigirá al futuro, quizá con planes y compras para las celebraciones de invierno. De mediados de noviembre al 4 de diciembre, su carisma le abrirá oportunidades; negocios y placer se combinarán con éxito. El solsticio de invierno podría traer asuntos importantes en la dinámica familiar o el hogar. Con Marte en su 4.ª casa, un pariente podría requerir apoyo extra o surgir un problema de reparación y mantenimiento. Incluya una bendición o afirmación para la armonía doméstica al celebrar las noches más largas el 21 de diciembre.

En enero, recibirá sugerencias y planes de otros; una oposición en Venus indica que serán positivos y buscarán su bienestar. Escuche con atención y mantenga apertura. A inicios de febrero, los viajes de negocios serán productivos; encienda una vela azul en la Candelaria para asegurar un trayecto seguro. El eclipse del 6 de febrero abrirá horizontes y perspectivas más amplias. El resto del mes inspirará reflexión, y los recuerdos afectuosos de seres queridos fallecidos le traerán consuelo. En marzo, Marte y Júpiter influirán en su 3.ª casa, ayudando a resolver problemas de transporte. En los últimos días del invierno, la comunicación, sobre todo con un vecino o hermano, mejorará, brindándole respuestas y valiosa comprensión.

SALUD

El 26 de abril, Urano comenzará un tránsito de siete años en su primera casa. Una atención médica innovadora y cambios en los hábitos personales pueden influir a largo plazo en su bienestar. Su signo natal suele ser propenso a alergias estacionales, enfermedades relacionadas con el estrés y problemas respiratorios. El cuidado de manos y brazos también es importante. Cuando Urano complete su retrogradación el 9 de febrero de 2027, usted podrá abordar con éxito los problemas de salud. El final del invierno marcará un ciclo prometedor de renovadas fuerzas y bienestar.

AMOR

Del 24 de abril al 18 de mayo, del 7 de agosto a septiembre y en la última quincena de noviembre, habrá buenas posibilidades de atraer felicidad en el amor. La estimulación mental y una comunicación agradable serán factores clave para cultivar el amor verdadero. Sobre todo, Géminis debe evitar el aburrimiento en sus relaciones cercanas.

ESPIRITUALIDAD

La presencia de Neptuno en su casa 11 este año indica crecimiento espiritual mediante la meditación y otras actividades afines junto a un círculo de amistades con intereses similares. La Luna Llena del 26 de septiembre será un momento propicio para el despertar espiritual y nuevas percepciones. En el zodíaco de las aves Pancha Pakshi, el pájaro carpintero, travieso y curioso, se asocia con Géminis. Esta relación se remonta a la época romana: fue el pájaro carpintero quien ayudó a Rómulo y Remo, los gemelos, guiando a la loba que los rescató a buscar alimento.

FINANZAS

Desde el equinoccio de primavera hasta el 30 de junio, el afortunado y benévolo Júpiter transitará por su 2.ª casa del dinero y la propiedad. Busque oportunidades financieras que le permitan establecer prosperidad a largo plazo.

CÁNCER

21 Junio–22 Julio

Primavera 2026–Primavera 2027 para los nacidos bajo el signo del Cangrejo

El cangrejo, protegido en su caparazón, siempre está vinculado a su hogar. Mantener ese refugio de seguridad y pertenencia define a quienes nacen bajo este signo de agua cardinal regido por la Luna. Amable, hospitalario y cuidador por naturaleza, es probable que usted encuentre en las relaciones familiares cercanas el núcleo de su vida. Los cancerianos son generosos, sensibles y sentimentales. Aprecian los recuerdos y objetos que preservan vivencias y honran su herencia.

En primavera, el benévolo Júpiter bendecirá su signo. Se abrirá un amplio abanico de actividades y posibilidades. Del 20 de marzo al 8 de abril, un aspecto favorable de Marte le dará confianza e iniciativa: podrá lograr mucho. De mediados a finales de abril, sus pensamientos se orientarán a viajes de negocios y nuevos avances profesionales. En el Primero de Mayo, reflexione sobre cómo aliviar las preocupaciones de quienes lo necesitan. Del 17 al 31 de mayo, ideas y conversaciones girarán en torno a negocios y gestión de recursos. Del 1 al 13 de junio, Venus iluminará su 1.ª casa: todo lo artístico y bello le cautivará. Asista al teatro, visite una galería o explore manualidades creativas. Mercurio influirá desde poco antes del solsticio de verano hasta el 9 de agosto; los viajes, sobre todo por o cerca del agua, realzarán su cumpleaños. Como Mercurio estará retrógrado en su signo la mayor parte de julio, estará en ánimo de rememorar. Una visita a personas o lugares ligados a su pasado puede brindarle gran placer. En Lammas, prepare un álbum o libro de recortes para guardar valiosos recuerdos del verano y su cumpleaños. Aprecie todo lo que ha alcanzado.

En agosto, un agitado patrón de signos cardinales traerá una agenda intensa. Priorice y tómese el tiempo para no sentirse abrumado. Saturno retrógrado hará cuadratura con su Sol, y un objetivo ambicioso podría tentarle. En septiembre, Marte en conjunción con su Sol aumentará su motivación, y los desafíos resultarán estimulantes. Los deportes y otras actividades competitivas podrían atraerle cerca del equinoccio de otoño. Celebre la estación apreciando la naturaleza y disfrutando los frutos de su esfuerzo. Después del 27 de septiembre, le será más fácil liberar ira y estrés. El 4 de octubre, Venus se volverá retrógrado en su sector de romance y placer; un ser querido necesitará su comprensión, amabilidad y apoyo. Celebre Halloween con dulces y decoraciones sencillas, cómodas y tradicionales. ¿Podría reciclar un disfraz de antaño?

Durante octubre y la primera quincena de noviembre, revise su presupuesto y busque el mejor precio en compras costosas. Del 15 al 30 de noviembre, Venus resaltará su sector de hogar y familia; sentirá orgullo y alegría por los logros de un ser querido. Decorar su vivienda y organizar una reunión navideña será especialmente satisfactorio. En diciembre, Saturno y Neptuno completarán ciclos retrógrados en su sector profesional, concluyendo proyectos a largo plazo con buenos resultados antes del solsticio de invierno. Exprese gratitud en las noches más largas. El 23 de diciembre, medite bajo la Luna Llena en Cáncer: las emociones y percepciones que despierte podrían revelar un guía espiritual benévolo. Acójalo, y permanecerá con usted hasta fin de mes.

Del 1 al 7 de enero, un aspecto favorable de Venus le invitará a aceptar invitaciones y cultivar la compañía de alguien importante para usted. Las relaciones de todo tipo se verán favorecidas. A mediados de enero, Marte se volverá retrógrado en su casa 3; mantenga la diplomacia en toda comunicación el resto del mes. Ante una conversación o correo electrónico molesto, suavice su respuesta con un toque de humor y una sugerencia constructiva. Atienda también asuntos de transporte en enero. En la Candelaria, el 2 de febrero, dedique velas de altar en tonos azules para favorecer la comprensión y asegurar viajes seguros. Del 3 al 18 de febrero, podrían invitarle a participar en un proyecto de voluntariado; aproveche para ganarse afecto y realizar una buena acción. Del 19 de febrero al 4 de marzo, Plutón y Mercurio influirán en su casa 8 de los misterios: podría haber un enigma que resolver y hechos importantes que descubrir. En los últimos días del invierno, esté atento a las tendencias económicas, pues podrían surgir oportunidades de negocio que valga la pena explorar. El tiempo será clave.

SALUD

Un sistema digestivo sensible suele ser origen de sus problemas de salud. Consuma alimentos sanos en varias comidas pequeñas durante el día y evite comer cuando esté molesto o estresado. Desde el equinoccio de primavera hasta el 30 de junio, Júpiter, sanador del zodíaco, transitará por su signo natal, favoreciendo la curación y el cumplimiento de sus metas de bienestar.

AMOR

Venus destacará sus sectores de amor y romance del 11 de septiembre al 25 de octubre y nuevamente del 5 de diciembre al 7 de enero. Las conexiones amorosas conmovedoras pueden desarrollarse en esos momentos. La Luna Llena del Primero de Mayo también favorecerá el amor. Planifique una noche acogedora en su casa que incluya una comida casera o un día romántico en la playa cerca del 1 de mayo.

ESPIRITUALIDAD

El 28 de agosto, el eclipse lunar despertará su potencial espiritual. En el zodíaco de las aves Pancha Pakshi, el Cisne es su mensajero. Esta elegante ave se siente a gusto en el Agua, su elemento. Sus plumas forman una media luna, aludiendo a las fases lunares. La historia del patito feo, cría poco agraciada que se convierte en un hermoso cisne, refleja el exigente camino que los cancerianos recorren hacia el despertar espiritual.

FINANZAS

Un trabajo desde casa o un negocio basado en su hogar o propiedad familiar puede ser muy lucrativo. Este año, un ciclo financiero prometedor comenzará el 1 de julio y se extenderá hasta finales del invierno.

LEO

23 Julio–22 Agosto

Primavera 2026–Primavera 2027 para los nacidos bajo el signo del León

Digno, seguro de sí mismo y regido por el Sol, este signo fijo de Fuego está simbolizado por el León magnánimo. La calidad y la generosidad son sus rasgos más característicos. Usted es creativo y concibe el escenario de su vida como un viaje que se afronta con un toque teatral.

Desde el equinoccio de primavera hasta comienzos de abril, las conversaciones y prioridades girarán en torno a reunir información sobre gestión financiera. Del 10 de abril al 18 de mayo, Marte aspectará favorablemente su Sol; el entusiasmo y la motivación estarán en alto, y podrá lograr mucho. En el Primero de Mayo, medite y visualice una meta preciada. Desde finales de mayo hasta el solsticio de verano, se destacará su 11.* casa: los amigos serán fuente de aliento e inspiración, y los objetivos a largo plazo, un tema central. En los días más largos, invoque la luz del Sol para guiar sus pasos y fortalecer conexiones. Júpiter entrará en Leo a principios de julio; su carisma brillará en las semanas previas a su cumpleaños. El verano traerá oportunidades profesionales y vínculos sociales valiosos. Su horizonte se ampliará en julio y agosto. En Lammas, reflexione sobre posibilidades y perspectivas. El eclipse solar total del 12 de agosto mostrará cómo evoluciona su camino; mantenga flexibilidad. A mediados de agosto, Mercurio pasará velozmente por Leo, aportando ideas útiles para decidir bien.

En septiembre, la vida familiar y los acontecimientos de su barrio atraerán su atención. Conforme se acerque el equinoccio de otoño, el foco estará en conversaciones y reuniones para planificar mejoras necesarias. Un compromiso podrá suavizar una situación tensa. El 28 de septiembre, Marte entrará en Leo, marcando el ritmo hasta el 25 de noviembre y despertando un espíritu competitivo. Sea considerado y mantenga el sentido del humor para lograr una tregua si algo se intensifica cerca de Halloween. Diseñe un disfraz inspirado en una figura mitológica favorita, resaltando el color naranja. Una deidad solar o un felino divino, como una esfinge o un gato, serían buenas opciones. Venus y Mercurio cerrarán ciclos retrógrados el 14 de noviembre; después, las relaciones fluirán con mayor facilidad. A inicios de diciembre, un antiguo adversario podría convertirse en aliado. Del 7 al 25 de diciembre, un tránsito favorable de Mercurio fomentará buena sintonía mental con los jóvenes; los logros de un niño serán motivo de orgullo. Cerca del solsticio de invierno, se favorecerá planificar viajes y visitas festivas. Comparta un brindis de sidra caliente con personas afines en las noches más largas. Organice una reunión junto a un fuego ardiente para hacer memorables las celebraciones invernales.

De finales de diciembre a mediados de enero, preste especial atención a su salud. Reúna información sobre estado físico y bienestar, elija alimentos sanos y mantenga buenos hábitos. La Luna Llena en Leo, el 22 de enero, traerá un cambio de enfoque, inspirando ideas sobre sus prioridades y los objetivos que valdrá la pena perseguir en el año. En la Candelaria, el 2 de febrero, dedique una vela de plata o de oro para iluminar el camino que tiene por delante.

Para el 4 de febrero comenzará un tránsito de Venus que despertará un fuerte deseo de fomentar la camaradería, la buena voluntad y un ambiente optimista en su lugar de trabajo. Concéntrese en hacer que la rutina diaria sea más amena y satisfactoria. Esta influencia de Venus también sugiere vínculos más profundos con un querido compañero animal. Su corazón podría llenarse de calidez a mediados de febrero al conectar con una nueva mascota o fortalecer la relación con una que ya tenga. Durante marzo, Marte estará retrógrado en Leo, lo que favorecerá mantener la paz con cualquier persona difícil. Una vieja decepción podrá verse desde otra perspectiva a medida que el invierno dé paso a la primavera. Los últimos días de la estación prometen abundante crecimiento personal y claridad interior.

SALUD

Es probable que la espalda y la columna vertebral, así como la importancia de conservar una postura adecuada, estén en el centro de cualquier cuestión de salud. Una práctica de yoga o estiramientos regulares enfocados en estas áreas puede beneficiar notablemente su bienestar general. A partir del 1 de julio y durante el resto del año, Júpiter, sanador y mayor benéfico entre los planetas, transitará por Leo. Todo este período favorecerá una salud más sólida, tanto en el cuerpo como en la mente y el espíritu.

AMOR

Este año, Plutón continuará su largo e intenso tránsito por su sector de relaciones. Contactos de vidas pasadas y otros factores kármicos podrán transformar profundamente sus vínculos amorosos. Como Leo, siempre querrá contar con una pareja de la que sentirse orgulloso. Entre el 14 de junio y el 9 de julio, y nuevamente del 8 de enero al 4 de febrero, es probable que surjan situaciones favorables para el amor verdadero. El eclipse del 6 de febrero de 2027 podría marcar una elección importante en una relación significativa.

ESPIRITUALIDAD

El impacto de Neptuno en su casa 9 este año favorecerá el crecimiento espiritual mediante la asistencia a clases de metafísica, grupos de debate y círculos de meditación. En el zodíaco del pájaro Pancha Pakshi, su mensajero espiritual es el águila, grande y majestuosa. El protector del rey en el antiguo Egipto estaba asociado a esta noble ave, y los aztecas también la vinculaban al reino celestial. Al volar alto, la poderosa águila transmite confianza y superioridad.

FINANZAS

Del 10 de julio al 6 de agosto, Venus hará un tránsito favorable por su sector financiero. Aproveche las oportunidades de ingresos que surjan entonces. El 20 de febrero de 2027, un eclipse parcial de Luna afectará su sector de ingresos y finanzas. Sea flexible con sus planes en ese periodo, pues podrían producirse cambios en su fuente de ingresos que exijan ajustar el statu quo.

VIRGO

23 agosto–22 Septiembre

Primavera 2026–Primavera 2027 para los nacidos bajo el signo de la Virgen

Lo virginiano favorece la búsqueda de perfección y pureza. Su meta es eliminar la confusión y el desorden, organizarse y mantener entornos de vida y trabajo sanos. Este signo mutable de Tierra, regido por Mercurio, es útil y confiable. Su inteligencia despierta asombro y le gana respeto.

En el equinoccio de primavera, Mercurio, su regente, completará un ciclo retrógrado. El inicio de la nueva estación traerá renovado sentido de dirección y propósito. Mercurio y Marte se opondrán a su Sol en la primera parte de abril; comprométase a preservar buenas relaciones laborales y personales. Un ánimo competitivo estará presente. Del 8 al 23 de abril, Venus aportará una influencia agradable; programe viajes para celebrar las vacaciones de primavera. Para el Primero de Mayo, las aspiraciones profesionales ocuparán sus pensamientos; dedique un ritual, meditación o afirmaciones para abrir nuevos horizontes laborales. Del 1 al 18 de mayo, los mensajes del más allá y los recuerdos felices de seres queridos fallecidos le darán paz y cierre. Es buen momento para adornar una tumba conmemorativa o crear un legado.

A finales de mayo y junio, Júpiter completará un largo tránsito por su sector de esperanzas, deseos y conexiones sociales a largo plazo. "Vaya por ello", en referencia a un sueño secreto que ha estado alimentando; este año, podría hacerse realidad. El 10 de julio, Venus entrará en su signo natal. Este tránsito optimista, que durará hasta el 6 de agosto, favorecerá el florecimiento de una nueva relación prometedora y la mejora de su situación financiera. En Lammas, elija el amor o el dinero como tema para el ritual de la cosecha temprana. Durante el resto de agosto, otros esperarán mucho de usted; tómese su tiempo para no sentirse abrumado. Los esfuerzos extra que realice impulsarán su posición ante contactos comerciales y profesionales.

Del 26 de agosto al 10 de septiembre, Mercurio transitará rápidamente por su 1.ª casa; viajar será muy productivo y la comunicación estará favorecida. Dialogue sobre preocupaciones y escuche con atención: surgirán respuestas útiles. El eclipse del 28 de agosto marcará un momento de revelación. Urano se volverá retrógrado el 11 de septiembre en su sector de reconocimiento público y éxito, y esta tendencia se prolongará hasta inicios de febrero. El statu quo cambiará; espere lo inesperado de sus colegas y manténgase abierto a nuevas corrientes que influyan en su carrera. En el equinoccio de otoño, dedique ritos a fomentar la prosperidad. Los colores y fragancias otoñales llevarán cualidades curativas y atraerán la espiritualidad.

A finales de septiembre, Marte se unirá a Júpiter en su casa 12. Hasta finales de noviembre, sentirá la necesidad de tiempo de calma y reflexión en soledad. Hallará consuelo en labores de caridad, quizá ayudando a personas sin hogar o con hambre. En Halloween, decore y ofrezca golosinas para llevar sonrisas a los más pequeños o a los desfavorecidos. El 14 de noviembre, Mercurio y Venus completarán ciclos retrógrados.

Durante el resto de noviembre, podrá liberar viejos remordimientos. Terminará una obligación y un trauma del pasado se disipará. En diciembre, comenzará un fuerte tránsito de Marte por Virgo que aumentará su motivación y entusiasmo. Este ciclo vibrante se extenderá hasta finales de febrero de 2027.

Los retos y las aventuras le atraerán durante toda la temporada de vacaciones de invierno. Considere asistir a un evento festivo nuevo con amistades. Viaje para explorar y disfrutar la belleza natural del paisaje invernal. Del 26 de diciembre al 12 de enero, Mercurio influirá en su sector de aficiones y ocio; su destreza en la comunicación será notable y el momento, propicio para decidir. El 11 de enero, Marte se pondrá retrógrado en Virgo hasta el final del invierno. Evite mostrar enojo y busque salidas positivas para liberar tensión; un programa de ejercicios suaves o manualidades serían buenas opciones. En la Candelaria, el 2 de febrero, encienda velas rosa pálido dedicadas al amor y al perdón. Del 5 de febrero al 1 de marzo, Venus aspectará su Sol, aportando un matiz lúdico e infantil a todas sus conexiones sociales.

Una amistad podría transformarse en romance cerca del Día de San Valentín. A mediados de febrero, negocios y placer se combinarán con éxito. En los últimos días del invierno y las tres primeras semanas de marzo, Mercurio, Venus y Plutón estarán en su sexta casa, lo que permitirá avanzar en la solución de problemas de salud, en especial si están ligados al estrés. Del 1 al 20 de marzo, se resaltarán las conexiones con animales de compañía; podría dar la bienvenida a una nueva mascota, quizá un gatito, un conejo o un ave.

SALUD

Plutón transitará por su sector de salud y formará un quincuncio con su Sol. Factores hereditarios y ambientales pueden influir en su bienestar. Investigue para hallar la causa de cualquier problema médico desconocido. El eclipse del 6 de febrero de 2027 podría ponerle en contacto con un plan de tratamiento.

AMOR

Compartir preocupaciones e intereses mutuos fortalecerá sus lazos afectivos. Actividades como jardinería o cocinar juntos serán positivas. El eclipse lunar del 28 de agosto de 2026 afectará su sector de relaciones cercanas; una unión podría tomar un nuevo rumbo entonces. Julio y febrero traerán influencias favorables de Venus, la diosa celestial del amor.

ESPIRITUALIDAD

Entornos de gran belleza natural, como bosques y jardines, favorecerán su desarrollo espiritual. En el zodíaco de las aves Pancha Pakshi, la paloma es su mensajera espiritual. Símbolo de serenidad y sencillez, representa la pureza del Espíritu Santo. Se vincula con la diosa Afrodita y Santa Columba, cuyo nombre significa “paloma”.

FINANZAS

En años recientes, un aspecto difícil de Saturno pudo traerle retos económicos, pero esa tendencia termina. Las tres primeras semanas de agosto serán especialmente provechosas.

LIBRA

23 Septiembre–23 Octubre

Primavera 2026–Primavera 2027 para los nacidos bajo el signo de la Balanza

El equilibrio, la justicia y el arte son valores de Libra. Mantener la armonía y la equidad son sus prioridades. Usted es un diplomático nato. Sin embargo, procure no perder de vista sus propios objetivos al complacer a los demás y aliviar sus situaciones. Este signo de aire cardinal, regido por Venus, se siente atraído por lo bello. El aprecio y quizá el talento artístico pueden ocupar un lugar destacado en su vida.

Venus se opondrá a su Sol en el equinoccio de primavera, generando interacciones complejas y controversia. Esta tendencia durará hasta el 30 de marzo, cuando se restablecerá la calma. Desde mediados de abril hasta el 2 de mayo, la fuerte influencia de Mercurio le traerá ideas y sugerencias valiosas de otros. Dedique los ritos del Primero de Mayo a fomentar conexiones comerciales y personales. En mayo, un aspecto intenso de Marte traerá una situación competitiva inquietante; supérela inspirándose en los demás. Del 1 al 13 de junio, Venus se unirá a Júpiter en su sector profesional; colegas buscarán su experiencia para proyectos. Para el solsticio de verano, sus esfuerzos generarán ganancias y satisfacción. El 21 de junio, haga descender el Sol con una meditación e invocación para honrar a los más brillantes y destacados.

A inicios de julio, los tránsitos de signos cardinales serán fuertes y el ritmo, frenético. Podría sentirse impaciente. Atienda las inquietudes de inmediato; los retrasos aumentarán el estrés o la frustración. Para Lammas, el 1 de agosto, se restaurará su equilibrio y perspectiva. Cree un altar con frutas y flores de temporada para la cosecha temprana, en agradecimiento por la generosidad que la vida le brinda. En agosto, sus días estarán ocupados y hallará satisfacción al cultivar un sentido más profundo de comunidad.

Venus se deslizará por su casa 1 entre mediados de agosto y el 9 de septiembre. Ganará aprobación y aceptación de los demás, y los cumplidos llegarán con frecuencia. Cerca del equinoccio de otoño, la influencia de Mercurio resaltará oportunidades de viaje. Acepte y envíe invitaciones del 10 al 30 de septiembre. En octubre, los aspectos favorables de Marte y Júpiter a su Sol le traerán ayuda y consejos de un amigo o vecino. Dedique tiempo y esfuerzo a una causa benéfica cercana a su cumpleaños. En Halloween, disfrute de poemas e historias de temporada. Elija un traje tradicional y cómodo. En la primera quincena de noviembre, Venus estará retrógrado en su sector financiero; presupueste con cuidado y compare precios para reducir gastos. Desde el 14 de noviembre, comenzará un ciclo más próspero.

Cumplirá obligaciones financieras antes del 4 de diciembre. A mediados de mes, Saturno completará su retrogradación en su sector de asociaciones.

Alguien cercano superará un problema de salud u otra dificultad. Confíe en sus instintos: su visión sobre una persona vulnerable será especialmente certera después del 13 de diciembre. Para el solsticio de invierno, la esperanza y el optimismo se renovarán respecto al bienestar de un ser querido. El 21 de diciembre, honre en silencio las noches más largas con un descanso reparador.

La Luna Nueva del 7 de enero promete mejorar la dinámica familiar. Al iniciar enero, redecorar su hogar o buscar nueva residencia será prioridad. Para la Candelaria, el 2 de febrero, surgirán nuevos objetivos de salud. El eclipse del 20 de febrero favorecerá cambios saludables en su alimentación. Reserve más tiempo para descansar el resto del mes. El 2 de marzo, Venus cambiará de signo y formará un trígono favorable a su Sol, activo todo el mes. Su vitalidad mejorará. Disfrute de pasatiempos, juegos y otras actividades recreativas al llegar el fin del invierno.

SALUD

Saturno y Neptuno se opondrán a su Sol durante todo el año. Evite el contacto cercano con personas enfermas. Factores ambientales también pueden afectar su salud. Riñones y zona lumbar tienden a ser vulnerables; beba abundante agua dulce. Tenga cuidado de no lesionarse la espalda baja al realizar ejercicio intenso u otras actividades físicas.

AMOR

Plutón está realizando un largo tránsito por su sector de amor y romance. Una atracción de vidas pasadas podría añadir una nueva e intensa, aunque inquietante, dimensión a su vida amorosa. El eclipse del 26 de febrero revelará detalles sobre la dirección futura de una relación íntima. Los momentos favorables para el amor incluyen del 24 de abril al 18 de mayo, del 14 de noviembre al 3 de diciembre y todo marzo de 2027.

ESPIRITUALIDAD

El místico Neptuno, un importante indicador de espiritualidad, cruzará la cúspide de su sector de asociaciones este año. Los contactos y vínculos con personas de inclinaciones espirituales prometen experiencias profundas. En el zodíaco de aves Pancha Pakshi de la India, el cóndor es el signo de Libra. Marca su camino hacia el crecimiento espiritual. El cóndor, el miembro más grande de la familia de los buitres, se desliza sin esfuerzo sobre las corrientes de viento durante largas distancias. Esto refleja la necesidad de Libra de evitar las luchas y buscar la facilidad. Como carroñero, limpia los restos, embellece el paisaje y restaura el equilibrio natural. Se aparean de por vida, reflejando el apoyo romántico de Libra a los compromisos.

FINANZAS

Octubre será un momento ideal para estudiar tendencias financieras. Luego, recopile datos para anticipar sucesos que puedan afectar sus planes monetarios. El eclipse del 28 de agosto impactará su sector de herencias, inversiones y liquidaciones. Los eventos cercanos a esa fecha podrían definir su seguridad a largo plazo. Tome decisiones conservadoras y de bajo riesgo este año. La paciencia rendirá frutos duraderos.

ESCORPIO

24 Octubre–21 Noviembre

Primavera 2026–Primavera 2025 para los nacidos bajo el signo de Escorpión

Siempre en busca de profundidad e intensidad, el Escorpión permanece inescrutable y reservado. Los grandes misterios de la vida y la muerte interesan a este apasionado signo fijo de Agua. Regido por Plutón, la transformación y la renovación pueden ser temas clave en su vida. Su enfoque es dinámico e ingenioso, con perspicacia y talento intuitivo.

En el equinoccio de primavera, Marte y Mercurio estarán favorablemente situados en su sector de romance y creatividad. Añada un matiz artístico a sus prácticas espirituales al dar la bienvenida a la nueva estación. Un viaje ligado al arte o a un evento deportivo a inicios de abril podría llevar al romance e inspiración. Del 15 al 30 de abril habrá una agenda apretada y presión inusual; dedique tiempo al cuidado personal y refuerce hábitos saludables. Medite en la Luna Llena en Escorpio el Primero de Mayo; es probable que surja profunda inspiración y sueños proféticos. La primera mitad de mayo podría traer cambios repentinos en su entorno familiar. Adáptese. Sus asociados apoyarán nuevas prioridades en su rutina laboral y de servicio.

Del 1 al 13 de junio Venus se mueve en tándem con Júpiter en tu casa 9. Expandir tus horizontes se convertirá en una prioridad. Disfrute de artículos importados o viajes educativos. Para el solsticio de verano, el 21 de junio, habrás superado algunas actividades familiares. Su curiosidad se despierta cuando comienza julio. Las noticias mundiales, así como las anécdotas e ideas compartidas por un vecino o compañero de trabajo, pueden animarte a hacer una investigación y un análisis. Por Lammas el 1 de agosto, se resuelve un misterio. Del 1 al 11 de agosto Después de que se fortalezcan las conexiones de la vida, prepare un altar de temporada para honrar los frutos de sus experiencias personales. El eclipse del 12 de agosto trae un mensaje reconfortante de una entidad espiritual con respecto a una ambición acariciada. Durante la última quincena de agosto a septiembre, un aspecto optimista de Marte genera un renovado entusiasmo y motivación. En el equinoccio de otoño, el 22 de septiembre, su confianza impresiona a un colega influyente. Disfruta de la calidez de las buenas críticas y la notoriedad positiva que te acompaña hasta el final del mes.

Del 1 al 25 de octubre, Venus le influirá. Comprar artículos que ha deseado y asistir a eventos agradables puede estar en su agenda cerca de su cumpleaños. La Luna Llena del 26 de octubre atraerá invitaciones. Una relación florecerá y ganará importancia en su vida. El networking abrirá puertas. Accesorios brillantes añadidos a una túnica ritual cómoda serían una buena opción para su disfraz de Halloween. Del 1 al 24 de noviembre, Marte y Júpiter en cuadratura con el Sol generarán ambición y competitividad. Sus aspiraciones crecerán y un nuevo negocio o proyecto comunitario podrá impulsarle.

En diciembre, Neptuno y Saturno completarán ciclos retrógrados que impactarán su salud. La fe y la intuición le guiarán hacia opciones acertadas de bienestar. Un problema de salud podrá resolverse cerca del 12 de diciembre. Para el solsticio de invierno, el 21 de diciembre, abundarán las fiestas, tarjetas, decoraciones y otras delicias. Exprese gratitud por amistades de siempre y nuevas. En enero, Marte influirá en su casa 11; la participación social podría requerir más esfuerzo del esperado. Quizá sienta el impulso de apartarse de una organización. La Luna Nueva del 7 de enero revelará detalles de esta tendencia.

Desde finales del mes de enero hasta la Candelaria, el 2 de febrero, se fortalecerán los lazos con animales de compañía. Adoptar un gato, perro u otra mascota especial podría traer alegrías a su vida. De mediados de febrero al 1 de marzo, una influencia de Venus atraerá aprobación y aliento. Sus sugerencias, quizá en una reunión, serán bien recibidas. El 3 de marzo, Venus se unirá a Plutón en su sector de hogar y patrimonio. En las últimas semanas del invierno, la vida doméstica y los arreglos de vivienda mejorarán. Un malentendido con un pariente podrá resolverse. Hojee álbumes o reorganice objetos para calmar emociones y disipar arrepentimientos.

SALUD

Su regente, Plutón, formará aspectos importantes en su sector de residencia y herencia. Pueden surgir problemas de salud por tendencias hereditarias. Esté atento a peligros potenciales en su hogar o vecindario, que podrán corregirse cerca de la Luna Llena que tiene lugar el 29 de julio. Usted recuperará esa vitalidad en el otoño.

AMOR

Su signo natal suele sentir una conexión de vidas pasadas en el amor. Someterse a una regresión hipnótica o a una sesión de meditación para explorar esto puede ayudarle a comprender sus sentimientos y así tomar decisiones más acertadas. Venus realiza dos largos tránsitos por su signo: del 11 de septiembre al 25 de octubre y nuevamente del 5 de diciembre al 7 de enero. Son momentos prometedores para cultivar la felicidad romántica.

ESPIRITUALIDAD

Neptuno, indicador de espiritualidad, estará en quincuncio con su Sol todo el año. Esto sugiere que el despertar espiritual podrá verse influido por sincronicidades y el destino. En el zodíaco de aves Pancha Pakshi, los córvidos —cuervos, grajillas, urracas y mirlos— son sus mensajeros espirituales. Al estilo de Escorpio, son misteriosos e inquietantes cambiaformas. Astutas y suspicaces, estas aves se consideran capaces de hablar y de acumular en secreto objetos que les atraen.

FINANZAS

Júpiter de la suerte favorecerá su signo desde el equinoccio de primavera hasta el 30 de junio, con oportunidades financieras prometedoras. Planee un ritual de prosperidad en el solsticio de verano para atraer buena fortuna. El 26 de abril, Urano cambiará de signo, aliviando cargas financieras causadas por otros en años recientes.

SAGITARIO

22 Noviembre–20 Diciembre

Primavera 2026–Primavera 2027 para los nacidos bajo el signo del Arquero

Este signo mutable de fuego regido por Júpiter está simbolizado por el Arquero que siempre apunta alto a objetivos distantes y desafiantes. Su búsqueda de la libertad completa se aborda con optimismo y buen humor. Optimista y entretenido, impresionas y atraes a los demás con tu calidez y confianza. El Arquero es en realidad un Centauro, una criatura mitad humana y mitad animal. Los animales, especialmente los caballos, son especialmente queridos para ti. La enseñanza, los viajes y la resolución de problemas son actividades hacia las que gravitarás.

En el equinoccio de primavera, Mercurio forma un aspecto tenso con tu Sol. Bendice un cristal de citrino para mejorar las habilidades de comunicación. Las conversaciones pueden ser bastante concisas y directas. Suaviza la impaciencia con humor y empatía para suavizar cualquier diferencia de opinión o malentendidos. Esto dura hasta el 14 de abril. Del 15 al 28 de abril: un compañero de trabajo o socio comercial busca su ayuda y consejo. Echa una mano y haz un nuevo amigo. Su vitalidad es excelente a principios de mayo. Del 1 al 18 de mayo, Marte apoya tus objetivos de salud: tu nivel de energía es alto. Desde finales de mayo hasta mediados de junio, Venus se une a Júpiter en tu casa 8. Las estrategias financieras destacan: podría recibir un pago esperado. También habrá conexiones valiosas con el más allá; un guía espiritual le enviará un presagio. En el solsticio de verano, se acentuarán los vínculos con animales de compañía. Pase tiempo de calidad con su mascota favorita o dedíquese al rescate de fauna silvestre en los días más largos. De finales de junio al 9 de julio, la recreación y el placer serán protagonistas. Planifique vacaciones o asista a eventos deportivos. El crecimiento y los logros de una persona joven le alegran.

Entre mediados de julio y el 11 de agosto, una oposición de Marte generará situaciones muy competitivas. Procure entender los puntos de vista de quienes le desafíen. Cerca de la Luna Llena del 29 de julio, evite que una discusión escale; en su lugar, haga una transición. En Lammas, los días 1 y 2 de agosto, dedique una meditación a celebrar la paz y comparta hogazas de pan recién horneado como gesto de amistad. El eclipse solar del 12 de agosto resaltará su novena casa: anhelará aventuras y experiencias nuevas. Inscribirse en clases o visitar sitios históricos y de gran belleza natural será atractivo durante agosto. Del 1 al 22 de septiembre, su sector profesional marcará el ritmo. Los nuevos desarrollos afectarán su carrera, y publicaciones podrían ofrecerle datos y perspectivas valiosas. Los viajes de negocios, quizá para asistir a una conferencia o seminario, le brindarán conexiones útiles. En octubre, Marte hará trígono con su Sol, dándole impulso para actuar y favoreciendo programas de ejercicio.

Para Halloween, opte por un disfraz de gitano, viajero o superhéroe.

Durante noviembre, Venus activará su sector de planes futuros y sueños anhelados. La oferta de un amigo podría acercarle al deseo de su corazón. Descubrirá que la camaradería será una valiosa fuente de aliento cerca de su cumpleaños. Del 7 al 25 de diciembre, Mercurio transitará Sagitario: podría hablar en público o redactar cartas importantes. El 8 de diciembre, la Luna Nueva en su signo será ideal para escribir una lista de deseos o fijar intenciones con visualizaciones y afirmaciones positivas. Los viajes cerca del solsticio de invierno le motivarán y animarán. Las visitas en torno al 21 de diciembre iluminarán las noches más largas.

En enero, Marte en cuadratura con su Sol generará tanto estrés como entusiasmo. Ponga límites para evitar sentirse abrumado. Celebre la Candelaria el 2 de febrero encendiendo un círculo de velas votivas blancas, símbolo de lo más brillante y mejor que llega de todas direcciones. Febrero traerá un patrón financiero favorable. Atienda la inspiración creativa y combine negocios con placer para reforzar su seguridad económica. El eclipse lunar del 20 de febrero traerá cambios en el trabajo en equipo y las asociaciones.

Marzo recibirá las influencias de apoyo de Marte y Júpiter en Leo, así como de Saturno y Neptuno en Aries. Ambos pares de planetas de fuego formarán un trígono con su Sol. Su carga de trabajo disminuirá al finalizar el invierno. La Luna Nueva del 8 de marzo resaltará la dinámica familiar. Un proyecto de decoración o reparación del hogar podría hacer su residencia más cómoda.

SALUD

Un animal de servicio o la compañía de una mascota querida pueden favorecer su bienestar. Urano saldrá de su sector de salud el 26 de abril, poniendo fin a un ciclo de siete años en que el estrés afectó su salud

AMOR

Una conexión que le desafíe y le ofrezca amplia libertad es ideal para usted. Podría atraerle alguien de otro país o con un origen étnico distinto. Las relaciones serán favorables del 20 al 30 de marzo, del 14 de junio al 9 de julio y del 8 de enero al 3 de febrero.

ESPIRITUALIDAD

Su novena casa de la espiritualidad estará favorecida por Júpiter del 1 de julio al invierno. Viajes a sitios sagrados o grupos de estudio y debate espiritual ampliarán sus perspectivas. En el zodíaco de aves Pancha Pakshi, su mensajero espiritual es el halcón, vivaz y aventurero. Este cazador de gran altura se eleva para obtener una visión amplia. Antes se creía que su grito advertía a los viajeros de traiciones en el camino y recordaba no bajar la guardia.

FINANZAS

La paciencia le ayudará a avanzar hacia el cumplimiento de sus metas financieras este año. La Luna Llena del 29 de junio destaca su sector financiero. Estudie opciones y busque oportunidades financieras cerca de esa fecha. Enero y febrero también prometen tendencias financieras positivas.

CAPRICORNIO

22 Diciembre–19 Enero

Primavera 2026–Primavera 2027 para los nacidos bajo el signo de la Cabra

Obtención de resultados. De eso se trata para este signo cardinal de Tierra regido por Saturno. Usted es un gran trabajador. Al igual que su símbolo, la Cabra, se enfoca en escalar alto y sobrevivir. Es serio y concienzudo. El reconocimiento y los logros le motivan. Sin embargo, a menudo sorprenderá a otros al revelar su irónico sentido del humor y sutil ingenio.

En el equinoccio de primavera, el Sol se une a Neptuno y Saturno en su sector de hogar y herencia. Las corazonadas y matices están presentes mientras investiga factores hereditarios y ambientales. A finales de marzo y principios de abril, una energía inestable afectará su vida hogareña y dinámica familiar. Realice una bendición en casa cerca de la Luna Nueva del 17 de abril para limpiar tensiones y restaurar la calma. Del 18 de abril al 2 de mayo, mejorará la comunicación con seres queridos. El Primero de Mayo, prepare canastas para obsequiar a amigos, familia y vecinos. En la primera quincena de mayo, un fuerte aspecto de Marte genera ánimo competitivo. Enfóquese en mejoras constructivas para el hogar. Del 19 de mayo al 28 de junio, el ritmo será más tranquilo. Su salud y vitalidad mejoran con el solsticio de verano. Exprese gratitud por una meta alcanzada en la Luna Llena en Capricornio el 29 de junio.

El 1 de julio, Júpiter inicia un largo tránsito en su octava casa que durará hasta fin de año. Esto promete un retorno gradual y sostenido de una inversión. Un compromiso financiero o una deuda a largo plazo también podría resolverse. Durante julio, una oposición a Mercurio hará que otros se muestren más comunicativos. Escuche y valore las sugerencias recibidas. A partir del 24 de julio se resuelven diferencias. En Lammas, al comenzar agosto, se devuelve un favor y se fortalece una relación. Del 1 al 6 de agosto, disfrute viajes o visitas a lugares de relevancia cultural o espiritual. De mediados de agosto al 27 de septiembre, la influencia de Marte inspira una actitud proactiva en los demás. Permita que un compañero siga un sueño cerca del equinoccio de otoño. Celebre el inicio de la estación el 22 de septiembre brindando con alguien muy querido.

En octubre, un Venus retrógrado resalta asociaciones de su pasado. Puede surgir la ocasión de cerrar una situación ligada a un recuerdo o arrepentimiento inquietante. En Halloween, cree un disfraz o decoración que simbolice su visión del futuro. El 14 de noviembre, tanto Mercurio como Venus se pondrán directos. Sentirá euforia al reflexionar sobre cuánto ha crecido y lo lejos que ha llegado. La segunda mitad de noviembre trae avances laborales. Un equilibrio entre negocios y placer le permitirá progresar en sus metas. Para el 11 de diciembre, Saturno, su regente, concluye un ciclo retrógrado, facilitando la resolución de asuntos familiares. En el solsticio de invierno, el 21 de diciembre, un aspecto favorable de Marte aporta energía y entusiasmo por la vida. Disfrute de deportes de invierno y viajes, y mantenga un espíritu aventurero cerca de su cumpleaños.

Del 26 de diciembre al 13 de enero, un aspecto de Mercurio le bendice con percepciones mentales rápidas y una conciencia acrecentada. Podrá evaluar situaciones con agilidad y tomar decisiones acertadas. Recopile información mediante estudio e investigación. Manténgase receptivo a aprender algo nuevo. Un esfuerzo benéfico le llegará al corazón a finales de enero. Será gratificante ayudar a una persona o animal necesitado en la Candelaria, el 2 de febrero. Venus ilumina su vida durante la mayor parte de febrero. Una relación cercana le brindará consuelo y apoyo. Febrero también favorece las actividades artísticas y culturales. Asista a un concierto o producción teatral. Pasee por una galería de arte para inspirar su propia creatividad. En marzo, los tránsitos en su 2ª casa acentúan los valores y el flujo de caja. Podrá adquirir un artículo muy deseado. Del 5 al 18 de marzo será favorable para revisar detalles de la gestión financiera. En los últimos días del invierno, experimentará una vaga sensación de anhelo. Sus sueños se centrarán en una ambición acariciada.

SALUD

Urano influye en su sector de la salud durante todo el año. Esté atento a los cambios relacionados con el bienestar. Es esencial entender las señales que le envía su cuerpo ahora. El estrés y el clima extremo pueden afectar su salud. Después de que Urano complete su retrogradación el 9 de febrero de 2027, podrá ocuparse con facilidad de cualquier problema de salud y alcanzar sus metas de acondicionamiento físico.

AMOR

Febrero y abril prometen felicidad de Venus, la Diosa celestial del Amor. Conversar sobre cómo alcanzar metas profesionales y financieras puede fortalecer la relación. Además, visitar bellos jardines o compartir tiempo al aire libre, tal vez acampando o haciendo un picnic, puede crear el escenario para una cita amorosa inolvidable. La Luna Llena del 26 de octubre ofrece la posibilidad de experimentar el amor verdadero. Planee un paseo romántico bajo la luz de la luna esa noche.

ESPIRITUALIDAD

Neptuno, un indicador de espiritualidad, influye en su sector de estudio, comunicación y viajes cortos este año. Los grupos de discusión y las publicaciones que exploran temas espirituales pueden abrirle nuevos horizontes. El zodíaco de aves Pancha Pakshi de la India presenta al reyezuelo de modales suaves como su mensajero espiritual. Este pequeño pájaro se las arregla para sobrevivir y prosperar incluso en entornos sombríos y traicioneros.

FINANZAS

Dos eclipses de este año—el eclipse solar total en Leo del 12 de agosto y el eclipse solar parcial en Acuario del 6 de febrero de 2027—afectan su 8ª y 2ª casa, respectivamente. Esto indica desarrollos inesperados en asuntos de dinero. Considere abordar sus finanzas de maneras novedosas y adaptarse a las tendencias actuales. Desde el 1 de julio hasta el final del invierno, Júpiter crea una influencia protectora que favorece las inversiones y el dinero heredado. Esto puede ayudarle a mantener su seguridad financiera.

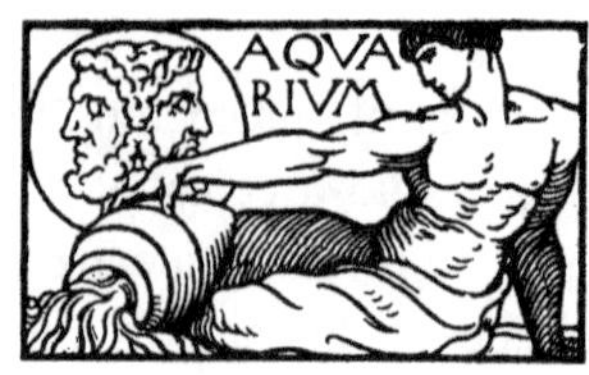

ACUARIO

20 Enero–18 Febrero

Primavera 2026–Primavera 2027 para los nacidos bajo el signo del Aguador

Regido por el ingenioso e impredecible Urano, este signo fijo de Aire se centra en expresar su singularidad. Disfruta ampliando contactos y haciendo nuevos amigos. La jarra del Portador de Agua vierte la energía vital para unir a la gran familia humana. La tecnología, la filantropía y una visión amplia forman parte de su enfoque de vida. Acuario es futurista y visionario.

En el equinoccio de primavera, su esfuerzo y atención se enfocan en las finanzas. Del 20 de marzo al 9 de abril podrá atender necesidades y metas financieras. Del 10 al 23 de abril, Venus ilumina su hogar y vida familiar. Un proyecto de decoración o recibir visitas puede dar alegría. Cerca del Primero de Mayo, un proyecto benéfico le atrae; ayudar a quienes lo necesitan le dará satisfacción. Del 2 al 18 de mayo, los eventos sociales fortalecen una amistad. Explore su lado creativo: un proyecto artístico o de escritura puede ser muy productivo. De finales de mayo al 30 de junio, su sector de la salud se favorece. Puede lograr una meta de acondicionamiento físico. Prepare infusiones saludables de té cítrico y menta para beber mientras honra el solsticio de verano.

Julio marca el inicio de un largo tránsito de Júpiter que influirá en sus relaciones más cercanas hasta fin de año. Las personas a su alrededor experimentarán crecimiento y éxito. Disfrute del brillo de los logros de un ser querido en Lammas, el 1 de agosto. Sirva ensaladas frescas de frutas y verduras de temporada mientras comentan lo bueno de las últimas semanas. De principios de agosto al 10 de septiembre, Venus activa su casa 9: momento ideal para viajar, quizá a sitios sagrados o espirituales. El 11 de septiembre, Urano inicia un ciclo retrógrado que aporta déjà vu y coincidencias, ofreciendo pistas sobre la dirección de su vida hasta el 9 de febrero. Es tiempo de recurrir a recuerdos y experiencias para orientarse. Del 11 al 30 de septiembre, Mercurio estimula su curiosidad e intelecto. Cerca del equinoccio de otoño, disfrute de música y tradiciones espirituales de tierras lejanas para dar la bienvenida a la estación.

En la primera semana de octubre, Venus retrograda. Sus conexiones sociales y responsabilidades de trabajo pueden chocar, creando complicaciones. Mantenga las relaciones íntimas y sentimientos en perspectiva. La paciencia y el desapego restauran la armonía. El 16 de octubre, Plutón se pone directo y secretos salen a la luz. Llega Halloween con una sensación de renovación. Considere un tema marino para su disfraz: capitán, marinero o sirena. Adorne con conchas o insignias navales.

Del 25 de noviembre al 18 de diciembre, los espíritus amistosos envían mensajes sutiles. Puede ocurrir un encuentro fantasmal, especialmente mientras coloca las decoraciones navideñas. Del solsticio de invierno al 7 de enero, percepciones intuitivas surgen durante la meditación o al recordar sueños. Del 14 al 31 de enero, Mercurio transita su signo, aumentando la claridad mental y la toma de decisiones acertadas. Febrero inicia con una oposición Mercurio-Marte. Evite actuar solo por el consejo de otros, aunque sea bien intencionado. Busque dentro de usted para juzgar lo que considere correcto. En la Candelaria, el 2 de febrero, encienda velas verdes y doradas e incluya incienso en su altar para atraer prosperidad.

El 6 de febrero, el eclipse solar en Acuario favorece fijar intenciones para el nuevo ciclo de su cumpleaños. Haga una lista de deseos. Los cambios están en el aire: adáptese y sea flexible. Suelte lo que parezca obsoleto. A fines de febrero, Marte se une a Júpiter en su sector de asociaciones, ambos en oposición a su Sol, lo que ayudará a superar diferencias de opinión. Surge un ánimo competitivo y desafiante. Escuche antes de discutir. El 2 de marzo, Venus entra en Acuario. El 4 de marzo, Mercurio concluye su retrogradación. Junto a Venus y Plutón forman un stellium en su casa 1, prometiendo una mejora en una situación controvertida. Las diferencias pueden resolverse amistosamente al finalizar el invierno

SALUD

Comenzando en el equinoccio de primavera y continuando hasta el 30 de junio, Júpiter, el sanador celestial, transitará por tu sector de salud. Este es un momento prometedor para superar los desafíos de salud. Seleccione la mejor dieta y desarrolle buenos hábitos de salud entonces. Eres sensible a las temperaturas extremas, por lo que usar ropa en capas es una forma útil de mantenerte cómodo cuando las condiciones varían.

AMOR

El 26 de abril, Urano iniciará un tránsito por tu sector de placer y romance. Pueden ocurrir encuentros y despedidas repentinas. Las conexiones amorosas están entrando en una fase de brillo y emoción. De finales de abril al 18 de mayo, del 7 de agosto al 10 de septiembre y del 2 al 19 de marzo prometen felicidad en el amor.

ESPIRITUALIDAD

Neptuno, reconocido indicador de espiritualidad, ejerce influencia sobre su 3ª casa durante todo el año. Esta energía le anima a profundizar en estudios espirituales y participar en grupos o foros de discusión que aborden estos temas. En el zodíaco de aves Pancha Pakshi, la gaviota, un ave adaptable y sociable, actúa como su mensajero espiritual. Viejas historias contadas por marineros galeses narran la bondad de esta ave hacia las almas de quienes se pierden en el mar. La gaviota es verdaderamente especial: un inconformista que eleva el espíritu humano, pero que siempre permanece fiel a su propia naturaleza.

FINANZAS

En este año, dos eclipses—el primero el 28 de agosto y el segundo el 20 de febrero—influirán en sus finanzas de maneras inesperadas. Mantener una actitud receptiva y flexible le permitirá adaptarse a las nuevas tendencias económicas. Considere la posibilidad de experimentar con estrategias financieras distintas a las habituales. Entre el 7 de febrero y finales de marzo de 2027 podría surgir una oportunidad de ingresos especialmente prometedora.

PISCIS

19 Febrero–20 Marzo

Primavera 2025–Primavera 2026 para los nacidos bajo el signo del Pez

Los dos Peces, unidos pero nadando en direcciones opuestas, simbolizan a Piscis. Regido por Neptuno, este signo mutable de Agua representa tanto la culminación como la preparación. El perdón, el sacrificio, la sensibilidad al color y al sonido, los sueños, la intuición y la capacidad de adaptarse son sus dones especiales. Compasivo y leal, usted es sutil y devoto en su búsqueda de la belleza.

El equinoccio de primavera trae entusiasmo por planificar. Mercurio y Marte transitan por su signo natal del 20 de marzo al 9 de abril. Aproveche entonces para viajar. Del 10 al 23 de abril, Venus y Urano le brindan influencias amistosas. Nuevos conocidos podrían hacerle sugerencias o invitarle a eventos. A finales de abril y principios de mayo, el énfasis estará en compras importantes. En el Primero de Mayo, puede aparecer una ganga o un tesoro, quizá disfrazado de regalo. Del 2 al 14 de mayo sentirá el impulso de decorar su hogar o lugar de trabajo. Considere añadir cortinas nuevas o piezas de conversación intrigantes. Desde mediados de mayo hasta el 30 de junio, la influencia de Júpiter le inspirará a involucrarse más con sus vecinos y con asuntos comunitarios. En el solsticio de verano, el 21 de junio, entone una alegre canción. Acompáñela con una visualización dedicada a la sanación y la buena voluntad.

Al comenzar julio, Mercurio estará retrógrado: planifique una reunión con familiares cercanos, antiguos compañeros o amistades con las que ha perdido contacto. Elija un destino vacacional familiar y cercano al agua. Del 30 de julio al 6 de agosto, el éxito de una pareja será motivo de alegría. En Lammas, celebre y honre los logros y sueños de un ser querido con un banquete de frutas y panes de temporada.

De mediados a finales de agosto, las mascotas traerán alegría. Cerca de la Luna Nueva del 12, una nueva podría llegar a su vida. Las conexiones intuitivas con animales salvajes y domésticos serán muy intensas durante el eclipse lunar próximo a la Luna Llena en Piscis, el 28 de agosto. En septiembre, un aspecto favorable de Marte a su Sol le inspirará un ánimo aventurero.

El 1 de octubre, Mercurio inicia un largo tránsito por su novena casa. Durante octubre y noviembre, disfrutará de estudios espirituales y académicos. En este periodo, le será fácil asimilar ideas nuevas. Las interacciones entre abuelos y nietos enriquecerán a ambas generaciones. En Halloween, un buen disfraz sería un personaje histórico o de cuento que le encante: la reina Isabel, un capitán de barco, Caperucita Roja o el Lobo Feroz.

Diciembre trae tránsitos intensos de signos mutables. La gente estará más asertiva e incluso competitiva. Relájese si las ideas ajenas no coinciden con sus preferencias. El 13 de diciembre, Neptuno concluye su retrogradación, lo que le permitirá dejar atrás patrones obsoletos. En el solsticio de invierno, el 21, coloque velas de mirto en un altar con piñas para iluminar la noche más larga. El 8 de enero, Venus ingresa a su sector profesional. La amistad y la camaradería estarán presentes. Recibirá muestras de aprecio. Para la Candelaria, el 2 de febrero, se formará una nueva alianza y se presentará una oportunidad prometedora. El eclipse solar del 6 de febrero despertará en usted la necesidad de paz y silencio. Las respuestas a decisiones importantes llegarán desde su interior. A mediados de febrero, crecerá su conciencia por quienes tienen necesidades. Un proyecto benéfico le atraerá; podría implicar contribuir a un banco de alimentos. El eclipse lunar del 20 de febrero traerá una decisión sorpresiva que involucrará a un socio o colega. Algunos contactos quedarán atrás y aparecerán nuevos rostros al comenzar marzo.

En la Luna Nueva del 8 de marzo, escriba una lista de deseos. Fije sus intenciones para el año venidero mientras celebra su cumpleaños. Desde mediados de marzo hasta el final de la estación invernal, el 19 de marzo, las influencias de Saturno y Neptuno en su sector financiero marcarán el ritmo. Una corazonada o un sueño podrían influir en su gestión del dinero. Sin embargo, equilibre la intuición con una investigación y un análisis prácticos

SALUD

Júpiter entra en su sector de la salud el 1 de julio y permanecerá allí el resto del año. Esto favorece resolver cualquier problema de salud y establecer nuevas metas de bienestar. Recuerde: Júpiter tiende a expandirlo todo. Controle el consumo de calorías y limite las porciones para evitar aumentar de peso. Piscis es propenso a afecciones en los pies. Use siempre calzado cómodo y cuide sus pies con masajes y pedicuras.

AMOR

Será una primavera de amor para usted. Desde finales de marzo y durante abril, mayo y junio, su sector de romance y relaciones se verá favorecido. Las fechas más propicias para el amor son del 18 de mayo al 13 de junio, del 10 de septiembre al 3 de octubre y del 15 de diciembre al 7 de enero. Evite reavivar un viejo amor que antes no le hizo bien mientras Venus esté retrógrado, del 4 de octubre al 14 de noviembre.

ESPIRITUALIDAD

Neptuno, indicador de espiritualidad, flota misteriosamente en su segunda casa durante todo el año. Combine las decisiones financieras con sus valores emocionales. El zodíaco de aves Pancha Pakshi sitúa a la nocturna lechuza en armonía con su signo. Muchos piscianos tienden a ser noctámbulos. La oscuridad sugiere un acceso profundo a conocimientos ocultos adquiridos durante la noche, junto con una interpretación lúcida de los sueños. Atenea, diosa griega de la sabiduría, es una de las muchas deidades asociadas a la lechuza.

FINANZAS

La ilusión juega un papel importante. Sea favorable o no, le resultará difícil aclarar lo que sucede con sus finanzas. Afronte la situación recopilando información sobre las tendencias económicas actuales y evitando riesgos. Los momentos más favorables en el aspecto monetario serán de abril a mayo y en diciembre.

Lugares asombrosos

Pompeii

RECUERDO que mi madre hablaba de querer visitar Pompeya. Solo lo mencionó un par de veces, pero quedó grabado y plantó una semilla. Así que, al planear mi viaje a Nápoles, vi una excursión a la antigua ciudad y… ¡compré mi boleto!

Estoy emocionado apenas llego, incluso antes de bajar del autobús.

Ahora camino por las antiguas calles de Pompeya con profundo asombro y reverencia. Mis pies recorren los gastados adoquines que han sido testigos de siglos de comunidad, misterio, magia y ritos paganos. El aire parece cargado de energía, una poderosa mezcla de historia y mito, impregnada del aroma—real o imaginado—de azufre y ceniza lejanos. No estoy aquí solo como viajero, sino como Brujo, buscador de lo invisible, ansioso por tocar los vestigios de un mundo impregnado de magia y de reverencia divina por los dioses y la naturaleza.

El sol golpea fuerte hoy y las calles de piedra se calientan. Acabo de atravesar Porta Marina, donde imagino que antes entraba la brisa refrescando la ciudad en las noches cálidas. La entrada está al final de un camino inclinado que conduce a un arco de piedra, antaño la puerta principal de la ciudad.

El Templo de Apolo

El primer lugar que visito es el Templo de Apolo, donde el dios del Sol tuvo antaño un lugar de honor. Las columnas que permanecen en pie se alzan como guardias de un espacio sagrado donde los oráculos

Pompeya a la sombra del Vesubio

La alegría desenfrenada del Fauno danzante perdura.

hablaban en lenguas, transmitiendo profecías. Mientras enciendo una pequeña vela imaginaria y la coloco con cuidado sobre una piedra caída, ofrezco una silenciosa oración a Apolo pidiendo claridad y sabiduría. En mi mente, visualizo el templo en todo su esplendor, hace unos 2000 años, con estatuas relucientes de pan de oro, sacerdotes vestidos con túnicas ondeantes y el aroma de laurel ardiendo flotando en el aire. Quizá los dioses no hayan abandonado realmente este lugar. Tal vez simplemente duerman bajo la ceniza y las ruinas, esperando a que alguien recuerde. Contemplo el cielo azul, la hierba verde y, entre ambos, los escalones de piedra, como si se extendieran para que alguien los reconociera, los recordara y volviera a ascenderlos.

Afuera, nuestro grupo avanza lentamente, pero yo me mantengo en los bordes. Más allá del templo de Apolo, la tierra huele más mineral, casi cobriza. Es fácil imaginar a los sacerdotes realizando rituales, con grandes nubes de incienso elevándose y cánticos resonando en el espacio sagrado. Apolo, dios de la profecía, la curación y el Sol, habría estado profundamente arraigado aquí. Me detengo un instante para honrarlo, sintiendo el calor del Sol en mi rostro como señal de su presencia y de la aceptación de mi ofrenda: el tiempo que le dedico hoy.

La Casa del Fauno

Una paloma me sobresalta desde el alero, intentando "obsequiarme" con un regalo alado, conocido desde hace siglos en Italia como señal de buena suerte. Por fortuna (¿o desgracia?) falló el tiro. La observo desaparecer entre los restos de una vivienda: la Casa del Fauno. Tomándolo como señal, decido seguir a este ave. El mosaico del umbral aún vibra con color: "HAVE"—"bienvenido", dice. Lo cruzo y, por un momento, siento que algo se mueve bajo mis pies, en lo más superficial del suelo. No físicamente, sino a nivel energético. Como si pisara una corriente. El fauno, detenido en su danza, parece reconocer mi presencia, sus ojos encontrándose con los míos con una mirada ancestral.

Dentro, el aire cambia. Es más fresco y, de nuevo, tiene un matiz metálico. La estatua del fauno danzante mantiene eternamente su postura: brazo alzado, cadera ladeada, atrapado en el tiempo. Decido posar mi mano sobre el pedestal y cerrar los ojos. En la oscuridad, con mi ojo interior, veo fuego. No el fuego destructor del Vesubio, sino una llama sagrada, danzante y viva. Retiro la mano, abro los ojos y siento ahora un profundo respeto por el espíritu que aún habita aquí. ¡Este fauno está vivo!

El Forum y los espacios públicos

Sigo avanzando, sintiendo el peso de la historia con cada paso. El Foro, corazón de Pompeya, fue en su día un bullicioso centro de actividad. Políticos, comerciantes y ciudadanos se congregaban aquí, llenando el aire con debates, noticias y chismes. Al menos así lo imagino, o como me gusta imaginar a Pompeya en el mundo onírico que llevo dentro. Casi puedo oír el eco de sus pasos, el estrépito de los carros y los pregones de los vendedores ofreciendo sus mercancías. Comprendo que los dioses estaban en todas partes de esta ciudad, en cada aspecto de la vida. Y aún puede sentirse su presencia, una energía residual que late bajo la superficie. Se necesitan muchos años para borrar la huella energética de una ciudad tan vibrante como Pompeya.

Me detengo en el borde de las Termas del Foro para contemplar los mosaicos del suelo y las bóvedas de cañón. Al inspirar profundamente, me parece percibir el aroma de hojas de laurel trituradas, quizá incluso un leve rastro de incienso. ¿Serán estos fantasmas de ofrendas de hace dos mil años? Casi puedo escuchar oraciones susurradas bajo los techos abovedados. No son plegarias cristianas… no… son más antiguas. Invocaciones a los Lares, los espíritus del hogar. Susurros de mujeres que tocan los bordes de mármol del caldarium, pidiendo un parto seguro o la victoria de sus hijos. La energía aquí es palpable, una mezcla de esperanza y devoción, con un leve matiz de temor a que sus plegarias no sean escuchadas.

La Villa de los Misterios

Tal como lo esperaba, las energías vuelven a cambiar cuando me descubro entrando en la Villa de los Misterios. El umbral está ante mí, y más allá, esa sala—la pintada en profundos tonos rojos. En las paredes, un friso ritual, una procesión de figuras. Dicen que es dionisíaco. Podría serlo, o quizá sea algo más complejo. Pienso en algo más antiguo. Me siento con las piernas cruzadas sobre el fresco suelo de piedra, recostando la espalda contra un banco tallado para apoyarme—ya no estoy para estos trotes.

Mientras respiro, el aire me resulta rancio y sagrado a la vez. ¿Lo imagino o un polvo calcáreo se eleva del suelo con cada inhalación? Cierro los ojos y percibo un pulso en el silencio. Es tenue, pero también muy rítmico. Como un latido de tambor a través del tiempo. Me alegra profundamente haber visitado la Villa.

La Necrópolis y el monte Vesubio

Afuera, el cielo parece un lienzo de oro. El viento arrecia. De algún modo, puedo oler, o quizá intuir, sal, oliva y madera quemada. ¿Están realmente aquí, o es un eco del pasado lejano? Camino hacia la Necrópolis. Los muertos, que son muchos, tienen tumbas cubiertas de musgo, con inscripciones desgastadas por el tiempo, pero aún legibles. Recorro una con el dedo, y ahí está—esa sensación inquietante que sabía que llegaría. Ingenuo de mí. He tocado el hombro de los muertos.

De pronto, me descubro recordando los cuerpos carbonizados que vi antes—uno sobre lo que parecía un estante y otro en el suelo frente a él. Perfectamente preservados en ceniza. Ahora me siento observado mientras me siento junto a la tumba, apoyo las palmas sobre la tierra y cierro los ojos. No hablaré; solo intentaré sentir lo que no puedo ver. El suelo bajo mí está cálido y seco, pero lleno de energía. Cuando por fin abro los ojos, un cuervo me observa desde el muro frente a mí. No emite sonido alguno. Solo espera y me mira. Nuestra línea de visión queda fija, y percibo que sabe que reconozco su presencia. Aletea una vez antes de volar hacia el noreste.

Ahora estoy en el Foro, donde alguna vez florecieron el comercio y la vida comunitaria. Me detendré a absorber la energía de quienes caminaron aquí antes que yo. Puedo imaginar el bullicioso mercado, con el intercambio de bienes y chismes, las largas charlas sobre política y las actividades cotidianas. De pie en el centro, puedo evocar el entretejido de energías que crean los conjuros y obran la magia del mercado. ¡Mercurio es feliz aquí! ¡Ups! Es hora de alcanzar al grupo antes de que me dejen atrás. He pasado más tiempo en cada parada que el resto, que ha preferido solo "observar" lo material.

Más adelante, me encuentro a la sombra del monte Vesubio, el gran destructor y creador. La imponente presencia del volcán me llena de una mezcla de temor y respeto, un recordatorio del poder de la

El Anfiteatro de Pompeya enmarcado por el tiempo y los árboles

naturaleza, capaz de destruir y de renovar. Una vez más, cierro los ojos y siento el pulso de la Tierra bajo mis pies. El Vesubio no es una simple montaña: es un Dios dormido.

Tomo un puñado de tierra volcánica, sabiendo que guarda una energía poderosa, perfecta para conjuros de transformación y resistencia. Se añadirá a mi botica mágica en casa. Y, por supuesto, parte será para regalar a amigos afines… siempre que no la retengan en la aduana. ¡Dedos cruzados!

El Anfiteatro

Al salir de la Necrópolis, paso junto al Templo de Isis. Sé que Isis fue venerada aquí, como en la mayoría de las ciudades mediterráneas, pero aún me sorprende un poco encontrar este templo en Pompeya. Ahora me dirijo al Anfiteatro. Es, sin duda, una estructura grandiosa que habría albergado combates de gladiadores y otros eventos públicos y religiosos. Los asientos, tallados en piedra, ofrecen una vista panorámica de la arena. ¡Qué habrá sido escuchar el rugido de la multitud, el choque del acero, los vítores que alguna vez resonaron aquí! La energía en este lugar es cruda y primitiva.

Mientras permanezco en el anfiteatro, comprendo que este era el sitio donde se reunía mucha gente. Era la parte del complejo donde multitudes llenaban estos asientos, con el corazón latiendo de emoción, y se siente distinto—casi como una multitud fantasmal. Casi puedo ver las procesiones, los desfiles, los rituales que aquí se habrían celebrado. El aire es eléctrico, cargado con el residuo de tantas vidas.

El Lupanar

Aunque queda más por ver, mi última parada es el Lupanar, el burdel, un lugar de placer y deseo. Las pequeñas habitaciones, decoradas con frescos eróticos, evocan una época en la que los dioses del amor y la lujuria eran honrados de la forma más primitiva. Aquí se invocaba a los dioses en el acto de amor.

Los dioses del amor, Venus y Cupido, habrían sido reconocidos aquí, con sus imágenes adornando las paredes y escuchando en silencio los susurros del deseo.

La partida

Al salir del Lupanar, nuestro grupo se reúne y es hora de dejar Pompeya. Le doy una última mirada a la ciudad. Pompeya revive—no en ruinas, sino en mi memoria. Casi puedo verla como fue alguna vez, vibrante y viva, con sus calles llenas de risas y conversaciones de su gente. Los dioses están aquí, su presencia es una entidad viva y palpitante que recorre el corazón mismo de Pompeya.

Llegué como turista, como buscador de historia y conocimiento. Me marcho convertido en algo distinto: un guardián de recuerdos, por los espíritus del pasado.

Mientras me alejo, llevo conmigo las memorias de la ciudad, con su rico tapiz de historia, mitología y magia. Se ha vuelto parte de mí—un viaje sagrado que ha cambiado para siempre mi forma de ver el mundo.

Y no olvidaré a las aves—blancas y negras—y a los fantasmas, con presencia en ambos mundos.

…solo el tiempo justo para comprar un Fauno en la tienda de recuerdos.

—ARMAND TABER

once there was one thing of which D. Darell spoke noe words to any other, and but litel to mee and that was she had but small faith in Blacke Witchcrafte or that we now solde themselves to ye Devill for she had known full many who was sayd to serve the Devill and devill a one was there who could conjer up half a cacum or shewing anything new. But in White Witchcrafte the Dame had great beleefe, saying that Faith in spels and charmes and great hope would come or holpen Folke when the Devill and all his folk were afraid. Twas with their praying tales like Robo the Dale who when a man was scart at some Frogges, said "Begg good cheare I trow it is nothing but a Noyse."

excerpto de

The Witchcraft of Dame Darrel of York

Las obras revisadas a continuación, a nuestro entendimiento, solo están disponibles en inglés.

Protection Spells: 36 Cards for Magical Self-Defense
Weiser Books
Judika Illes
ISBN 978-1578638918
$18.99

INVOLUCRARSE con la magia de protección no tiene por qué ser abrumador, y *Protection Spells: 36 Cards for Magical Self-Defense* de Judika Illes lo demuestra. Con cartas vívidas y a todo color, cada una destacando un conjuro, amuleto o recurso mágico tradicional, esta baraja ofrece una forma rápida y atractiva de explorar lo esencial de la magia de protección. Desde hierbas y cristales hasta colores y números, cada carta actúa como un punto de referencia tanto para el refuerzo diario como para el enfoque ritual. Es el tipo de herramienta que puede llevar en una bolsa, sacar cuando la necesite y aun así sentir que ha conectado con algo significativo.

Judika Illes aporta su característica claridad al escrito, con una voz refrescante y directa. Con los pies en la tierra. En lugar de recubrir el contenido con una densa capa de esoterismo, mantiene un lenguaje limpio que facilita que los principiantes se adentren y que los experimentados encuentren valor. Su habilidad para destilar principios mágicos complejos en un lenguaje accesible es una de sus mayores fortalezas.

Si bien no está pensado para sustituir un estudio más profundo, *Protection Spells* funciona como un recurso encantador y portátil. Es ideal para esos momentos en que se necesita una rápida dosis de inspiración o de refuerzo mágico, y constituye un obsequio considerado tanto para quien da sus primeros pasos en este camino como para quien simplemente necesita un poco más de fortaleza.

Song of the Dark Man: Father of Witches, Lord of the Crossroads
Darragh Mason
Inner Traditions
ISBN 9978-1644119099
$195

UNA FIGURA ensombrecida aparece una y otra vez en los márgenes del folclore y de la transformación personal —ni enteramente demonio ni simple símbolo, sino algo más antiguo, más enigmático y profundamente iniciático. Esto es el corazón de *Sing of the Dark Man* de Darragh Mason, una obra que sigue el rastro del Hombre Oscuro a través de manuscritos celtas, registros de juicios por brujería y testimonios de primera mano. Lejos de retratarlo como un villano, Mason reubica a este ser como una fuerza que desafía, provoca y, en última instancia, despierta a quienes lo encuentran.

Lo que distingue a este libro es su equilibrio entre profundidad histórica y visión experiencial. Mason no se apoya únicamente en fuentes de archivo; entreteje sus propias vivencias y entrevistas reflexivas con practicantes contemporáneos, creando un tapiz tan íntimo como erudito. El Hombre Oscuro surge aquí no solo como figura mítica, sino como una presencia viva, que interrumpe, cuestiona y, para quien está dispuesto, inicia. Contribuciones de voces como Shullie H. Porter y Peter Grey arraigan esta presencia dentro de la práctica mágica moderna.

Escrito con cuidado y lleno de momentos poéticos, *Sing of the Dark Man* invita al lector a reexaminar sus ideas sobre el miedo, el poder y los portales sombríos hacia el propósito personal. Es una obra audaz y reverente, que no teme habitar en el misterio y que no vacila en su llamado a una transformación más profunda. Para quienes estén dispuestos a mirar directamente hacia la oscuridad, este libro bien podría iluminar el camino.

Liber Nephilim: A Grimoire of Fallen Angels
Frater Barrabas
Crossed Crow Books
ISBN 978-1-959883-55-5
$25.95

MAGIA ENOQUIANA, magia ceremonial, magia de grimorio: sistemas que pueden confundir tanto como potenciar. Siempre hay un momento al leer cualquier grimorio, en el que uno piensa que todo tendría mucho más sentido si pudiera ver al mago realizándolo, aunque fuera una sola vez. Pues bien, esta es su oportunidad. En *Liber Nephilim*, Frater Barrabas invita al lector a participar en una operación mágica que inició hace décadas. Describe en detalle sus trabajos originales, lo que aprendió de ellos, cómo los ha modificado y por qué.

Barrabas explora a los Nephilim, ángeles caídos mencionados en el Libro de Enoc que engendraron una raza de gigantes con mujeres humanas y enseñaron a la humanidad la magia angélica antes de ser encarcelados por Miguel, Gabriel, Rafiel y Uriel. Le resulta curioso que estos espíritus hayan sido en gran medida excluidos de la tradición de los grimorios. En *Liber Nephilim*, replantea la corporeización de los Nephilim como manifestación en lugar de caída, y su encarcelamiento, menos como castigo y más como protección. Expone un sistema de 200 espíritus y describe a sus cuatro jefes —Shemihazah, Azazel, Ramat'el y Turiel— tal como aparecen cuando son evocados, detallando sus funciones y asociaciones elementales, y ofrece al lector dos caminos para contactarlos: la vía lícita, en la que el oficiante invoca a los arcángeles, y la vía ilícita, en la que el oficiante contacta a Samael. Barrabas incluye sellos y sigilos que recibió de los arcángeles en sus trabajos, junto con diagramas e instrucciones detalladas para que el lector invoque a los ángeles y contacte a los Nephilim.

También sugiere varias vías de exploración a lo largo de este camino en las que espera que el lector pueda adentrarse y que él mismo no ha recorrido; por ejemplo, cree que las cuatro reinas demonio, esposas de los Nephilim e hijas de Lilith, guardan las llaves de misterios aún más profundos. Frater Barrabas invita al lector a explorar este sistema mágico que apenas está siendo descubierto porque cree, con entusiasmo, que los espíritus de los Nephilim todavía tienen mucho que enseñar en materia de magia. Si usted siente el llamado de estos poderes, él le brinda las herramientas y técnicas necesarias para contactarlos.

Sin embargo, incluso quienes no estén particularmente interesados en trabajar con estos espíritus encontrarán provechoso aprender de Barrabas — un mago de rituales con décadas de experiencia— siguiendo de cerca las operaciones de un mago vivo, en un tiempo casi real, tanto como lo permite una práctica basada en tomos de siglos de antigüedad. Hasta que tengamos una máquina del tiempo que nos permita espiar por la cerradura las operaciones de Dee y Kelley o escuchar, tras una pared en Worms, las devociones de Abraham, el *Liber Nephilim* de Barrabas es su mejor oportunidad para viajar al hombro de un mago mientras despliega su arte.

Starlore Arcana: Constellations for Tarot, Astrology and Cartomancy
Nitasia Roland
Weiser Books
ISBN 978-1578638482
$29.95

CONTEMPLAR las estrellas es maravillarse ante el significado que podrían susurrarle. Ofreciendo interpretaciones adivinatorias para las constelaciones visibles en el cielo nocturno, la nueva baraja *Starlore Arcana* de Weiser está basada en la baraja Astronomical Playing Cards de John Lenthall, publicada en 1717. Presenta 56 cartas a todo color, redibujadas para el lector moderno y ampliadas para incluir todas las cartas de la corte y alinearse mejor con los sistemas de tarot. Cada carta muestra una constelación con la imagen de su forma imaginada superpuesta sobre la disposición real de sus estrellas, lo cual resulta útil para quienes desean conectar la observación estelar con la adivinación de manera más directa. Por ejemplo, el cinco de corazones incluye tanto un dibujo de las estrellas de la constelación Canis Major como la imagen de un perro. Cada carta incluye también la traducción del nombre de la constelación o una descripción si es un nombre propio; por ejemplo, Cygnus está etiquetada como "el cisne", mientras que Orion aparece como "el cazador".

Como baraja de pip (sin arcanos mayores), *Starlore Arcana* utiliza los palos de naipes tradicionales: corazones, diamantes, tréboles y picas. Para quienes han tenido dificultades en el pasado al correlacionar sistemas, las cartas incluyen de forma práctica tanto el palo de naipes como el palo correspondiente en el tarot. El libro guía incluido ofrece, además, apoyo adicional para comprender el significado de cada carta, tanto en la cartomancia con naipes como en el tarot.

El libro a todo color de 119 páginas es donde el brillo de la baraja se muestra con mayor claridad. Ofrece al lector información detallada sobre la ubicación física de cada constelación, su folclore y varias formas distintas de leer la carta según el sistema que utilice. Por sí solo, justificaría el precio de la baraja. Cada entrada comienza con una narración de la mitología de la constelación, seguida de significados específicos para la cartomancia, el tarot y la adivinación. Esto permite al lector profundizar simultáneamente en las constelaciones y en los mensajes que las estrellas pueden transmitir, al tiempo que conecta la mitología con los significados tradicionales en la lectura de naipes y con los significados habituales en las barajas derivadas del Rider-Waite.

Los bordes de las cartas están dorados y el reverso de cada una muestra un cielo nocturno salpicado de constelaciones. La baraja y el libro vienen en una resistente caja de cartón a juego para facilitar su almacenamiento. La calidad de las cartas, sus bellas ilustraciones a todo color y el libro guía, minucioso y cuidadosamente elaborado, convierten a este sistema único en una pieza digna de cualquier lector de cartas.

Sacred Texts Arhive
Internet Resource
www.sacred-texts.com/

LANZADO el 9 de marzo de 1999, *Sacred-Texts.com* se ha convertido en un archivo digital indispensable para cualquier persona interesada en las tradiciones espirituales, mitológicas y esotéricas del mundo. Fundado por John Bruno Hare, el sitio fue creado para promover la tolerancia religiosa y el estudio académico, preservando textos de dominio público que de otro modo podrían perderse o quedar inaccesibles. Con el paso de los años, ha crecido hasta convertirse en uno de los sitios web más visitados del mundo enfocados en religión, superando con frecuencia el millón de visitas diarias y situándose de forma constante entre los 10.000 sitios más consultados en países como Estados Unidos, Australia e India.

Sacred-Texts.com ofrece una amplia colección de textos que abarcan un gran número de tradiciones, incluidas religiones mayoritarias como la wicca, el paganismo, el cristianismo, el islam, el hinduismo, el budismo y el judaísmo, así como caminos menos conocidos como el zoroastrismo, el sintoísmo y diversas creencias indígenas. El archivo también reúne una rica variedad de materiales sobre mitología, folclore y temas esotéricos, con recursos sobre alquimia, tarot, magia ceremonial y misticismo. Muchos de estos textos se presentan tanto en traducción al inglés como en sus idiomas originales, lo que convierte al sitio en una herramienta valiosa para estudios comparativos, referencias académicas y profunda exploración espiritual. La inclusión de comentarios, intervenciones académicas y notas sobre las fuentes añade contexto y credibilidad, reforzando su utilidad para estudios más serios.

Para investigadores, educadores y buscadores espirituales, *Sacred-Texts.com* es un recurso integral y confiable. Su interfaz sencilla y las categorías bien organizadas facilitan la navegación por un vasto y diverso cuerpo de conocimiento. Su compromiso con preservar obras a menudo pasadas por alto o marginadas asegura que una amplia gama de voces y perspectivas siga disponible para una audiencia global. Ya sea que realice investigación académica, prepare un plan de estudios, enriquezca su práctica personal o explore las tradiciones de sabiduría del mundo, este archivo ofrece profundidad y accesibilidad únicas. También es un tesoro para escritores, artistas y creadores en busca de inspiración auténtica en fuentes originales.

En una era en la que las bibliotecas tienen límites y los libros raros resultan inalcanzables, *Sacred-Texts.com* sigue siendo un faro de aprendizaje abierto. Preserva textos sagrados y esotéricos, y fomenta la alfabetización cultural y la comprensión. Testimonio del poder de la preservación digital, es una piedra angular discreta del internet espiritual.

Cuando la naturaleza inspira

¿Cómo puedo saber si estoy recibiendo una señal de la naturaleza o simplemente proyectando significado en sucesos aleatorios?–Enviada por Lila Márquez

Interpretar las señales de la naturaleza es un arte sutil que une intuición y observación consciente. Comience cultivando la atención plena al aire libre. Observe con cuidado a los animales, los cambios del clima y las apariciones inusuales de plantas o alteraciones naturales. Una señal auténtica suele provocar una reacción clara: súbita lucidez, escalofrío o profunda certeza que perdura. Lleve un diario y anote si ciertas señales se repiten o coinciden con eventos importantes de su vida. Así podrá distinguir patrones significativos de simples coincidencias.

Estudie los significados tradicionales de animales y elementos en el folclore, la mitología y sistemas espirituales, pero compleméntelos siempre con su propia experiencia e intuición. Por ejemplo, ver un halcón puede simbolizar claridad y visión, pero si su abuela adoraba a los halcones, quizá encierre un mensaje ancestral personal.

Evite forzar un significado a todo; no cada hoja que cae lleva un mensaje. Manténgase abierto, paciente y receptivo. Las verdaderas señales suelen llegar cuando usted no las busca, cuando está en sintonía, presente y dispuesto a escuchar el susurro callado del mundo. Con el tiempo, el discernimiento se afina con la experiencia: cuanto más escuche sin esperar respuestas, más clara será la lengua de la naturaleza.

Segunda vista programada

¿Existe una hora del día o una fase de la Luna más propicia para el trabajo psíquico?.–Enviada by Eliot R.

Sí... y no. Aunque el trabajo psíquico puede hacerse en cualquier momento, ciertos periodos intensifican los resultados. Las horas liminales del crepúsculo (amanecer y atardecer) son tradicionalmente potentes para la labor espiritual y psíquica, pues son umbrales naturales entre mundos y momentos de quietud atmosférica. De igual modo, la noche avanzada —entre la medianoche y las tres de la madrugada— suele considerarse la "hora psíquica", cuando el mundo mundano calla y la intuición reina sin interferencias.

Las fases lunares también influyen. La Luna creciente es ideal para potenciar la capacidad psíquica y atraer visiones. Las lunas llenas iluminan, perfectas para la adivinación, el trabajo con sueños o la mediumnidad. Las lunas menguantes ayudan a desterrar la confusión o liberar bloqueos psíquicos. La luna oscura resulta propicia para la introspección profunda, el contacto ancestral y el trabajo con la sombra.

Dicho esto, el ritmo personal es lo más importante. Algunos practicantes son más clarividentes por la mañana; otros, cuando la casa está en silencio, con luces bajas y todos dormidos. Registre su energía, estado emocional y claridad a lo largo del día y del mes. Puede que descubra su propia "marea psíquica" subiendo y bajando con regularidad sorprendente. Cree un ambiente propicio —luz tenue, mínimo ruido, quizá una infusión de artemisa o loto azul— y su visión interior responderá con mayor facilidad, sin importar la hora ni el calendario.

Elemental, mi querido

¿Qué pasa si no me siento conectada con los Elementos?–Enviada by Rayna Hardy

No todas las personas sienten de inmediato un vínculo con la Tierra, el Aire, el Fuego o el Agua, y eso está bien. La conexión crece con la experiencia. Comience observando cómo cada Elemento se manifiesta en su vida: la brisa en su piel, el calor del sol, la firmeza de una piedra, el fluir de la emoción. Intente trabajar con un elemento a la vez. Encienda una vela y medite en el Fuego. Camine descalzo para sentir la Tierra. Estos actos sencillos crean lazos sensoriales y energéticos. Con el tiempo, los Elementos dejan de ser solo símbolos y se vuelven compañeros. Si alguno sigue sintiéndose lejano, concéntrese en los que sí resuenan con usted. Los demás quizá se revelen a su debido tiempo. Confíe en que la conexión llegará, no por la fuerza, sino por la presencia.

El blues del clóset de las escobas

¿Cómo mantenerme espiritualmente activo aunque aún no haya salido del "clóset de las escobas"? –Enviada by Anonymous

Practicar en secreto puede ser frustrante, pero no es ineficaz. Muchas tradiciones se preservaron así, y la privacidad puede intensificar el enfoque y la conexión. Redefina su práctica: invocaciones, atención plena, reverencia ancestral y trabajo mágico pueden adaptarse con discreción.

Cree un altar oculto en un cajón, una caja o incluso en las notas o fotos del teléfono. Use símbolos codificados: una concha para la Diosa, una piedra para enraizar, una lámpara tipo vela. Escriba poesía o listas de gratitud. La magia culinaria también vale: infusiones, sazonar con intención y cocinar como ritual nutren el alma sin notarse.

La mente es un templo. Visualización, meditación y respiración consciente son poderosas y portátiles. Repetir afirmaciones o sincronizar pensamientos con la Luna mantiene el vínculo. La discreción no debilita el poder: lo afina. Caminar con cuidado e intención es magia en sí misma.

Déjanos escucharte también a ti

Nos encanta recibir noticias de nuestros lectores. Las cartas deben incluir el nombre del autor (o sólo su nombre o iniciales), su dirección, su número de contacto diurno y su dirección de correo electrónico, si la tiene. El material publicado puede editarse por motivos de claridad o longitud. Todas las cartas y correos electrónicos pasarán a ser propiedad de he Witches' Almanac Ltd. *y no se devolverán. Debido al volumen de correspondencia, lamentamos no poder responder a todas las comunicaciones.*

The Witches' Almanac, Ltd.
P.O. Box 25239
Providence, RI 02905-7700
info@TheWitchesAlmanac.com
www.TheWitchesAlmanac.com

The products and services offered above are paid advertisements.

The products and services offered above are paid advertisements.

The products and services offered above are paid advertisements.

Receive 25% off your first order when you subscribe to our newsletter.

Support Independent Publishing

SHOP *REDWHEELWEISER.COM*

The Minoan Brotherhood

celebrating the mysteries unique to men who love men

seeker@minoan-brotherhood.org

The World's largest collection of objects, books and manuscripts relating to Witchcraft and the Occult

The Harbour, Boscastle, Cornwall, PL35 0HD
Tel: 01850 250111
www.museumofwitchcraftandmagic.co.uk

The products and services offered above are paid advertisements.

The products and services offered above are paid advertisements.

MARKETPLACE

The products and services offered above are paid advertisements.

TO: The Witches' Almanac
P.O. Box 1292, Newport, RI 02840-9998
www.TheWitchesAlmanac.com

Email (required) ______________________________

Name ______________________________

Address ______________________________

City ______________ State ________ Zip ____________

WITCHCRAFT being by nature one of the secretive arts, it may not be as easy to find us next year. If you'd like to make sure we know where you are, why don't you send us your name, email address and street address? You will certainly hear from us.

Harry M. Hyatt's Works on Hoodoo and Folklore: A Full Reprint in 13 Volumes

Hoodoo—Conjuration—Witchcraft—Rootwork

THE WITCHES' ALMANAC is pleased to present Harry M. Hyatt's seminal work *Hoodoo—Conjuration—Witchcraft—Rootwork.* This masterwork of Hyatt's first published in five thick volumes during the years of 1970-1978 has long been near impossible to obtain. Working closely with Michael Edward Bell, Harry Hyatt's protégé, the collected field notes of Hyatt have been supplemented with his other major work on folklore, Folklore from Adams County Illinois. Additionally, to these very important volumes has been added Michael Edward Bell's comprehensive doctoral dissertation, Pattern, Structure, and Logic in Afro-American Hoodoo Performance (1980), which uses Hyatt's *Hoodoo—Conjuration—Witchcraft—Rootwork* as its main source. Bell's dissertation may also be used as a subject-index to Hyatt's five volumes. Hyatt had also prepared an album of 4 phonograph records (8 sides in all) containing most of an interview he had recorded with one of his informants, which we are also making it available as an mp3 file to purchasers of this reprint. The audio download is available at the time of purchase. Lastly, the purchaser will have online access to searchable files of *Hoodoo—Conjuration—Witchcraft—Rootwork.*

Information:

- Page counts: "Each volume is approximately 500 pages in length."
- Number of Volumes - 13
- Book size: 8.5 x 11
- Audio files
- Ordering:
  email—sales@TheWitchesAlmanac.com
  voice—(401)847-3388
  visit—TheWitchesAlmanac.com/hyatt/
- Full Set (including audio download) $1,400

Gospel of the Witches

Charles Godfrey Leland

ARADIA IS THE FIRST work in English in which witchcraft is portrayed as an underground old religion, surviving in secret from ancient Pagan times.

- Used as a core text by many modern Neo-Pagans.
- Foundation material containing traditional witchcraft practices
- This special edition features appreciations by such authors as Paul Huson, Raven Grimassi, Judika Illes, Michael Howard, Christopher Penczak, Myth Woodling, Christina Oakley Harrington, Patricia Della-Piana, Jimahl di Fiosa and Donald Weiser. A beautiful and compelling work, this edition is an up to date format, while keeping the text unchanged. 172 pages $16.95

The ABC of Magic Charms

Elizabeth Pepper

Mankind has sought protection from mysterious forces beyond mortal control. Humans have sought the help of animal, mineral, vegetable. The enlarged edition of *Magic Charms from A to Z*, guides us in calling on these forces. $12.95

The Little Book of Magical Creatures

Elizabeth Pepper and Barbara Stacy

AN UPDATE of the classic *Magical Creatures*, featuring Animals Tame, Animals Wild, Animals Fabulous—plus an added section of enchanting animal myths from other times, other places. *A must for all animal lovers.* $12.95

The Witchcraft of Dame Darrel of York

Charles Godfrey Leland, Introduction by Robert Mathiesen

A beautifully reproduced facsimile of the illuminated manuscript shedding light on the basis for a modern practice. A treasured by those practicing Pagans, as well as scholars. Standard Hardcover $65.00 or Exclusive full leather bound, numbered and slipcased edition $145.00

DAME FORTUNE'S WHEEL TAROT: A PICTORIAL KEY

Paul Huson

Based upon Paul Huson's research in *Mystical Origins of the Tarot, Dame Fortune's Wheel Tarot* illustrates for the first time the earliest, traditional Tarot card interpretations as collected in the 1700s by Jean-Baptiste Alliette. In addition to detailed descriptions, full color reproductions of Huson's original designs for all 79 cards.

WITCHES ALL

A Treasury from past editions, is a collection from *The Witches' Almanac* publications of the past. Arranged by topics, the book, like the popular almanacs, is thought provoking and often spurs the reader on to a tangent leading to even greater discovery. It's perfect for study or casual reading,

GREEK GODS IN LOVE

Barbara Stacy casts a marvelously original eye on the beloved stories of Greek deities, replete with amorous oddities and escapades. We relish these tales in all their splendor and antic humor, and offer an inspired storyteller's fresh version of the old, old mythical magic.

MAGIC CHARMS FROM A TO Z

A treasury of amulets, talismans, fetishes and other lucky objects compiled by the staff of *The Witches' Almanac*. An invaluable guide for all who respond to the call of mystery and enchantment.

LOVE CHARMS

Love has many forms, many aspects. Ceremonies performed in witchcraft celebrate the joy and the blessings of love. Here is a collection of love charms to use now and ever after.

MAGICAL CREATURES

Mystic tradition grants pride of place to many members of the animal kingdom. Some share our life. Others live wild and free. Still others never lived at all, springing instead from the remarkable power of human imagination.

ANCIENT ROMAN HOLIDAYS

The glory that was Rome awaits you in Barbara Stacy's classic presentation of a festive year in Pagan times. Here are the gods and goddesses as the Romans conceived them, accompanied by the annual rites performed in their worship. Scholarly, lighthearted – a rare combination.

CELTIC TREE MAGIC

Robert Graves in *The White Goddess* writes of the significance of trees in the old Celtic lore. *Celtic Tree Magic* is an investigation of the sacred trees in the remarkable Beth-Luis-Nion alphabet and their role in folklore, poetry and mysticism.

MOON LORE

As both the largest and the brightest object in the night sky, and the only one to appear in phases, the Moon has been a rich source of myth for as long as there have been mythmakers.

MAGIC SPELLS AND INCANTATIONS

Words have magic power. Their sound, spoken or sung, has ever been a part of mystic ritual. From ancient Egypt to the present, those who practice the art of enchantment have drawn inspiration from a treasury of thoughts and themes passed down through the ages.

LOVE FEASTS

Creating meals to share with the one you love can be a sacred ceremony in itself. With the Witch in mind, culinary adept Christine Fox offers magical menus and recipes for every month in the year.

RANDOM RECOLLECTIONS III, IV

Pages culled from the original (no longer available) issues of *The Witches' Almanac,* published annually throughout the 1970s, are now available in a series of tasteful booklets. A treasure for those who missed us the first time around, keepsakes for those who remember.

Liber Spirituum

BEING A TRUE AND FAITHFUL REPRODUCTION OF
THE GRIMOIRE OF PAUL HUSON

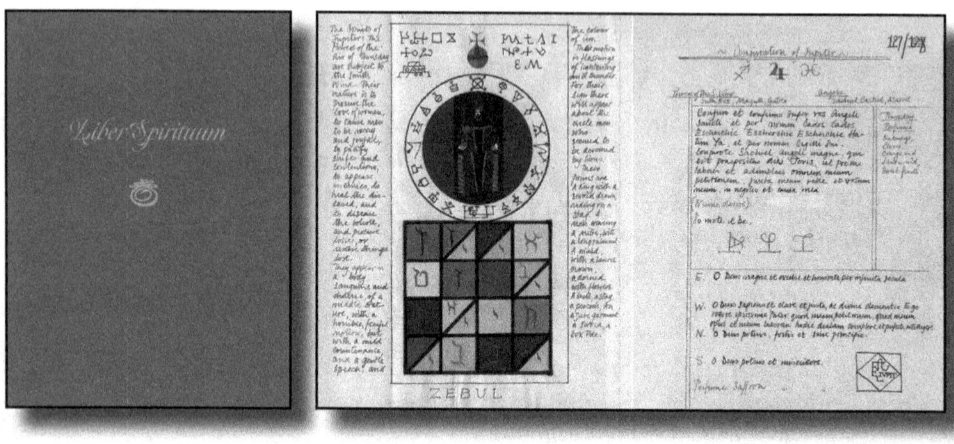

In 1966, as an apprentice mage, Paul Huson began the work of constructing his personal *Liber Spirituum* or *Book of Spirits.* The origins of his work in fact have their genesis a number of years before he took up the pen to illuminate the pages of his *Book of Spirits.* It was in his tender youth that Paul's interest in matters magical began. It was his insatiable curiosity and thirst for knowledge that would eventually lead him to knock on the doors of Dion Fortune's Society of the Inner Light in 1964, as well as studying the practices of the Hermetic Order of the Golden Dawn and the Stella Matutina under the aegis of Israel Regardie. Drawing on this wellspring of knowledge and such venerable works as the *Key of Solomon*, *The Magus*, *Heptameron*, *Three Books of Occult Philosophy* as well as others set down a unique and informed set of rituals, in addition to employing his own artistry in the creation of distinctive imagery.

Using the highest quality photographic reproduction and printing methods, Paul's personal grimoire has here been faithfully and accurately reproduced for the first time. In addition to preserving the ink quality and use of gold and silver paint, this facsimile reproduction has maintained all of Huson's corrections, including torn, pasted, missing pages and his hand drawn and renumbered folios. Preserved as well are the unique characteristics of the original grimoire paper as it has aged through the decades. In this way, the publisher has stayed true to Paul Huson's *Book of Spirits* as it was originally drawn and painted.

223 Pages
Paperback — $59.95
Hardbound in slipcase — $149.95

For further information visit: TheWitchesAlmanac.com

MAGIC

An Occult Primer

50 YEAR ANNIVERSARY EDITION

David Conway

The Witches' Almanac presents:

• *A clear, articulate presentation of magic in a workable format*
• *Updated text, graphics and appendices*
• *Foreword by Colin Wilson*

David Conway's *Magic: An Occult Primer* is a seminal work that brought magical training to the every-magician in the early 70s. David is an articulate writer presenting the mysteries in a very workable manner for the serious student. Along with the updated texts on philosophy and practical magic is a plethora of graphics that have all been redrawn, promising to be another collector's edition published by The Witches' Almanac.

384 pages — $24.95

For further information visit TheWitchesAlmanac.com

Ancient Holidays Series

INTRODUCING ANCIENT HOLIDAYS, an exhilarating new book series that immerses readers into the captivating world of ancient civilizations' spiritual calendars. Authored by the exceptionally talented Mab Borden, these books offer profound and enlightening journeys through the sacred calendars of the ancient Egyptians, Greeks, and Romans. With great excitement, we present this series, confident that it will not only provide invaluable knowledge but also kindle inspiration for our own spiritual observations.

Within each captivating title of the series, readers will delve into comprehensive explanations of the months and seasons, gaining profound insights into the significance of sacred days. Every sacred day is meticulously detailed, encompassing the deity being honored and the social and ritual activities associated with it. Additionally, each publication is enriched with information-packed appendices, which provide a wealth of knowledge, including the mapping of deity holidays to the corresponding seasons.

For further details and to order visit us at:
TheWitchesAlmanac.com/pages/the-ancient-holiday-series

Order Form

Each timeless edition of *The Witches' Almanac* is unique.
Limited numbers of previous years' editions are available.

Item	Price	Qty.	Total
2026-2027 The Witches' Almanac – Water: The Mirror of Souls	$14.95		
2026-2027 El Almanaque de las Brujas – Agua: Espejo de las almas	$15.95		
2025-2026 The Witches' Almanac – Air: Breath of the Cosmos	$13.95		
2024-2025 The Witches' Almanac – Fire: Forging Freedom	$13.95		
2023-2024 The Witches' Almanac – Earth: Origin of Chthonic Powers	$13.95		
2022-2023 The Witches' Almanac – The Moon: Transforming the Inner Spirit	$12.95		
2021-2022 The Witches' Almanac – The Sun: Rays of Hope	$12.95		
2020-2021 The Witches' Almanac – Stones: The Foundation of Earth	$12.95		
2019-2020 The Witches' Almanac – Animals: Friends & Familiars	$12.95		
2018-2019 The Witches' Almanac – The Magic of Plants	$12.95		
2017-2018 The Witches' Almanac – Water: Our Primal Source	$12.95		
2016-2017 The Witches' Almanac – Air: the Breath of Life	$12.95		
2014-2015 The Witches' Almanac – Mystic Earth	$12.95		
2013-2014 The Witches' Almanac – Wisdom of the Moon	$11.95		
2012-2013 The Witches' Almanac – Radiance of the Sun	$11.95		
2011-2012 The Witches' Almanac – Stones, Powers of Earth	$11.95		
2010-2011 The Witches' Almanac – Animals Great & Small	$11.95		
2009-2010 The Witches' Almanac – Plants & Healing Herbs	$11.95		
2008-2009 The Witches' Almanac – Divination & Prophecy	$10.95		
2007-2008 The Witches' Almanac – The Element of Water	$9.95		
1993-2006 issues of The Witches' Almanac	$10.00		
The Witches' Almanac 50 Year Anniversary Edition, paperback	$15.95		
The Witches' Almanac 50 Year Anniversary Edition, hardbound	$24.95		
2023-2024 The Witches' Almanac Wall Calendar	$14.95		
SALE: Bundle I—8 Almanac back issues (1991, 1993–1999)	$50.00		
Bundle II—10 Almanac back issues (2000–2009)	$65.00		
Bundle III—10 Almanac back issues (2010–2019)	$100.00		
Bundle IV—30 Almanac back issues (1993–2022)	$199.00		
Ancient Egyptian Holidays	$16.95		
Ancient Greek Holidays	$18.95		
Ancient Roman Holidays	$19.95		
Liber Spirituum—The Grimoire of Paul Huson, paperback	$59.95		
Liber Spirituum—The Grimoire of Paul Huson, hardbound in slipcase	$149.95		
Dame Fortune's Wheel Tarot: A Pictorial Key	$19.95		
Magic: An Occult Primer—50 Year Anniversary Edition, paperback	$24.95		
Magic: An Occult Primer—50 Year Anniversary Edition, hardbound	$29.95		
The Witches' Almanac Coloring Book	$12.00		
The Witchcraft of Dame Darrel of York, clothbound, signed and numbered, in slip case	$85.00		

Item	Price	Qty.	Total
The Witchcraft of Dame Darrel of York, leatherbound, signed and numbered, in slip case	$145.00		
Aradia or The Gospel of the Witches	$16.95		
The Horned Shepherd	$16.95		
The ABC of Magic Charms	$12.95		
The Little Book of Magical Creatures	$12.95		
Greek Gods in Love	$15.95		
Witches All	$13.95		
Ancient Roman Holidays (original first printing)	$9.95		
Celtic Tree Magic	$9.95		
Love Charms	$9.95		
Love Feasts	$9.95		
Magic Charms from A to Z	$12.95		
Magical Creatures	$12.95		
Magic Spells and Incantations	$12.95		
Moon Lore	$9.95		
Random Recollections Volumes III and IV	$9.95		
The Rede of the Wiccae – Hardcover	$49.95		
The Rede of the Wiccae – Softcover	$22.95		
Keepers of the Flame	$20.95		
Sounds of Infinity	$24.95		
The Magic of Herbs	$24.95		
Harry M. Hyatt's Works on Hoodoo and Folklore: A Full Reprint in 13 Volumes (including audio download) *Hoodoo—Conjuration—Witchcraft—Rootwork* Single volumes are also available starting at	$1,400.00 $120.00		
Sterling Silver Colophon	$35.00		
Skull Scarf	$20.00		
Pouch	$3.95		
Subtotal			
Tax *(7% sales tax for RI customers)*			
Shipping & Handling *(See shipping rates section)*			
TOTAL			

Payment available by check or money order payable in U.S. funds or credit card or PayPal

The Witches' Almanac, Ltd., PO Box 25239, Providence, RI 02905-7700

(401) 847-3388 (phone) • (888) 897-3388 (fax)

Email: info@TheWitchesAlmanac.com • www.TheWitchesAlmanac.com